KB001740

살아있는 세계사 교과서 1

살아있는 세계사 1

전국역사교사모임 지음

문 명 과 문 명 의 대 화

Humanist

'나'와 '세계'를 네트워킹할 청소년을 위하여
《살아있는 세계사 교과서》전면 개정판을 내며

《살아있는 세계사 교과서》가 세상에 나온 지 15년이 되어간다. 이 책은 학교에서 점점 실종되어 가는 세계사 교육을 안타까워하며, '유럽 중심, 중국 부중심'을 넘어 '우리의 시각'으로 세계사를 보려는 문제의식에서 출발하였다. 자기와 세계를 연결하고 과거와 현재를 성찰하여 더 나은 미래를 꿈꿀 수 있게 돕는, 그런 세계사 교과서를 만들고 싶었다.

책이 출판되자 과분할 정도로 많은 관심과 찬사를 받았고 그와 동시에 애정 어린 비판과 지적을 받기도 하였다. 역사 교사와 학생을 비롯하여 많은 독자의 이런 관심과 비판이 자양분이 되었기에, 하루에도 수십 권의 책들이 쏟아져 나오는 치열한 출판 시장에서 이 책이 지금까지 살아남을 수 있었다. 감사할 따름이다.

지금 보면 크게 특별하지 않을지 몰라도, 책을 쓸 당시에는 꽤 다양한 시도를 하려고 용기를 냈다. 각 대륙 및 문화권을 두루 조망하고, 지역에서 나라로 다시 문화권으로 발전해 가는 양상을 짚은 후, 문화권 간의 교류와 충돌을 살피고 특히 우리와의 교류에 주목하는 서술 체제를 모색하였다. 이는 이후 국가의 교육 과정과 검정 교과서 서술에도 영향을 주었다. 이제껏 엑스트라 수준에 머물렀던 동남아시아와 인도, 서아시아, 아프리카, 라틴아메리카 역사에 애정 어린 시선을 주어, 그전보다 이 지역에 대한 관심을 높이는 데 조금은 기여하였을 것이다. 그동안 경시되어 온 근현대 역사, 특히 현대사를 대폭 강화하여 지금 우리가 서 있는 이 자리, 세계 속에서 우리 위치를 찾으려 한 데에도 작은 자부심을 느낀다. 인물과 사건을 영화의 한 장면처럼 연출하여 가독성을 높이고, 글과 어우러져 하나의 지면을 구성하는 그래픽과 지도는 지금 봐도 그리 낡아 보이지 않는다.

그러나 나름의 장점과 미덕을 가졌다 하더라도, 세월의 흐름 속에 낡고 성긴 모습을 보이는 것은 피할 수 없을 것이다. 우리는 어쩌면 그 세월 동안 더 많은, 그리고 더 훌륭한 대안들이 나와서 이 책이 소임을 다하고 조용히 사라질 수 있기를 바랐는지도 모르겠다. 실제로 그사이 청소년을 대상으로 하는 세계사 책들이 꽤 많이 선보였고, 추천할 만한 훌륭한 책도 많아졌다. 그러나 《살아있는 세계사 교과서》를 훌쩍 뛰어넘고 대체할 만한 책을 찾기는 쉽지 않았다. 그것이 출판사의 제안을 받아들여 이 책을 다시 매만진 이유이다.

먼저, 원음에 가깝게 표기하느라 낯선 표기가 있었던 고유 명사와 여러 용어를 검정 교과서 용어로 통일하였다. 지적된 오류를 바로잡고 오해할 수 있는 표현 또한 다듬어 고쳤다. 연도나 숫자, 도표와 지도 등 사소한 부분까지 다시 살펴 최대한 오류가 적은 책을 만들려고 애썼다. 과도한 해석이나 단정적 표현을 피하고 혹시라도 필자의 의도를 드러내 강요하는 서술은 없는지 되돌아보았다. 역사 서술에서 필자의 의도와 개입을 피할 수는 없겠지만, 최대한 객관적인 자세를 유지하여 최종적인 판단은 독자들이 내릴 수 있도록 돕고자 하였다.

무엇보다 급변하는 현대사의 흐름을 따라잡을 수 있도록 2권의 11장과 12장을 새롭게 다시 썼다. 사회주의 붕괴 후 신자유주의 세계화가 더욱 위세를 떨치는 가운데 경제 위기가 일상이 되고, 이에 맞서는 저항마저 번번이 좌절되어 결국 포퓰리즘이나 극우 민족주의가 민주주의를 위협하는 오늘의 상황까지 역사화하여 서술하고자 하였다. 이는 결코 쉬운 일이 아니었다. 현재 진행형의 무수한 사건들을 어떤 논리로 어떻게 취사선택하여 의미 있는 이야기를 만들어 낼지, 선행 연구도 거의 없고 사실과 자료에 대한 선별도 쉽지 않아 어쩌면 우리의 능력을 벗어나는 시도였을지도 모르겠다. 그러나 이런 시도를 통하여 독자들이 오늘의 세계를 이해하고 내일을 전망하면서 '나는, 그리고 우리는 이 시대를 어떻게 헤쳐 나갈 것인가'를 고민해 볼 수 있었으면 좋겠다.

《살아있는 세계사 교과서》가 세상에 나오고 생명력을 가질 수 있었던 것은 어려운 여건 속에서도 전국의 학교에서 세계사 교육을 담당하고 있는 여러 선생님의 아낌없는 지지와 애정 어린 비판이 뒷받침되었기 때문이다. 이번 전면 개정판도 역사 선생님들이 생생한 수업을 진행하는 데 조금이라도 도움이 되기를 바란다. 《살아있는 세계사 교과서》 출간은 《살아있는 한국사 교과서》와 더불어 전국역사교사모임이 우리나라 역사 교육을 책임지는 한 축으로 당당히 성장하는 데 큰 계기가 되었다.

이번 개정판을 내기 위하여 모든 필자 선생님들이 다시 한번 모였다. 이미 학교 현장을 떠난 분도 있었고, 모임 활동에서 한 발짝 물러난 선배 선생님도 많았다. 그런데도 기꺼이 개정 작업에 나서 다시 훌륭한 결과물을 내준 선생님들께 특별히 감사의 마음을 전하고 싶다. 2005년에도 최대한의 정성과 역량을 투입하여 놀랄 만큼 빼어난 결과물을 만든 휴머니스트 출판사는 이번에도 어려운 요구를 묵묵히 받아들여 최선의 결과물을 만들어 주었다. 감사드린다.

우리는 한국의 청소년들이 민주적이고 평화롭고 인간다운 세상을 만들어 갈 의지와 능력을 갖추길 바란다. 그것의 지적 토대를 만들기 위하여 보고 외우는 세계사가 아니라 자기와 세계를 연결할 화두를 던져 주는 세계사, 과거와 현재를 비판적으로 성찰할 수 있는 세계사, 그리하여 더 나은 미래를 고민할 수 있는 세계사 대안 교과서를 만들고자 한 꿈은 15년 전이나 지금이나 여전하다. 이런 희망에 걸맞게 개정하려고 최선을 다하였지만 여전히 아쉬운 구석이 보인다. 그 빈틈은 더 많은, 그리고 더 다양한 대안이 나와서 메꿔 주기를 바랄 뿐이다. 독자들의 아낌없는 비판과 지적을 바란다.

2019년 11월 전국역사교사모임

'21세기를 살아갈 한국의 청소년들'을 위하여 세계사를 새로 썼다

1

어렵고 지루한 시험을 끝낸 기분이다. 3년 동안이나 치른 시험. 해야 할 공부가 뭐 그리 많고, 풀어야 할 문제는 왜 그리도 어려운지⋯⋯. 우리에게 세계사 대안 교과서 작업은 내내 답이 보이지 않는 시험 같았다. 문제는 대략 이런 것들이었다. 우리의 세계사 교육은 지금 어떠한가? 문제가 있지는 않은가? 있다면 무엇인가? 문제점을 뛰어넘을 대안은 있는가? 그리고 우리는 그 대안을 마련할 능력과 준비가 되어 있는가? 도대체 어떤 짜임새와 얼개를 가지고?

첫 문제부터 곤혹스러웠다. 우리에게 과연 세계사 교육은 있는가? 대학 입학 시험에서 세계사 문제지를 펼쳐 놓고 있는 학생은 매우 드물다. 통계상으로 보면, 세계사 응시자는 전국적으로 10퍼센트를 밑돈다. 어려운 고유 명사에 생전 들어보지도 못한 낯선 사람과 낯선 나라들, 사건 투성이의 교과서는 일찌감치 학생들의 전의를 앗아가 버린다. 정말로 이해할 수 없는 것은 어느 때인가부터 세계화를 부르짖으며 코흘리개조차도 외국어 학원을 드나드는데, 정작 세계사 교육은 갈수록 퇴화하고 있다는 점이다. '세계화 시대'에 '세계인'을 만나 말을 건네려 해도, 서로의 '세계'를 알지 못한다면 도대체 무슨 이야기를 나눌 수 있을까?

게다가 현행 세계사 교과서는 '유럽 중심주의'라는 문제점에서 여전히 벗어나지 못한 것이 사실이다. 워낙 오래된 문제인지라 조금이라도 보완하기 위하여 이런저런 내용이 추가되기는 하였다. 하지만 그 결과, 백화점식으로 이야기가 산만해져 세계사적 시야가 생기기는커녕 도무지 줄기를 잡을 수 없게 되어 버렸다. 이 나라 저 나라를 다 이야기한다고 해서 해결되는 문제가 아니라, '우리의 시각'으로 세계사를 재구성할 수 있어야 한다. 그런데 이것 참 감당하기 어려운 문제이다.

그렇다고 언제까지 뒷짐만 지고 있을 수는 없는 일. 그래서 무모하게 나선 것인지도 모른다. 역사 교사로서 한국사를 힘차게 가르치는 것도 중요하지만, 세계사를 소홀히 해서는 안 될 말이다. 이런 고민을 지니고 있던 각 지역의 세계사 연구모임 회원들이 팔을 걷어붙이고 밤낮없이 토론에 나섰다. 방학 때는 물론, 학기 중에도 주말을 포기한 채 만나서 의견을 나누었다. 깊은 고민과 심각한 토론은 세계사 교육의 바른 대안을 찾는 길잡이 구실을 하였고, 각기 다른 구상은 모임이 거듭될수록 조율되고 다듬어졌다. 누구도 응시하지 않았던 시험, 기출 문제도 응용할 모범 답안도 없는 막막함에 몇 번이나 좌절을 맛보면서도 작업을 포기할 수는 없었다.

2

초반 논의는 '주연 유럽, 조연 중국이라는 현행 교과서의 문제점을 극복하고 우리 시각으로 세계사를 어떻게 재구성할 수 있는가'가 중점 사안이었다. 그중에서도 핵심은 바로 '우리 시각'이었다. 여러 가지 의견들이 쏟아졌다. 우리 역사와 구체적으로 관계되는 사실만 다루자는 의견도 있었고, 교류를 중심으로 세계사를 재구성하자는 의견도 있었다. 이에 대하여 우리 중심의 세계사도 좋지만, 엄연히 존재해 온 주요 흐름을 무시할 수 없다는 비판이 제기되었다. 한쪽에서는 '중요한 역사적 흐름'을 쫓다보면 지금처럼 강대국 위주의 역사 서술이 되기 쉬우니, 오히려 비슷한 길을 걸어온 우리 주변국들의 역사를 적극적으로 발굴해야 한다는 주장도 있었다.

수차례 난상 토론을 거치면서 서서히 가닥이 잡혔다. '객관적으로 진행되어 온 세계사의 주요 흐름을 살피는 가운데, 독특한 문화를 일구어 온 각 대륙 및 문화권에 골고루 시선을 주자. 그리고 지역에서 나라로, 다시 문화권으로 발전해 나가는 양상을 짚어 낸 다음, 문화권 간의 교류와 충돌을 살피고, 그 과정에서 우리와 교류한 장면이 눈에 잡힌다면 서로 견주어 보여 주자.'는 것이었다. 연구를 거듭하다 보니, 세계사의 흐름 속에서 한국사의 주요 대목을 꾸준히 떠올리는 식으로 구성할 수 있을 것 같았다. 다만 우리 역사도 한국사의 범위를 벗어나 동아시아라는 넓은 범위에서 중국, 일본과 아울러 살피는 지혜가 요구되었다. 특히 근현대로 접어들면, 그야말로 '세계화'가 진전되는 가운데 우리 역사와 직접적으로 만나는 지점이 훨씬 넓어진다는 사실도 확인할 수 있었다.

3

이렇게 가닥은 잡았지만, 이를 실제로 어떻게 구현해 낼 것인가는 또 다른 문제였다. 무엇보다 단원을 짜고 체제를 잡는 일이 우선이었다. 익숙해져 버린 기존 교과서나 개설서의 방식을 벗어나자고 마음을 다잡았다. 그 결과, 유럽사의 비중은 여러 지역사 중 하나로 축소되었고, 중국사도 동아시아 역사의 한 부분으로 자리 잡았다. 그동안 소외되어 온 지역에 최대한 눈길을 주면서도 산만하지 않고 자연스럽게 가닥을 잡을 수 있기를 바랐다. 이에 따라 이제껏 엑스트라 수준에 머물렀던 동남아시아와 인도, 서아시아, 아프리카, 라틴아메리카의 역사가 새롭게 보강되었다. 제각기 다른 자연환경 속에서 다양한 삶을 펼쳐 왔던 인류의 경험을 최대한 드러내면서도, 그 속에서 함께 공유할 수 있는 지혜를 찾아보려 하였다.

　과연 두 마리 토끼를 다 잡았는지에 대해서는 자신할 수 없지만, 지금까지와는 완전히 다른 방식으로 접근한 세계사 책이 나왔다고 말할 수는 있겠다. 이제껏 구색맞추기식으로 경시되어 온 근현대, 특히 현대사를 대폭 강화한 것도 큰 특징이다. 지금 우리가 서 있는 이 자리, 세계 속의 우리 위치를 명확히 하기 위해서는 현재의 세계 질서가 어떠한 역사적 연원을 타고 어떤 방식으로 작동하고 있는지 보여 줄 필요가 있다는 데 의견을 같이하였다. 그야말로 전 지구적 차원에서 맞물려 돌아간 복잡한 현대사를 하나의 역사 흐름으로 정리하는 작업은 2배로 어려운 작업이었다. 참고할 선행 연구가 거의 없기 때문이다. 그래서 결과물이 다소 거칠지는 몰라도, 충분히 의미 있는 시도였다고 생각한다.

본격적으로 원고를 쓰기 시작하면서부터 더 많은 어려움이 따랐다. 무엇보다 '읽힐 수 있는 책'을 만들어야 한다는 생각에, 한장 한장마다 생생한 인물과 사건을 담아 내려고 수없이 많은 자료를 뒤적거렸다. 하나의 사건이 영화의 한 장면처럼 생동감 있게, 그 속에 인물이 살아 있는 듯 꿈틀대도록 만들려 하였다. 한 호흡으로 편안하게 읽힐 수 있는 길이와 문체도 고민이었다. 하지만 글만 가지고 생동감을 채우는 데에는 한계가 있었다. 한 지면에 글과 그림, 사진이 잘 어울려 주제가 분명히 드러나고, 살아 있는 느낌이 전달될 수 있는 방법을 모색하였다. 글과 따로 노는 그래픽이나 글을 설명하는 그림이 아니라, 그래픽만 보고도 당시의 분위기를 알아차릴 수 있는 화면, 글과 하나가 되어 열변을 토하는 화면을 만들고 싶었다. 이 작업은 출판사의 전폭적인 지원과 노력 덕분에 가능한 일이었다.

4

우리는 항상 '21세기를 살아갈 한국의 청소년들'이 독자라는 사실을 염두에 두고 작업에 임하였다. 우리 청소년들이 보다 민주적이고 평화롭고 인간다운 세상을 만들어 갈 의지와 능력을 가지기 바랐고, 이런 바람에 힘이 실리는 데 우리의 작업이 조금이라도 보탬이 되었으면 싶었다. 보고 외우는 세계사가 아니라, 나와 세계를 연결할 화두를 던지는 세계사, 과거와 현재를 비판적으로 성찰할 수 있는 세계사, 그리하여 더 나은 미래를 함께 고민할 수 있는 세계사가 되려 하였다. 남이 만들어 놓은 세계 질서에 휘둘리지 않고 우리 스스로 당당히 그려 나가는 세계화는 올바른 세계사 교육 없이는 불가능한 일이라고 생각하였기 때문이다.

이 책이 과연 애초의 의도를 충분히 살려 세계사 교과서의 대안으로 자리 잡을 수 있을지에 대해서는 솔직히 자신이 없다. 처음 한 시도이니만큼 허점도 많을 테고, 특히 익숙한 세계사 책과 다른 부분이 많아 자칫 혼란스러울 수 있으리라고 예상한다. 그러나 언제까지나 익숙한 것에 안주해서는 새로운 것으로 나아갈 수 없는 일이니, 우리의 시도가 '새로운 세계사'를 만들어 가는 데 작은 밑거름이라도 될 수 있다면 충분히 보람을 찾을 수 있으리라.

3년 동안 서울과 부산, 대전을 오가며 머리를 맞댄 필자들의 고민, 출판의 역량을 십분 발휘하여 책의 지면을 역동적이면서도 풍성하게 꾸린 출판사의 노고가 만나 비로소 이 책이 나오게 되었다. 물론 그 뒤에는 전국의 수많은 역사교사모임 회원 선생님들의 지지와 성원이 있었고, 가족과 주변 분들의 격려와 양해가 있었다. 한편으론 정말 속 시원하게, 다른 한편으론 아쉬움을 남기며 3년 6개월 동안의 작업을 마무리하고 책을 세상에 내놓는다. 많은 비판과 지적을 바랄 뿐이다.

2005년 10월 전국역사교사모임

더불어 1
사는 세상

세 계 속 의 우 리

탄자니아 아프리카 탄자니아의 아름다운 항구 도시, 다르에스살람의 한 주민. 갓 잡아 온 생선을 손질하며 환하게 웃고 있다.

인도 뉴델리의 한 소규모 공사장에 온 가족이 함께 일을 하러 나왔다. 아버지는 이곳에서 한 달에 2,000루피(우리 돈 33,000원) 정도를 받는다.

중국 산둥성 지난. 고등학생들이 대학 입학 시험장으로 들어가고 있다. 중국 정부는 이날 시험을 위해 교통을 통제하고 공사를 중단시키고 거리 행상을 금지하였다.

| **음식 속의 세계** | 나는 김치를 별로 좋아하지 않는다. 어릴 때보다는 잘 먹지만, 아직 김치에는 젓가락이 잘 가지 않는다. 하지만 어머니는 우리나라 사람이라면 김치를 잘 먹어야 한다며 밥 위에 꼭 김치를 얹어 주신다.

그렇다. 우리 식탁에서 빠지지 않는 김치는 이제 한국의 상징이 되었다. 김치를 담글 때 필요한 고춧가루는 한국인의 음식에 많이 쓰이는 양념 중 하나이다. 그런데 우리는 언제부터 고춧가루가 들어간 김치를 먹게 되었을까? 남아메리카가 고향인 고추가 우리나라에 들어온 것은 임진왜란 때라고 한다. 알고 보니, 어머니가 식사 후에 드시는 커피는 아프리카에서 마시기 시작하였다. 아프리카 원주민들이 즐겨 마시던 커피를 아라비아 상인들이 이슬람 세계에 소개하였고, 다시 이들이 유럽에도 전하였다. 물론, 지역마다 커피를 즐기는 방법은 조금씩 다르다.

아침에 쌀밥과 된장국, 김치를 먹고 커피를 마시는 우리 집을 보니, 세계가 식탁 위에 펼쳐진 것 같아 재미있었다.

멕시코 산루이스 지방의 한 농장에서 파를 수확하고 있는 농부. 그는 이 농장에서 30년 동안 일해 왔다.

이라크 2005년 1월, 자유선거 기간에 투표하러 가는 바그다드의 한 가족. 어린 딸이 손에 '이라크에 평화를' 이라고 적힌 종이를 들고 있다.

대한민국 BTS, 블랙핑크, 싸이 등 여러 아티스트의 활약에 힘입어 케이팝이 전 세계에서 사랑받고 있다. 경제적인 효과와 더불어 대한민국이란 국가 브랜드를 알리는 데도 큰 역할을 하고 있다.

| 세계화의 물결 속에서 | 요즘 자주 듣는 말 중 하나가 '세계화'라는 말이다. 세계화 시대를 살아가기 위해서는 외국어도 열심히 공부해야 하고, 세계적인 기술도 개발해야 한다. 살펴보면 우리가 먹는 것, 입는 것, 쓰는 것 중에서도 외국 회사 혹은 외국에 본사를 둔 회사가 만들어 낸 것이 많다. 우리나라 역시 다른 나라에 회사를 만들고 공장을 세우고 있다. 그렇다면 세계화란 국가의 영역을 넘어 세계를 상대로 돈벌이를 한다는 뜻인가?

"만약 세계가 100명이 모여 사는 마을이라면……." 이라는 편지가 인터넷에서 크게 유행한 적이 있다. 세계 61억 인구를 100명으로 가정하여 만든 통계 자료였다. 그런데 100명 중 20명은 영양실조이고 1명은 굶어 죽기 직전인데, 15명은 비만이란다. 또 6명의 미국인이 마을의 재산 59퍼센트를 가졌고, 20명이 나머지 41퍼센트의 절반을 나누어 가지고 있다는 내용이었다. 얼마나 현실에 가까운 통계인지는 모르지만, 세계화 시대에도 빈부 격차는 점점 커지고, 환경도 점점 파괴되고 있다는 사실을

보여 주는 예였다.

하지만 세계가 정말 하나의 마을이고 그 마을 사람인 내가 먹다 남은 음식을 버리고 있을 때 옆에서 굶주리고 있는 사람이 있다면, 그를 외면하며 살 수 있을까? 마을 사람 모두가 마시는 우물물에 아무렇지 않게 쓰레기를 버릴 수 있을까?

별별 사람이 다 있는 '세계'라는 마을에서는 나와 다른 사람을 이해하고 받아들이는 일, 그렇게 함께 살아가는 일이 무엇보다 중요할 것이다. 진정한 세계화란 세계를 상대로 돈벌이를 잘하는 것이 아니라, 서로를 돌아보는 것이라야 한다.

| **세계로 가는 우리** | 비록 어리지만 우리들 역시 세계로 향하는 창구를 갖고 있다. 인터넷 세상의 유튜브, 페이스북 같은 SNS가 바로 그것이다. 우리는 내가 어디에 있든지 스마트폰을 통하여 전 세계를 여행할 수 있다. 구글맵 같은 온라인 지도로 세계의 유명한 유적지와 여행지를 찾아보기도 하고, 세계 여러 나라 사람들이 올린 사진과 글을 보면서 마치 내가 그곳에 다녀온 듯 생생한 정보를 접할 수 있다. SNS에서 내가 좋아하는 인기 스타의 사진을 보면 외국 팬들의 응원 글도 많이 볼 수 있다. 외국에 있는 내 또래의 청소년들과도 인터넷이나 SNS를 통하여 서로 정보와 감정을 주고받는다. 이렇게 내 방에 있으면서도 우리는 세계와 소통할 수 있다.

종종 우리나라에 대하여 제대로 알지 못한 채 잘못된 사실을 전하고 있는 사이트가 있으면, 친구들과 함께 그 사이트에 항의하는 글을 올리기도 한다. 독도를 일본 영토로 잘못 표기한 외국의 지도 사이트에 들어가 사실을 바로잡은 학생들도 있었다.

이렇게 세계에 우리를 제대로 알리고, 또 그 세계를 넉넉히 품에 안는 것이 바로 세계화 시대를 살아가는 21세기 한국 청소년의 모습일 것이다.

| **우리가 그리는 세상** | 세계에는 다양한 사람들이 살고 있다. 인종도 다양하고, 언어와 종교도 가지각색이다. 그렇게 다양하고 과거와 미래도 서로 다른 사람들이 지구라는 한 공간에서 살고 있다. 하지만 모두가 인간답게 살기를 소망한다는 점에서는 크게 다르지 않을것이다. 그렇다면 21세기를 살아갈 우리들은 어떤 세상을 그리고 있을까? 다양한 사람들이 어우러지는 미래 지구촌의 모습, 꿈을 이루기 위하여 우리가 해야 할 일은 무엇인지 세계사를 배우면서 실마리를 풀어 보자.

나와 다르다고 차별하지
않고 함께 어울려 사는
세상이 오면 좋겠어요.

굶주림 없는 세상은
언제쯤 올까요?

전쟁은 이제 정말 지긋지긋해요.

으아~ 시험 없는
세상에서 살고 싶어라.

깨끗한 공기를 마시고 싶어요.

열심히 일하는 사람들이
잘살 수 있는 세상이 빨리
오면 좋겠소.

세상 밖으로, 역사 속으로

| 21세기의 세계 그리고 한국 |

2003년 바그다드. 미국은 이라크를 공격하였다. 이라크는 9·11 테러와 별로 상관없어 보이는 나라였다. 그런데 왜 미국은 이라크를 공격한 것일까?

2001년 9월 11일, 거대한 여객기가 빌딩에 부딪쳤다. 마치 영화의 한 장면처럼. '알카에다' 라는 이슬람 무장 단체가 미국을 공격한 것이라고 한다.

어릴 적 읽은 《신밧드의 모험》에 나오는 아름다운 도시, 바그다드. 그곳 사람들은 어떻게 되었을까?

이라크의 한 무장 단체가 우리나라 사람을 인질로 잡았다. 우리가 이라크로 군대를 보내면 죄 없는 그 사람을 죽이겠다고 하였다. 그래도 어른들은 군대를 보내야 한단다.

2003년에는 의료 부대가, 2004년에는 전투 부대인 자이툰 부대가 이라크로 떠났다. 그 속에 우리 삼촌도 있었다. 이라크에 하루 빨리 평화가 오기를 간절히 기도하였다.

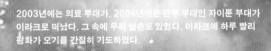

라푸라푸 기념비 (왼쪽)

1521년 4월 27일, 막탄섬의 라푸라푸 추장과
그의 부하들은 에스파냐 침략자들에 맞서 그
지휘관인 페르난도 마젤란을 죽였다. 이로써
라푸라푸 추장은 유럽의 침략자를 물리친 최초의
필리핀인이 되었다.

마젤란 기념비 (오른쪽)

1521년 4월 27일, 페르난도 마젤란은 막탄섬의
라푸라푸 병사들과 전투를 벌이던 중 부상을
입고 사망하였다. 마젤란 함대의 빅토리아호는
엘카노의 지휘 아래 1521년 5월 1일에
세부섬을 떠나 1522년 9월 6일에 산루카르
항구에 도착함으로써 최초의 세계 일주 항해에
성공하였다.

| **우리 눈으로 세상보기** | 최초로 세계 일주를 계획하였던 마젤란. 그는 필리핀의 막탄섬에서 원주민 추장 라푸라푸의 공격을 받아 죽임을 당하였고 그곳에 묻혔다. 하지만 마젤란의 부하들은 항해를 멈추지 않고 결국 세계 일주를 완성하였다.

'마젤란의 필리핀 도착'은 매우 역사적인 사건이다. 문제는 이 사실을 전하는 두 비석의 입장이 매우 다르다는 것이다. 왜일까?

마젤란의 항해는 유럽인에게 새로운 세상으로 가는 길을 열어 주고 진귀한 보물을 얻을 가능성을 보여 준 축복이었다. 하지만 필리핀인에게는 '유럽의 침략'이라는 불행의 상징이었다.

이처럼 같은 사건도 보는 시각에 따라, 시대와 장소에 따라 다르게 해석될 수 있다. 그렇다면 유럽인도 필리핀인도 아닌 우리는 어떤 시각으로 이 사건을 바라보아야 할까? 올바른 판단을 내리기 위해서는 두루 살피고 차분히 생각을 가다듬을 일이다. 남의 일처럼 여길 게 아니라, 그때 우리는 어떠하였는지, 우리가 그런 처지였다면 어떻게 하는 게 바람직하였는지 곰곰이 따져 볼 일이다. 그래서 우리 나름의 밝은 눈으로 세상을 보는 것, 그것이 세계사를 슬기롭게 이해하는 출발점이다.

수메르인의 신전, 우르의 지구라트

2

나라를 세우고
문명을
빚으니

인류가 최초의 발자국을 남긴 곳,
아프리카. 이곳에서 인류는 처음으로 두
발로 일어섰으며, 손에 도구를 쥐었다.
날카로운 이도 강한 발톱도 가지지
못하였지만, 서로 돕고 의지하면서
위험에 맞섰다. 느리지만 확실하게, 점점
더 정교한 도구를 만들었고 점점 더 넓은
세상으로 나아갔다.
혼자서는 한없이 약하지만 함께 모여 더
큰 힘을 일구어 낸 인류는, 댐을 쌓아
강물을 가두고 흙을 쌓아 건물을 올렸다.
마침내 국가와 종교를 만들고 문명을
창조하였다.

약 390만 년 전	— 오스트랄로피테쿠스의 출현
약 50만 년 전	— 불의 사용
약 20만 년 전	— 현생 인류 출현
1만 년경	— 신석기 시대 시작
기원전 3500년경	— 메소포타미아 문명 등장
기원전 3000년경	— 이집트 문명 등장
기원전 2500년경	— 인도 문명, 중국 문명 등장
기원전 1750년경	— 고바빌로니아 왕국, 함무라비 법전 편찬
기원전 1600년경	— 중국, 상 성립
기원전 1500년경	— 인도, 아리아인 이주
기원전 1274	— 이집트, 히타이트와 선생(카데시 전투)
기원전 1100년경	— 중국, 주 건국

1 인류의 고향, 아프리카

아프리카

인류가 존재해 온 시간의 대부분을 차지하는 선사 시대. 수십만 년, 아니 수백만 년에 걸쳐 인류는 진화를 거듭하였다. 두 발로 일어서서 두 손에 도구를 쥐고 넓은 세상을 향하여 발걸음을 재촉한 우리의 선조들. 돌을 다듬고 토기를 빚으며 농사를 시작한 그들을 만나 보자.

■ 가볼 곳: 라에톨리, 사하라 ■ 만날 사람: 원시 인류
■ 주요 사건: 직립 보행, 농사의 시작

| 더 큰 세상을 향해 내딛는 발걸음 | 까마득한 옛날, 아프리카 초원에 최초의 인류가 나타났다. 이들은 나무에 의지하여 사는 대신, 두 발로 땅을 딛고 일어섰다. 이제 키가 커져 넓은 초원을 좀 더 멀리 볼 수 있게 되었고, 땅에서 떨어져 자유로워진 두 손으로는 도구를 잡았다. 곧게 서고 도구를 만들어 쓰면서 인류는 동물과 뚜렷이 구별되는 삶을 살게 되었다.

지금으로부터 180만 년도 더 된 옛날, 인류는 아프리카를 벗어나 더 넓은 세상을 향하여 발을 내디뎠다. 유럽, 동남아시아, 중국을 비롯한 세계 곳곳에서 약 50만 년 전에 사람이 산 흔적이 발견되고 있다. 이들은 동굴에서 생활하면서 불과 언어를 사용하였다.

그렇다면 이들이 우리의 조상일까? 그렇지는 않다. 오늘날 인류의 조상은 약 4~5만 년 전에 등장하였다. 이들은 빙하 시대의 추위를 견디어 냈을 만큼 강인하였고, 얼어붙은 바다를 건너 아메리카 대륙까지 삶의 터전을 넓혔다. 그리고 환경에 적응하여 살면서 황인종·백인종·흑인종과 같은 신체상의 특징을 갖게 되었다.

라에톨리 발자국 1978년 인류학자인 리키 부부가 남아프리카의 올두바이 계곡, 라에톨리라는 곳에서 두 발로 걸어다닌 원시 인류의 발자국을 발견하였다. 150센티미터 키의 어른 둘과 90센티미터 정도 되는 아이의 발자국이다. 360만 년 전에 만들어진 이 발자국은 아프리카 여러 곳에서 발견되는 화석이나 뗀석기와 함께 인류의 고향이 아프리카라는 것을 보여 준다.

소망이 깃든 동굴 벽화
라스코와 알타미라 지방의 동굴 벽화에는 사냥의 성공과 풍요를 비는 구석기인들의 소망이 담겨 있다.

아메리카로 건너간 사람들 2~3만 년 전에 사냥감을 쫓아서 얼어붙은 베링 해협을 건너 아메리카 대륙으로 이동한 사람들도 있었다. 이들이 인디언의 조상이다.

알타미라

라스코

하이델베르크

시 베 리 아

사 하 라

아 프 리 카

샤니다르

아 시 아

베이징

올두바이

인 도 양

인 도

올두바이 계곡 인류가 처음으로 살았던 아프리카, 그중에서도 현재 탄자니아의 올두바이 계곡은 300~500만 년 전에 살았던 인류의 화석이 많이 발견되어 인류의 고향으로 불린다.

타웅

샤니다르 동굴의 유골
이라크 북부 샤니다르 동굴에서 6만 년 전 사람의 뼈가 발견되었다. 두 손을 모은 채 누워 있는 모습에서 동료들이 장례를 치러 주었음을 짐작할 수 있다. 이들은 죽은 사람 위에 꽃을 뿌리는 섬세한 감정을 지녔다.

베이징의 사냥꾼들
중국의 베이징, 독일의 하이델베르크, 인도네시아의 자와섬에서는 약 50만 년 전 인간의 화석이 발견되었다. 이들은 동굴에서 생활하였으며, 불을 사용할 수 있어서 빙하기를 극복하고 지구 여러 지역으로 퍼져 나갔다.

자와섬

트리닐

인류의 출현 시기							
	500~180만 년 전		150만 년 전		10만 년 전		5,000년 전
	180만 년 전		50만 년 전		5만~5,000년 전		

인류의 이동과 진화

아프리카 동남부에서 시작된 인류의 여행은 180만 년 전쯤 아시아로 이어졌다. 반복되는 기후의 변화와 짐승의 이동은 그들의 발걸음을 재촉하였다. 여행 중에 많은 원시 인류가 죽었고, 멸종된 종도 있었다. 그러나 인류는 여행도 진화도 멈추지 않았다. 불을 다루게 된 후로는 두려움을 떨치고 어떤 곳으로든 갈 수 있었다. 빙하기에 얼어붙은 바다를 건넜고, 간빙기에 높은 산맥을 넘어 전 세계를 삶의 터전으로 삼았다.

| 동굴 벽에 새긴 꿈 | 인류의 조상은 전 세계에 퍼져 각자의 삶을 꾸려 나갔다. 동굴이나 바위 그늘이 그들의 집이었고, 주위의 나무 열매나 씨앗이 먹이였다. 남자들이 며칠씩 걸려 짐승을 사냥해 오면, 돌을 깨뜨려 만든 날카로운 날로 가죽을 벗기고 고기를 잘랐다. 고기는 나무 열매나 씨앗처럼 골고루 나누어 먹었다. 벗겨 낸 가죽으로 옷을 만들었고, 단단한 뼈로 또 다른 사냥을 위한 무기를 만들었다.

밤이 되면 동굴 안에 불을 피웠다. 불은 추위와 어둠을 쫓을 뿐만 아니라 짐승의 위협으로부터 사람들을 지켜 주었다. 누군가는 불빛에 의지하여 동굴 벽에 그림을 그렸다. 주로 큰 뿔을 가진 소나 양 같은 짐승이었다. 그러고 나면 동굴 안 사람들은 그 앞에 모여 그림 속 짐승을 잡을 수 있게 해 달라고 빌었다. 매일매일 배불리 먹고 큰 탈 없이 잠을 청하는 것, 그들이 꿈꾸는 삶이었다.

계절이 바뀌거나 짐승들이 다른 곳으로 이동하면, 그들도 동굴을 버리고 먹이를 찾아 다른 곳으로 가야 하였다. 더 많은 먹이를 좀 더 쉽게 구하기 위하여 끊임없이 새로운 도구를 만들어야 하였다.

뗀석기
구석기인의 도구는 돌을 깨뜨려 만든 뗀석기였다. 처음에는 바닥에 내려치거나 돌끼리 부딪쳐서 만들었지만, 점차 만드는 방법이 정교해졌다. 큼직한 자갈돌을 깨뜨려 만든 찍개는 가장 오래 된 뗀석기이다. 동물의 뼈를 찍어 골수를 꺼내 먹거나 거친 나무를 다듬는 데 썼다. 가장 널리 쓰인 도구인 주먹도끼는 찍개나 자르개로도 쓸 수 있어서 짐승의 가죽을 벗기거나 나무를 다듬는 등 다양하게 이용하였다. 슴베찌르개는 얇게 쪼갠 돌조각의 양쪽을 다듬은 것이다. 크기가 작아서 자루에 달아 창촉이나 화살촉으로도 사용하였다.

찍개

주먹도끼

슴베찌르개

간석기
신석기 시대에는 돌을 깨뜨리는 데서 나아가 돌을 갈아서 사용하였다. 이런 간석기는 뗀석기보다 날이 예리하고 훨씬 정교하다. 위의 화살촉은 구석기 시대의 슴베찌르개보다 훨씬 날카롭다.

농경의 시작

신석기 시대에는 사냥뿐만 아니라 농사를 지어 먹을거리를 생산하였다. 나일강과 지중해 주변, 티그리스강과 유프라테스강, 인도 북부의 인더스강과 중국의 황허강 유역에서는 기원전 5000년 이전에 이미 농경이 시작되었다.

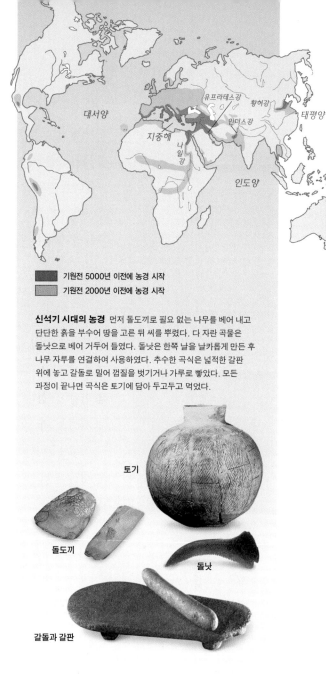

■ 기원전 5000년 이전에 농경 시작
■ 기원전 2000년 이전에 농경 시작

신석기 시대의 농경 먼저 돌도끼로 필요 없는 나무를 베어 내고 단단한 흙을 부수어 땅을 고른 뒤 씨를 뿌렸다. 다 자란 곡물은 돌낫으로 베어 거두어 들였다. 돌낫은 한쪽 날을 날카롭게 만든 후 나무 자루를 연결하여 사용하였다. 추수한 곡식은 넓적한 갈판 위에 놓고 갈돌로 밀어 껍질을 벗기거나 가루로 빻았다. 모든 과정이 끝나면 곡식은 토기에 담아 두고두고 먹었다.

토기

돌도끼

돌낫

갈돌과 갈판

| 푸른 사하라 | 지금으로부터 1만 년 전쯤, 지구에는 커다란 변화가 생겼다. 빙하기가 끝나고 날씨가 따뜻해지면서 이전에는 볼 수 없었던 동식물이 번성하였다. 인류의 생활도 크게 달라졌는데, 당시의 생활 모습이 그림으로 남아 있는 곳이 있다. 바로 아프리카의 사막, 사하라 지역이다. 바위그림 속에 보이는 사하라는 지금과 많이 달랐다. 물이 흐르는 계곡 주위에 나무들이 무성하게 자랐고, 물속에 악어가 입을 벌리고 먹이를 기다렸으며, 물가에는 영양이 찾아와 목을 축였다. 사람들은 짐승을 사냥하였으며, 씨앗을 뿌리거나 소 떼를 돌보며 지냈다.

이 시기에는 사용하는 도구에도 변화가 생기기 시작하였다. 이제 사람들은 돌을 깨뜨려 만든 뗀석기 대신, 갈아서 만든 간석기를 사용하였다. 신석기 시대가 시작된 것이다.

신석기 시대에는 먹을거리를 장만하는 방식이 이전과 많이 달라졌다. 서아시아나 북아프리카처럼 땅이 기름지고 물이 풍부한 지역에서는 기원전 7500년경부터 농사를 짓기 시작하였다. 그리고 야생 동물을 길들여 가축으로 기르는 목축도 시작하였다. 중앙아시아 초원 지역에서는 소나 양을 몰고 이동하는 유목이 발달하였다.

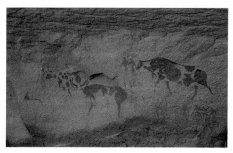

사하라의 바위그림 사하라 중부 현재 일제리의 다실리네제로 고원에 있다. 지금은 생명이 살 수 없는 사막으로 변해 버린 사하라지만, 6,000년 전에는 그림에서처럼 소를 키울 수 있었다.

거석 문화의 탄생 기원전
4000년경부터 많은 사람의 협동이
필요한 거석 문화가 나타났는데,
권력자의 무덤이거나 종교 의식과 관련
있는 것으로 추정된다. 특히 영국에 남아
있는 스톤헨지는 원 안쪽에 제단 형태의
돌이 있고, 원이 끊긴 한 부분이 하지에
해가 뜨는 곳과 일치한다는 점에서 태양
숭배와 관련이 있지 않을까 생각된다.
이는 당시 사람들이 농사를 지으면서
자연에 대한 종교 의식이 싹텄고, 거대한
돌을 움직여 제단을 만들만큼
조직되었으며, 그 조직을 움직이는
지도자–권력자가 출현하였음을
암시한다.

| 농경과 목축이 가져온 변화 | 신석기 시대를 거치면서 농경과 목축이 발달하였다. 농경과 목축은 인류가 자연을 적극적으로 이용하게 되었음을 의미한다.

사람들은 필요 없는 식물을 파내거나 불태워 버린 뒤, 그 땅을 개간하였다. 그리고 멀리서 물을 끌어와 농사를 지었다. 길들일 수 있는 동물의 목에는 끈을 매달았으며, 그렇지 않은 동물은 멀리 내쫓거나 죽여 버렸다.

농경과 목축이 발달한 덕분에 사람들의 생활이 크게 바뀌었다. 인구가 늘고 평균 수명이 길어졌다. 먹이를 구하는 데 걸리는 시간이 줄어들면서 다른 일을 할 수 있는 여유도 생겼다. 그러나 모든 사람의 생활에 풍요와 여유가 생긴 것은 아니었다. 사람에 따라 가질 수 있는 양이 달라지기 시작하였다. 먹을 것이 생기면 모두 똑같이 나누어 먹던 시대는 지나간 것이다.

인류는 신석기 시대와 청동기 시대를 거치면서 더 나은 생활을 하게 되었고 발전된 문화를 누리게 되었다. 하지만 인간 불평등이라는 사회 문제와 자연환경 파괴라는 문제도 함께 떠안게 되었다.

여신을 숭배하던 시대

구석기 시대에는 이렇게 뚱뚱한 여인이 정말 '비너스'였을까? 우리가 흔히 보던 늘씬한 몸매의 비너스상과는 비교할 수 없을 만큼 다르다. 이 비너스는 가슴과 배, 엉덩이 부분이 심하게 강조되어 있다.

비너스상의 풍만한 몸매는 풍요로운 생산과 자식 많이 낳기를 바라는 선사 시대 사람들의 소망에서 비롯되었다. 새로운 생명의 탄생은 곧 일상생활에 필요한 노동력이 늘어난다는 것을 의미하였다. 한 사람 한 사람의 노동력이 생존에 절실하였던 그 시절에는 새 생명이 나고 자란다는 사실이 매우 값진 일이었다. 그래서 생명을 잉태하고 생산하는 여성이 사회에서 매우 중요한 존재였다.

당시 사람들은 여성을 땅에 비유하면서 만물을 풍요롭게 생산하는 존엄한 신으로 받들었다. 그래서 곳곳에 생겨난 문명마다 많은 여신이 등장하였다. 수메르 신화 첫머리에 나오는 남무는 하늘과 땅을 낳은 어머니라고 알려져 있고, 중국 신화에 나오는 여와는 진흙으로 인간을 빚어 생명을 불어넣고 흔들리는 우주의 질서를 바로잡았다고 전해 온다.

빌렌도르프의 비너스 오스트리아 빌렌도르프에서 철도 공사 중에 발견된 구석기 시대의 여인상. 길이 11센티미터가량의 작은 돌을 다듬은 것으로, 풍만한 몸매는 출산과 풍요의 의미로 해석하기도 한다.

그렇다고 해서 사회에서 여성이 남성보다 우위에 있었다는 뜻은 아니다. 선사 시대에는 남녀가 신체의 차이를 따져서 서로가 잘할 수 있는 일을 나누어 하였기 때문이다. 남녀의 '차별'이 아니라 '차이'로 구별된 각자의 몫에 충실하며 함께 어우러졌던 것이다.

중국 신화에 등상하는 여와와 복희

2 역사가 시작된 땅, 수메르

메소포타미아

인류 최초로 국가가 등장한 곳은 메소포타미아였다. 비옥한 토지와 풍부한 물은 사람들을 끌어모았고, 모여든 사람들은 힘을 합쳐 강의 홍수를 조절하며 농사를 지었다. 권력과 도시가 생기고 전쟁과 평화가 반복되면서 강력한 국가가 탄생하였다. 이런 오랜 이야기들은 신화가 되어 문자로 기록되었다.

■ 가볼 곳: 고대 수메르인의 도시 ■ 만날 사람: 우르 남무, 함무라비 왕
■ 주요 사건: 국가의 성립, 법전 편찬

│ 신화와 역사의 만남 │

옛날 옛적 지위가 낮은 작은 신들은 노동을 하고, 큰 신들은 그들의 일을 지켜보며 편히 쉬고 있었다. 홍수를 방지하고 농사를 잘 짓기 위해, 작은 신들은 강과 수로 밑바닥에 쌓인 진흙을 파내야만 하였다. 노동이 점점 힘들어지자 신들은 불평과 불만으로 가득 찼다. 마침

수메르인의 도시

유프라테스강이 수천 년간 범람을 거듭하며 만들어 놓은 비옥한 땅, 메소포타미아. 이 지역에 수메르인이 들어와 산 것은 기원전 3500년경부터이다. 이곳의 흙은 농사짓는 데 적당하였고, 유프라테스강은 사람과 가축이 마실 물을 제공하였다. 수메르인들은 긴 수로를 파고 강물을 끌어들여 밭에 물을 댔다. 사람들이 점점 많이 모여 살게 되면서 흙벽돌로 지은 집들이 들어선 마을이 생겨났다. 시간이 흐르면서 마을은 읍으로, 읍은 도시로 발전해 나갔다.

진흙판 이 지역에 흔한 진흙으로 판을 만들어 뾰족한 막대기로 글자를 새겼다. 사진은 니푸르의 도시 지도가 새겨진 기원전 1300년경의 진흙판. 수로를 그려 놓은 것이 보인다.

내 작은 신들은 노동을 감당할 수 없다며 큰 신들에게 대항하였다. 지혜의 신 엔키는 지하수의 여신 남무에게 진흙에 신의 피를 섞어 신들의 노역을 대신할 사람을 만들라고 알려 주었다.

– 수메르의 인간 창조 신화 –

서기관書記官은 진흙으로 만든 넓적한 판에 신화를 기록한 후 허리를 폈다. 그리고 바람이 잘 통하는 곳에 진흙판을 올려놓았다. 창 밖으로 신들을 대신하여 수로를 파고 댐을 쌓는 사람들이 보였다.

"신들도 마다할 만큼 힘든 일이야."

서기관이 진흙판 위에 힘주어 쓰고 있는 글자는 쐐기 문자이다. 처음에는 간단한 기호에서 시작되었으나, 오랜 시간을 거쳐 복잡한 내용까지 표현할 수 있는 문자로 발전하였다. 서기관들은 신화나 법률에서 수필에 이르기까지 모든 것을 기록하였다. 메소포타미아에서는 약 5,000년 전에 문자를 사용하는 역사 시대가 열렸다.

흙벽돌집 수로를 관리하거나 농사를 짓는 데에는 많은 사람의 힘이 필요하였다. 그래서 사람들은 마을을 이루고 모여 살게 되었다. 사진은 현재 이란 코르데스탄 지역의 한 마을이다. 흙벽돌은 그 때나 지금이나 집짓는 재료로 중요하다.

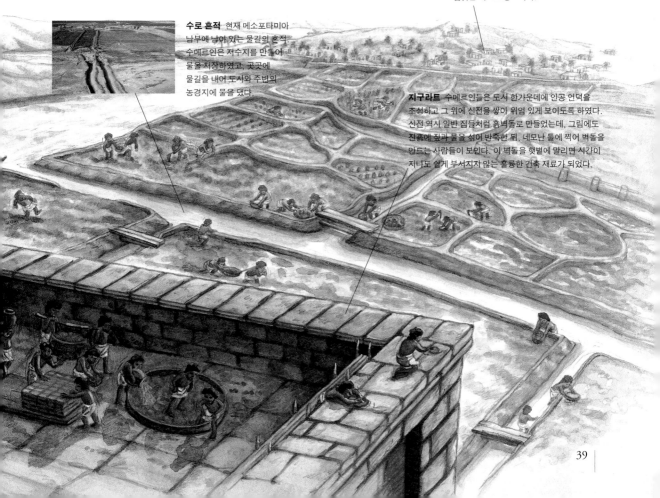

수로 흔적 현재 메소포타미아 남부에 남아 있는 물길의 흔적. 수메르인은 저수지를 만들어 물을 저장하였고, 곳곳에 물길을 내어 도시와 주변의 농경지에 물을 댔다.

지구라트 수메르인들은 도시 한가운데에 인공 언덕을 조성하고 그 위에 신전을 쌓아 위엄 있게 보이도록 하였다. 신전 역시 일반 집들처럼 흙벽돌로 만들었는데, 그림에도 진흙에 짚과 물을 섞어 반죽한 뒤, 네모난 틀에 찍어 벽돌을 만드는 사람들이 보인다. 이 벽돌을 햇볕에 말리면 시간이 지나도 쉽게 부서지지 않는 훌륭한 건축 재료가 되었다.

| **도시 국가의 탄생** | 티그리스강과 유프라테스강 사이에 있는 메소포타미아^{두 강 사이의 땅}는 농사짓기에 좋은 조건을 갖추고 있었다. 일찍부터 사람들이 모여 살게 된 것도 물과 먹을거리가 풍부하였기 때문이다. 그러나 이러한 풍요는 끊임없이 수로와 운하를 관리하는 관개 사업이 있을 때만 가능한 일이었다. 조금이라도 관개 사업을 게을리하면, 두 강은 넘쳐흘러 모든 도시를 삼켜 버릴 것이다.

하지만 관개 사업 덕분에 충분한 식량을 얻을 수 있어 직접 농사짓지 않아도 먹고살 수 있는 사람들이 생겼다. 장사를 하거나 청동으로 무기를 만드는 사람, 전쟁을 담당하는 전사가 그런 사람들이었다. 이들이 모여 사는 도시에는 도시의 신을 모시는 사제와 도시를 지배하는 왕도 나타났다. 사제나 전사, 왕은 경제력과 권력을 독차지하고 다른 사람들을 지배하였다. 이렇게 도시는 점차 국가의 형태를 갖추어 갔다. 이것을 도시 국가라고 한다.

| **전쟁으로 성장하는 나라들** | 기원전 3200년경부터 수메르에는 많은 도시 국가들이 성장하였다. 도시 국가의 통치자들은 관개 사업을 위해 서로 손을 잡기도 하였지만, 다른 도시의 재산을 탐내 침략 전쟁을 일으키기도 하였다. 수메르인들이 귀하게 여기는 보석인 청금석을 탐낸 우루크와 아라타의 전쟁, 건축 재료인 진흙을 차지하기 위해 벌인 우루크와 키시의 전쟁이 바로 그런 것이었다.

청동제 무기와 신의 뜻을 앞세운 전쟁을 통하여, 작은 도시는 점점

우르의 스탠더드 (깃발) 우르 왕의 무덤에서 발견된 것으로, 기원전 2500년경의 작품이다. 나무판 위에 유리와 조개 껍데기로 장식한 이 작품은 전쟁의 승리를 기념하는 것으로 추측된다. 바퀴 달린 전차를 모는 지휘관, 행진하는 병사들, 포로로 끌려 오는 적 등이 보인다. 한쪽에서는 승리를 축하하는 연회가 벌어졌다. 왕과 귀족으로 보이는 사람들이 의자에 앉아 축배를 들고 있다. 그 아래에는 전쟁에서 얻은 전리품이 들어오고 있다.

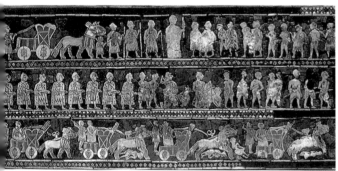
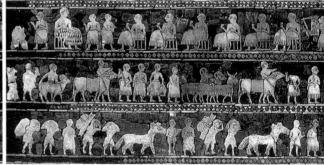

지중해
우가리트
○에블라
니네베○
우르미아호
카스피해
시 리 아
○비블로스
○마리
○아슈르
아가데○
○바빌론
○키시
니푸르○
○라가시
우르○
○에리두
○수사
엘 람
메소포타미아
유프라테스강
티그리스강
자그로스산맥
고대 추정 해안선
페르시아만

━━ 아카드(기원전 2300년경~기원전 2105년경)
━━ 우르(기원전 2100년경~기원전 1940년경)
━━ 바빌로니아(기원전 1700년경~기원전 1686년경)

큰 도시에 통합되어 갔다. 키시와 우루크, 라가시 등은 이웃 도시를 지배하는 우두머리가 되었다.

기원전 2350년경에는 아카드의 사르곤 1세가 수메르의 많은 도시 국가를 정복하여 하나의 왕국을 형성하였다. 왕의 지배 영역이 하나 또는 몇 개의 도시를 넘어 넓은 지역에 미치게 된 것이다. 그러나 아카드 왕국의 지배는 오래 가지 못하였고, 수메르는 여러 도시 국가로 나뉘었다. 기원전 2112년경 우르가 이들을 다시 굴복시키고 메소포타미아를 통일할 때까지, 이들은 각자의 신을 믿으며 서로 경쟁하였다.

| **인류 최초의 법전** | 우르의 왕 우르 남무 재위 기원전 2050~?는 정복 사업을 끝낸 후 나라를 안정시키려고 애썼다. 자나 저울 같은 도량형을 통일하고 경제 질서를 바로잡았으며, 가난한 사람들을 보호하여 부자에게 팔려 가지 않도록 하였다. 곳곳에 학교가 들어서고 문학이 발달하고 백과사전이 편찬되는 등, 수메르 문명이 전성기를 이룬 것도 바로 이 시기였다. 특히 우르 남무가 만든 법전은 지금까지 알려진 것 중 가장 오래 된 법전이다. 우르 남무의 법전은 훗날 수메르 문명의 뒤를 이은 바빌로니아의 함무라비 법전으로 계승되었다.

함무라비 왕재위 기원전 1792~기원전 1750은 수도 바빌론을 중심으로 메소포타미아를 통일하고 정복지에 총독을 파견하는 등, 중앙 집권적인 정치 제도를 만들었다. 그리고 이전의 법전을 집대성하여 함무라비 법전을 제정하고 공용어를 정하는 등, 메소포타미아 지역의 정치·문화적 통일을 꾀하였다.

▲ **통합으로 가는 메소포타미아** 두 강이 흘러드는 지역에 자리 잡은 우르 같은 도시는 기원전 3000년경에 이미 주변 도시를 통합한 도시 국가였다. 기원전 2350년경에 지역 전체를 통합한 아카드는 남쪽으로 페르시아만에서 서쪽으로 지중해에 이르는 광대한 영역을 지배하였다. 아카드는 도량형을 정하고 중앙 집권화를 꾀하는 등 진정한 국가 통합을 시도하였다. 우르와 바빌로니아는 이러한 통합 노력을 넘겨받았다. 법전을 정비하고 공포한 것은 그러한 노력의 결과물이다.

▶ **함무라비 왕의 돌비석** '눈에는 눈, 이에는 이'라는 문구로 유명한 함무라비 법전이 새겨진 돌비석이다. 함무라비 왕은 "강한 사람이 약한 사람을 학대하는 일이 없고, 피붙이가 없는 여자아이와 과부에게 정의를 가져다주기 위해" 법을 정비하였다. 또한 돌비석을 왕국 곳곳에 세워 모든 사람이 법을 알고 이해할 수 있도록 하였다.

3 지중해를 밝히는 문명의 빛

나일강과 지중해 주변

아프리카와 아시아, 유럽 세 대륙에 둘러싸인 육지 속 바다, 지중해. 지중해는 생활의 터전이며, 세 대륙의 문명이 교류하는 통로이자 경제의 중심지였다. 지중해를 통하여 아나톨리아반도 사람들은 세 대륙을 누볐고, 크레타섬은 메소포타미아와 이집트 문명을 품에 안아 유럽 문명을 탄생시켰다.

■ 가 볼 곳: 나일강 삼각주, 페니키아의 도시 ■ 만날 사람: 람세스 2세
■ 주요 사건: 카데시 전투, 이집트 문명의 번영

│ **나일의 선물, 이집트** │ 수메르와 마찬가지로 이집트인들도 나일이라는 큰 강 유역에서 문명을 건설하였다. 이집트에서는 모든 사람이 나일강에 의지하며 살았다. 나일강은 암석과 모래로 이어지는 건조 지역을 가로지르며 흘러 푸른 땅을 만들었다. 마을은 마치 실에 꿰인 구슬처럼 강을 따라 늘어서 있었다. 정기적인 나일강의 범람은 이집트 문명을 낳았다.

나일의 계절

이집트인의 생활은 나일강의 범람과 밀접한 연관을 갖는다. 7월부터 늦가을까지 강 주변 토지가 물에 잠겨 있는 동안에는 그물을 점검하고 배를 띄워 물고기를 잡거나 사냥을 하였다. 11월경부터 물이 줄기 시작하면, 땅을 갈고 씨 뿌릴 준비를 하였다. 나무 괭이로 굳은 흙덩어리를 부수었고, 소가 끄는 쟁기로 고랑을 판 뒤 씨를 뿌렸다. 3월이면 다음 범람이 시작되기 전에 곡식과 포도를 수확하느라고 바빠진다. 수확한 곡식은 커다란 광주리에 담아 타작하는 곳으로 옮겼고, 여자들은 땅에 떨어진 이삭을 주웠다.

오랫동안 이집트는 전쟁 걱정 없이 평화롭게 살았다. 이집트인들은 축복받은 땅에 살고 있다고 생각하였다. 파라오가 신의 사랑을 받는 한, 강은 알맞게 범람하였다. 또한 북쪽의 바다와 남쪽의 사막이 외적의 침입을 막아 주었다.

나일강 하류 서쪽에 우뚝 솟은 역대 파라오의 무덤, 피라미드는 이집트의 영광을 보여 주는 기념비이다. 이집트인들은 세상에서의 짧은 삶보다 죽은 뒤의 세계에 더 큰 의미를 두었다. 죽은 자의 몸을 미라로 만들어 보존하면, 언젠가 부활하리라는 믿음을 가지고 있었다. 다음 생을 위하여 죽은 뒤의 세계를 안내하는 글귀와 많은 물건을 무덤 속에 함께 넣거나, 살아 있을 때의 모습을 무덤에 벽화로 그려 놓았다.

| 지중해와 홍해를 아우르다 | 기원전 18세기 어느 날, 페니키아와 크레타의 상인들이 지중해와 홍해를 건너 이집트에 도착하였다. 그동안 바다는 이집트와 서아시아를 가로막는 장벽이었다. 하지만 커다란 배를 만들 수 있게 된 후, 바다는 또 다른 길이 되었다. 바다를 통하여 들어온 것은 상인뿐만이 아니었다. 힉소스인들이 말과 전차를 앞세워 이집트를 침략하기도 하였다. 이집트는 수백 년간 그들의 지배를 받았다. 그러나 기원전 1500년경에 파라오 아모세 1세가 힉소스인들을 몰아내고 새로운 이집트를 건설하였다.

새로운 이집트의 파라오는 이집트뿐만 아니라 지중해 지역의 국제적인 지배자가 되었다. 투트모세 3세재위 기원전 1479~기원전 1426는 홍해를 건너 유프라테스강 유역을 정복하였고, 람세스 2세는 히타이트와의 오랜 전쟁을

이집트의 통일 기원전 3100년경 상이집트의 왕 나르메르가 하이집트를 정복하여 이집트를 통일하였다. 상이집트의 왕관을 쓴 나르메르가 적병을 무찌르는 모습을 새긴 화장판은 그의 업적을 기린 것이다.

지 중 해

고왕국 시대(기원전 2575년경~기원전 2300년경) 고대 이집트 문명이 가장 창조적이고 화려하게 발전한 시기이다. 국왕인 파라오는 신의 아들이자 살아 있는 신으로 절대적인 권력을 누렸으며, 그 아래 재상과 관료들이 체계를 갖추어 왕국을 지배하였다. 거대한 피라미드를 조성한 것도 이때이다.

하이집트

기제

멤피스(고왕국 시대 수도)

중왕국 시대(기원전 1938년경~기원전 1600년경) 새로운 수도 테베를 중심으로 파라오의 절대적인 권력보다 지방 세력가들의 활동이 돋보였던 시대이다. 농업과 상공업이 발달하고 배 만드는 기술이 향상되면서 크레타나 페니키아와도 활발히 교역하였다.

상이집트

아비도스

테베(중·신왕국 시대 수도)

홍

해

아스완

☉ 지중해를 지배한 사람들

이집트와 메소포타미아, 크레타 문명을 모두 거느린 지중해, 특히 지중해 동쪽 시리아 지방은 기원전 2000년경부터 교역의 중심지였다. 항구에 배를 대고 있는 사람들은 페니키아인들이다. 페니키아는 현재 레바논 지방에 해당하는 시리아 해안에 비블로스, 시돈, 티레 등의 도시 국가를 이루고 기원전 1200년경부터 지중해 무역을 주도하였다.

페니키아인이 지중해 무역의 최강자였다면, 아랍인은 시리아의 다마스쿠스를 중심으로 서남아시아 일대의 내륙 무역을 주름잡았다. 그들은 상업과 문화의 중개자였고, 그들의 언어는 지중해 지역의 공용어가 되었다.

한편, 또 다른 민족인 헤브라이인은 유목민으로, 기원전 2000년 중엽부터 시리아 남부의 가나안(오늘날 팔레스타인)으로 이주하기 시작하였다. 일부는 이집트로 옮겨 갔는데, 기원전 13세기경 모세의 인도로 이집트에서 탈출하여 가나안으로 돌아왔다. 당시 이집트의 파라오가 바로 람세스 2세라고 한다.

⟶ 이집트 탈출 경로(추정)

지중해

키프로스섬

카데시

비블로스

시돈

티레

다마스쿠스

시 리 아

타니스

예루살렘

여리고

시나이반도

홍 해

▶ **신왕국 시대(기원전 1539년경~기원전 1075년경)** 힉소스의 지배에서 벗어난 뒤 다시 파라오가 강력한 권한을 행사한 시기이다. 이집트인들은 피라미드 대신 거대한 신전을 지어 파라오를 기렸다. 한편으로 서쪽의 리비아나 남쪽의 누비아까지 지배 영역을 넓히고 히타이트 같은 대제국과도 대립하였다. 아부심벨에 조각된 람세스 2세의 전투 장면은 신왕국의 제국적 성격을 보여 준다.

마무리지었다.^{카데시 전투} 기원전 10세기 무렵, 이집트인들은 서아시아와 크레타섬까지 퍼져 살았다. 하지만 누구나 죽기 전에는 나일강 가로 돌아오길 원하였다.

사해 문서 1947년에 발견된 사해 문서는 세계에서 가장 오래된 《성서》라고 한다. 기원전 2~기원전 1세기의 것으로 추측된다.

| 유일신을 믿는 헤브라이 | 이집트가 주도하는 지중해 질서 속에는 유대 민족 헤브라이도 있었다. 원래 서아시아에서 살던 헤브라이인^{유대인}들은 흉년을 피하여 다른 민족들과 함께 이집트로 이주하여 정착하였다. 그리고 수백 년이 흘렀다. 기원전 13세기 이집트의 파라오 람세스 2세는 전쟁에서 사로잡은 포로나 외국인을 동원하여 화려한 신전과 왕궁을 지었다. 헤브라이인들도 마치 노예처럼 이러한 공사에 동원되었다. 자신들의 처지에 불만을 품은 헤브라이인들은 모세의 인도를 받아 이집트를 탈출하여 조상의 고향으로 돌아오려 하였다.

헤브라이인들의 고향 가나안에는 이미 다른 족속들이 살고 있었다. 헤브라이인들은 수십 년간 사막을 떠돌면서 가나안을 차지하기 위하여 싸웠다. 그동안 그들은 유일신 야훼를 섬기는 유대교를 성립시켰다. 이 종교는 수많은 시련 속에서도 헤브라이인들을 지켜 주는 힘이었고, 훗날 크리스트교와 이슬람교의 바탕이 되었다.

| 바다를 지배한 페니키아 | 이집트의 항구를 드나들던 배 가운데 말머리 장식을 한 배들이 특히 많았다. 바로 지중해 동쪽이 고향인 페니키아인들의 배였다. 페니키아인들은 타고난 뱃사람이었다. 별을 보고 바닷길을 찾을 수 있었으며, 바람을 이용하여 배를 움직일 수도 있었다.

페니키아인들은 배에 진귀한 물건을 싣고 지중해 지역 여러 나라를 돌아다니며 장사를 하였다. 그리고 지중해 바닷가 곳곳에 자신들의 도시를 세웠다. 유럽 최초의 문명으로 알려진 크레타 문명, 북아프리카의 카르타고도 이들과 관련이 깊다.

페니키아의 알파벳 기원전 9~기원전 8세기에 만든 점토판. 뛰어난 뱃사람이자 상인인 페니키아인들은 교역을 위하여 소리 나는 대로 적을 수 있는 문자를 만들었다. 이것이 그리스에 전해져 오늘날의 알파벳이 되었다. '알파벳'이라는 말도 페니키아어의 '알프(𐤀: 소)'와 '베타(𐤁: 집)'에서 유래된 것이다.

4 인더스강에서 황허강까지

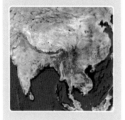

인더스강, 황허강 유역

인도 문명과 중국 문명도 큰 강을 끼고 태어났다. 인도의 역사는 인더스강 유역에서 시작되었다. 인도인들의 터전은 기원전 1500년을 전후로 갠지스강까지 넓어졌다. 이곳에서 인도인들은 전쟁을 하고 농사를 짓고 신을 섬겼다. 중국 역시 황허강이라는 큰 강에 기대어 상(은)과 주가 터를 잡았다.

- 가 볼 곳: 모헨조다로, 은허 ■ 만날 사람: 주의 무왕
- 주요 사건: 은의 멸망, 주의 봉건 제도 성립, 인도·중국 문명의 번영

| 벽돌로 만든 도시, 모헨조다로 | 인간의 발길이 닿지 않는 까마득한 히말라야에서 시작된 물줄기가 펀자브를 거쳐 신드로 흘러든다. 인도 문명의 젖줄, 인더스강이다. 이 강을 따라, 강가에는 도시들이 늘어서 있다. 모헨조다로는 그중에서도 단연 으뜸을 차지하는 도시였다. 그러나 수천 년이 지난 지금, 도시 본래의 이름은 간 곳이 없고 '죽은 자의 언덕 ^{모헨조다로}'이라는 황폐하고 쓸쓸한 이름으로 불린다.

도시 서쪽에는 커다란 목욕장이 있어, 사람들은 그곳에서 몸을 씻고 풍요를 허락한 대지의 여신에게 감사드렸다. 사용한 물은 하수도를 통하여 다시 강으로 흘려보냈다. 넘치는 강물 덕분에 먹고 남을 만큼 보리가 생산되었고, 남은 보리는 커다란 곡물 창고에 보관하였다. 가끔은 메소포타미아에서 전해진 방식으로 맥주를 빚기도 하였다. 상인들은 멀리까지 물건을 팔러 다녔는데, 이들을 통하여 서아시아의 문화가 들어왔다.

모헨조다로 남북으로 쭉 뻗은 도로가 벽돌집들을 나누고, 집집마다 작은 욕실과 인류 최초의 수세식 화장실을 갖추었다. 멀리에는 높게 기단을 쌓은 성채가 보이고, 중앙에는 깊이 2.5미터, 한쪽 길이가 19미터나 되는 커다란 목욕장이 있다. 집마다 욕실이 있는데 왜 이런 시설을 만들었을까? 근처에 곡물 창고와 회의장으로 사용한 건물이 있는 것으로 보아, 목욕장 부근은 도시의 중심부였을 것이다. 어쩌면 그들은 이곳에서 종교 의식을 행했는지도 모른다. 오늘날 인도인들이 갠지스강에 몸을 적시며 몸과 마음을 깨끗이 하듯이.

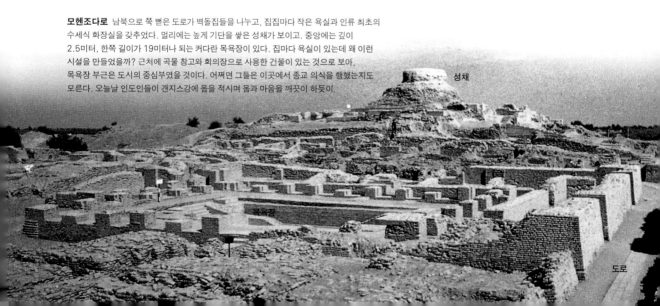

성채

목욕장

도로

▲ **모헨조다로의 얼굴** 기원전 2500년경에 잘 정비된 도시를 만든 사람들은 누구일까? 모헨조다로에서 발견된 청동 소녀상의 내리뜬 듯 가는 눈과 꼭 다문 도톰한 입술은 이 문명의 주인공들이 현재 인도인의 대부분을 이루는 아리아인과는 다른 종족임을 보여 준다. 혹시 인도 남부에 살고 있는 드라비다족이 그들이 아닐까?

인도 문명지
아리아인의 이동

| 인더스강에서 갠지스강으로 | 기원전 1500년경, 한 무리의 이주민들이 인도 땅에 모습을 드러냈다. 아리아인이라고 불리는 이들은 유라시아와 서아시아를 거쳐 이곳까지 이동해 온 유목 민족이었다. 아리아인들은 말과 우수한 무기를 앞세워 인도의 서쪽과 남쪽으로 깊숙이 들어갔다. 원래 그 땅에 살고 있던 선주민들과 때로는 충돌하고 때로는 도움을 주고받으며 살았다. 기원전 1000년경에 그들이 정착한 곳은 인도 동쪽의 갠지스강 유역이었다. 이때부터 철기를 사용하고 벼농사를 지었다. 경제력이 발달하면서 도시가 생겼고, 전쟁도 잦아졌다.

정복 전쟁 중에 사제나 무사 신분이 큰 힘을 발휘하게 되었다. 농업이나 목축에 종사하는 사람들은 그들의 지배를 받아야 하였다. 그리고 정복당한 선주민들은 노예가 되었다. 결국 브라만, 크샤트리아, 바이샤, 수드라로 계급이 나뉘어 카스트(바르나) 제도가 형성되었다.

아리아인들은 태양이나 바람 같은 여러 자연 현상을 숭배의 대상으로 삼았고, 이런 종교적 믿음을 표현한 '베다 성스러운 노래'를 남겼다. 카스트 제도나 다신교 같은 아리아인의 문화는 이후 인도 문화의 바탕이 되었다.

▲ **아리아인의 등장** 인도의 오래된 경전이면서 역사를 담고 있는 《리그 베다》에는 아리아인들이 인더스강을 정복하는 이야기가 나온다. 혹시 《리그 베다》의 내용이 인도 문명의 파괴와 관련이 있을까? 아리아인들은 인더스강을 지나 갠지스강 유역에 터를 잡았다. 유목 대신 밭을 갈고 씨를 뿌리며 새로운 인도의 역사를 만들어 갔다. 농사에 소를 이용하고 청동기보다 단단한 철기를 사용하면서, 그들은 인도 역사의 새로운 주인공이 되었다.

카스트 제도 '카스트'는 포르투갈인들이 붙인 이름으로, 인도인들은 그들의 계급 제도를 '바르나(색깔)'라고 부른다. 지배층인 아리아인과 피지배층인 선주민의 피부색이 다른 데서 비롯되었다.

갑골 문자 거북의 껍데기나 짐승의 어깨뼈를 태워 길흉을 점친 후, 그 결과를 적은 것으로 갑골 문자라고 부른다. 짐승의 뼈를 태워 점을 치는 풍속은 다른 지역에도 있었으나, 그 결과를 기록한 것은 중국 문명밖에 없다.

주의 무왕 주나라 무왕은 기원전 1066년에 전차 300대와 특공대 3,000명, 사병 4만 5,000명을 거느리고 각지의 제후 및 주변 소수 민족과 연합하여 상을 멸망시켰다. 그 뒤 무왕은 왕의 권한을 강화하였고, 주의 왕은 천하의 최고 통치자이자 모든 군대의 통솔자가 되었다.

| 황허강에 터를 잡은 상 | 서쪽과 북쪽은 높은 산과 고원이 에워싸고 동쪽에는 강이 펼쳐놓은 기름진 평야가 넉넉한 중국, 그 중국을 동서로 가로지르며 도도히 흐르는 황허강은 중국 문명을 탄생시켰다. 흙이 부드럽고 비옥한 황허강 중류 지역은 간단한 도구로도 농사를 지을 수 있어 많은 사람이 모여 살았다. 이들은 기원전 2000년경에 이미 청동기와 문자를 사용하였고, 크고 작은 국가를 형성하였다. 이를 황허 문명이라고도 부른다.

이 지역 국가들을 아우르며 등장한 국가가 바로 상商이었다. 상은 기원전 1600년경부터 1100년경까지 황허강 중류를 중심으로 발전하였다. 도읍지의 이름을 따서 처음에는 상으로 불렸는데, 후에 은오늘날 은허으로 도읍을 옮긴 후에 은으로 불리기도 하였다. 농업과 목축이 발달하였으며, 정교한 청동기와 문자, 달력을 사용하였다. 상의 왕은 나라에 큰 일이 있을 때면 하늘에 제사 지내 그 뜻을 물었다. 제사 지내는 관리들은 그 결과를 갑골에 기록하였다. 갑골에 기록된 문자는 훗날 한자의 뿌리가 되었다.

| 천자가 다스리는 주 | "하늘의 명은 이제 상을 떠났다. 상의 왕은 포악한 정치로 백성의 마음을 잃었고, 하늘은 상을 대신하여 주에 천명을 내렸다. 주는 덕으로써 백성을 다스리며 천명을 받들 것이다." 기원전 1100년 무렵, 주가 상을 멸망시키고 황허강 유역을 지배하게 되었다. 중국의 새로운 지배자가 된 무왕은 친척과 공신을 제후로 임명하여 여러 지역을 나누어 다스리게 하였다. 제후들의 나라가 든든한 담이 되어 주를 지켜 줄 수 있도록.

주나라 사람들은 위로 천자를 모신 제후들과 아래로 백성들까지 하나의 커다란 가족이라고 생각하였다. 천자는 하늘의 명을 받들어 백성을 자식처럼 사랑하고, 백성은 제후와 천자를 어버이처럼 모시는 것이다. 이제 중국은 혈연관계를 바탕으로 하는 새로운 정치 제도를 갖게 되었다. 바로 봉건 제도이다.

하의 세력 범위 ━━━ 상의 세력 범위 ━━━ 주의 세력 범위

◀ **하·상·주의 영역** 하 왕조는 오랫동안 전설의 왕조로 여겨졌으나, 최근 황허강 중류 허난성 뤄양 평원에서 궁전으로 추정되는 유적과 청동기 등이 발견되면서 실제로 존재한 왕조라는 의견에 무게가 실리고 있다. 하가 약해지자 여러 부족을 통합한 상 왕조가 세력을 넓혀 갔다. 상은 이후 여러 차례 수도를 옮겼는데, 우리가 은허라고 부르는 허난성 안양이 마지막 수도였다. 은허에서는 궁전 터와 청동기, 갑골 문자, 옥으로 만든 장식품 등이 발견되었다. 주나라 역시 황허강 유역의 호경과 낙읍을 수도로 삼았다.

◀ **얼리터우 출토 작(爵)** 허난성 얼리터우에서 출토된 술잔으로 하의 유물로 추정된다.

⊙ 하·상·주의 청동기

청동은 매우 귀한 금속이었다. 신에게 제사를 지낼 때 사용하는 예기나 무기로만 만들었다. 청동기를 만드는 기술이 발달하고 왕권이 강해지면서, 청동기는 왕의 권력을 상징하게 되었다. 철기 시대가 시작된 이후에도 청동은 여전히 특별한 금속이었으며, 지배 계층만이 사용할 수 있었다.

▶ **상의 정(鼎)** 허난성 출토. 정은 제사 지낼 때 사용하는 의식용 그릇이자 고기 삶을 때 사용하는 솥이다. 보통 3, 4개의 다리가 있으며, 윗부분에 2개의 커다란 귀가 달린 게 특징이다. 왕은 권력을 과시하기 위하여 거대한 정을 만들기도 하였다.

▲ **주의 등잔** 주나라 시대에는 봉건 제후국마다 다양한 청동기를 만들었다. 이전부터 전해 온 정이나 작 등의 예기 외에도 우아한 장식의 국자나 등잔 등 생활용품도 만들었다. 이러한 청동기는 신분에 따라 사용이 엄격히 제한되었다.

49

옛 시대를 들여다보는 열쇠, 문자

◎ 메소포타미아의 문자

인류가 라스코와 알타미라의 동굴 벽에 그림을 그린 것은 수만 년 전의 일이다. 하지만 문자를 만들어 낸 것은 겨우 5,000년 전으로, 티그리스강과 유프라테스강 유역인 메소포타미아에서 처음 만들어졌다. 현재까지 발견된 것 중 가장 오래된 문자는 우루크 유적에서 나온 것인데, 곡식의 포대 수와 가축의 수가 적혀 있다. 메소포타미아 사람들은 경제적 필요성 때문에 문자를 발명한 것이다.

아래에서 소를 의미하는 메소포타미아의 문자가 발전해 간 과정을 볼 수 있다.

 기원전 3100년경　기원전 2400년경

 기원전 700년경

메소포타미아의 쐐기 문자는 오랜 기간에 걸쳐 다양하게 발전하였다. 수메르인, 아카드인, 바빌로니아인은 쐐기 문자로 신화와 수필, 일기, 편지, 법률 등 많은 이야기를 기록하였다. 그리고 그 기록들이 오늘날까지 남아 수천 년 전 이야기를 우리에게 들려준다.

인도 문명 유적에서 발견된 인장에도 짐승의 모양과 함께 문자가 새겨져 있다. 이 문자는 아직 해독되지 않았지만, 아마도 소유권을 표시하는 데 사용되지 않았을까 생각된다.

초기의 것으로 추측되는 이 진흙판에서 농기구, 나무, 곡물 포대를 나타내는 그림 문자를 쉽게 찾을 수 있다. 오른쪽 위의 손은 소유주의 표시라고 생각된다.

기원전 2360년에 제작된 진흙판에는 농부, 대장장이 등에게 당나귀를 빌려주었다는 내용이 있다. '당나귀'를 가리키는 글자는 뒤로 향한 귀와 긴 목과 머리 등으로 쉽게 알아볼 수 있다. 오른쪽 맨 밑에는 '신'을 가리키는 기호가 두 개나 찍혀 있다.

당나귀

신

◉ 로제타석과 상형 문자

4대 문명 유적에서 발견된 문자 가운데 한자로 발전된 갑골 문자를 제외하고는 모두 오늘날 사용하지 않는다. 그래서 처음 문자가 발견되었을 때 그것을 읽을 수 있는 사람이 아무도 없었다. 그러나 몇몇 학자들이 옛 문자를 읽어 내기 위하여 끊임없이 노력하였고, 마침내 문자의 비밀을 밝히는 데 성공하였다. 아직 인더스 문자는 읽지 못하지만, 이집트 문자나 메소포타미아 문자는 해독할 수 있다. 그중에서 이집트 문자를 해독하는 데 결정적인 열쇠를 제공한 것이 바로 로제타석이다.

로제타석은 이집트를 원정 중이던 나폴레옹의 프랑스군에 의하여 나일강 서쪽 '로제타 라시드'라는 마을 인근에서 발견되었다. 기원전 196년에 제작된 이 돌은 열두 살 난 파라오 프톨레마이오스 5세의 즉위를 축하하기 위하여 만든 것이다. 당시 이집트 왕조인 프톨레마이오스 왕조는 그리스계였다. 그래서 로제타석에는 같은 내용이 이집트의 상형 문자와 상형 문자의 필기체라고 할 수 있는 민중 문자, 그리스 문자 세 가지로 기록되었다. 프랑스인 샹폴리옹은 오랜 연구 끝에 세 가지 문자가 모두 같은 내용임을 밝혀 냈으며, 이를 기초로 상형 문자를 읽는 데 성공하였다. 고대 이집트의 비밀이 벗겨지는 순간이었다.

비밀의 열쇠 이집트의 상징인 로제타석은 나폴레옹에게 약탈당하여 프랑스로 옮겨졌다가 지금은 영국의 대영 박물관에 보관되어 있다. 영국인 토머스 영이 상형 문자 가운데 타원형의 테두리가 있는 것이 파라오의 이름임을 밝혀 냈고, 샹폴리옹이 이를 바탕으로 완전한 해독에 성공하였다. 로제타석에 새겨진 '프톨레마이오스'란 이름으로 우리도 상형 문자를 한번 읽어 보자.

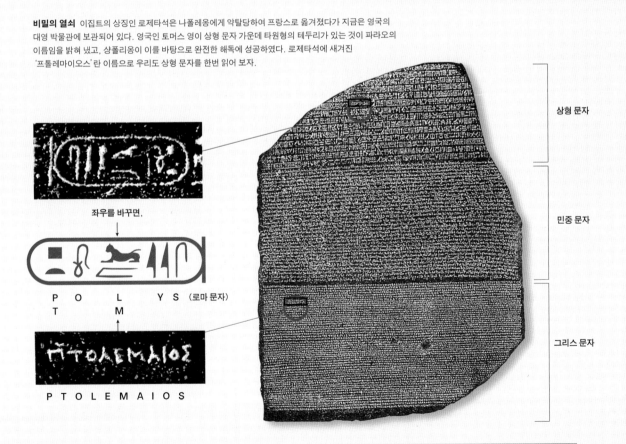

좌우를 바꾸면,

P O L Y S (로마 문자)
T M

PTOLEMAIOS

PTOLEMAIOS

상형 문자

민중 문자

그리스 문자

글자 배우는 건 어려워!

서기관 공부는 힘들어!

열심히 뛰어갔는데 오늘도 수업 시간에 늦고
말았다. 선생님께 용서를
빌었지만 끝내 회초리로 맞았다.
이윽고 수메르어 선생님이 들어오셨다.
그런데 내가 잠시 한눈을 판 사이
"왜 수메르어로 말하지 않느냐?"라며
편잔을 주셨다.
또 다른 선생님은 내 글씨가 엉망이라고
야단치셨다. 서기관이 되기 위한
공부가 이렇게 힘들 줄 몰랐다.

— 수메르, 어느 학생의 일기 —

제발 말 좀 들어라!

어디에 있었니?
너를 찾으러 여기저기 가 봐도 없더라.
학교에 가지 않고 빈둥빈둥 놀기만 할 거니?
제발 학교에 가거라!
광장에 우두커니 서 있거나
거리를 쏘다니는 짓은 이제 좀 그만 두어라.
주위 분위기에 휩쓸리지 말고,
선생님 앞에서는 예의 바르고 존경하는
마음가짐으로 있어 다오.
선생님을 잘 따르면,
너를 잘 살펴 주실 거야.
부탁이다, 애야!

— 바빌로니아, 어느 학부모의 편지 —

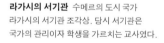

라가시의 서기관 수메르의 도시 국가
라가시의 서기관 조각상. 당시 서기관은
국가의 관리이자 학생을 가르치는 교사였다.

수메르에서는 누구나 글자를 읽고 쓸 수 있는 게 아니었다. 당시에는 왕조차 글 읽을 줄 안다는 사실을 자랑으로 여겼다고 한다. 그렇다면 그때 글을 읽고 쓴 사람은 누구일까? 바로 높은 관직을 차지한 서기관들이었다. 서기관이 되려면, 어렸을 때부터 학교 교육을 받아야 하였다. 물론 학교에 갈 수 있는 아이들은 고위 관리의 자녀들이었다.

그런데 글자를 배우는 과정이 꽤 힘들었나 보다. 옆의 일기를 쓴 학생도 서기관이 되기 위하여 어렵게 공부한 흔적이 역력하다. 이 학생은 정말로 서기관이 되었을까? 그래서 모든 사람이 우러러보는 출세의 길을 걸었을까?

한편, 그 당시에도 학교가 재미없고 공부가 싫어서 학교 근처에서 방황하는 학생들이 있었나 보다. 그들도 지금 우리처럼 행복은 성적순이 아니라고 믿었던 것일까? 아니면 사춘기의 대책 없는 반항이었을까? 이런 자식을 보며 애를 태운 부모의 심정이 편지에 절절하다. 그러고 보면 예나 지금이나 학생들의 꿈과 고민은 비슷한 면이 많았나 보다.

아시리아의 서기관 오늘날 이라크 님루드에 있는 아시리아의 궁전에 새겨진 부조. 전투에서 빼앗은 물건들을 품목별로 세고 있는 장면이다.

제국의 경계, 만리장성

3

드넓은 **제국,** 커다란 **믿음**

모든 길은 페르세폴리스로 통한다.

이 길을 따라 황제의 군대가 오고,

황제의 명령이 나간다.

이 길을 따라 분주한 상인들이

지나다니고, 찬란한 문화가 흐른다.

모든 길은 제국의 동맥과 같다.

그리하여 페르시아 제국 내의 모든 길은

페르세폴리스로 통하듯,

로마 제국 내의 모든 길은 로마로 통한다.

기원전 800

800년경 그리스, 폴리스 성립

770 중국, 춘추 시대 시작

기원전 700

기원전 600

6세기경 불교 등장

539 아케메네스 왕조 페르시아, 바빌론 정복

기원전 500

492 페르시아-그리스 전쟁 시작(~기원전 479)

403 중국, 전국 시대 시작

기원전 400

기원전 300

334 마케도니아의 알렉산드로스, 페르시아 원정 시작 (~기원전 324)

330 아케메네스 왕조 페르시아 멸망

317년경 인도, 마우리아 왕조 성립

287 로마, 공화정 확립

264 로마와 카르타고 전쟁에 돌입 (포에니 전쟁)

247년경 옛 페르시아 지역에 파르티아 건국

221 진, 중국 통일

202 진 멸망, 한 건국

기원전 200

기원전 100

146 로마, 카르타고를 멸망시킴

139 한의 장건, 서역으로 출발

108 고소선 멸망

58 로마, 갈리아 정복 (~기원전 51)

30 로마, 이집트 정복

27 로마 제정 성립

1 최초의 세계 제국, 페르시아

서아시아

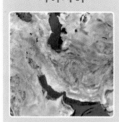

넓은 지역과 여러 민족을 지배하는 세계 제국은 언어와 풍속이 다른 사람들을 효과적으로 지배하기 위해 다양한 통치 방식을 사용하였다. 강력한 무력이나 효율적인 관료 체제는 그러한 방식 중 하나이다. 최초의 세계 제국으로 알려진 페르시아 제국, 그들은 어떠한 통치 방식을 선택하였을까?

■ 가 볼 곳: 페르세폴리스 ■ 만날 사람: 다리우스 1세
■ 주요 사건: 페르시아 제국의 성립과 번영

| 페르시아로 가는 길 | 기원전 6세기 말, 페르시아의 왕궁 페르세폴리스에는 세계 각지에서 온 사신들이 웅성거리고 있었다. 메디아인을 비롯한 서아시아 민족부터 동쪽의 인도인, 지중해 건너 이집트인까지 모두가 페르시아의 왕이자 '28개 민족의 왕 중 왕'인 다리우스 1세에게 조공을 바치려고 모여든 사람들이었다.

아케메네스 왕조의 수도, 페르세폴리스

강력한 군대를 내세워 메소포타미아와 시리아, 이집트를 통합하였던 아시리아가 멸망한 뒤, 이 지역을 다시 통합한 나라가 페르시아인이 세운 아케메네스 왕조이다. 그들의 수도 페르세폴리스의 궁전 유적에는 여러 민족이 신년식을 맞아 다리우스 1세에게 공물을 바치는 모습이 조각되어 있다. 낙타를 몰고 온 아라비아인에서 들소를 가져온 간다라인, 전차를 끌고 온 리디아인까지 20여 민족의 모습이 생생하게 보인다. 이 중에는 왕이 총독을 파견하여 다스리는 속주도 있지만, 페르시아의 지배를 직접 받지 않는 곳도 있었다.

아시리아의 최대 영토
페르시아의 최대 영토

다뉴브강 · 흑해 · 트라키아 · 리디아 · 프리지아 · 사르데스 · 이오니아 · 지중해 · 예루살렘 · 리비아 · 멤피스 · 이집트 · 홍해 · 테베

정복자 키루스 2세가 메디아와 바빌로니아를 정복하여 페르시아 제국을 세운 이후, 다리우스 1세는 그 뜻을 이어받아 지중해 동쪽 세계를 통일하였다. 그의 제국은 인더스강 유역에서 서아시아와 지중해 동부, 이집트까지 아우르고 있었다.

이 넓은 제국을 다스리기 위하여 다리우스 1세는 여러 제도를 시행하였다. 우선 전국을 20여 개의 속주로 나누어 총독을 파견하였다. 그리고 '왕의 귀', '왕의 눈'으로 불린 감찰관을 보내 총독들의 정치를 감시하였다. 한편 전국의 주요 도시를 이을 도로를 닦았는데, 이 도로를 '왕의 길'이라고 불렀다. 잘 정비된 도로는 효율적인 통치에 필요할 뿐만 아니라, 제국 내의 교류와 상업 발달에 큰 도움을 주었다.

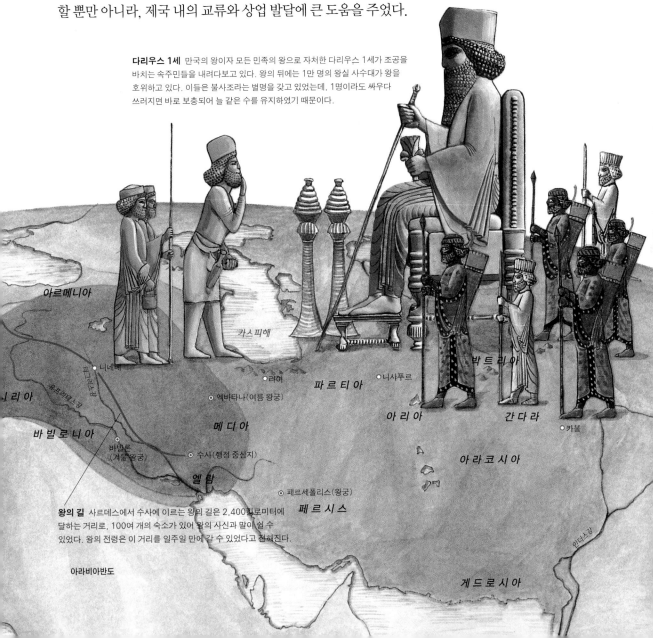

다리우스 1세 만국의 왕이자 모든 민족의 왕으로 자처한 다리우스 1세가 조공을 바치는 속주민들을 내려다보고 있다. 왕의 뒤에는 1만 명의 왕실 사수대가 왕을 호위하고 있다. 이들은 불사조라는 별명을 갖고 있었는데, 1명이라도 싸우다 쓰러지면 바로 보충되어 늘 같은 수를 유지하였기 때문이다.

아르메니아

카스피해

니네베

라이

엑바타나(여름 왕궁)

파르티아

니샤푸르

박트리아

아리아

간다라

카불

메디아

아라코시아

바빌로니아

바빌론
(겨울 왕궁)

수사(행정 중심지)

엘람

페르세폴리스(왕궁)

페르시스

인더스강

왕의 길 사르데스에서 수사에 이르는 왕의 길은 2,400킬로미터에 달하는 거리로, 100여 개의 숙소가 있어 왕의 사신과 말이 쉴 수 있었다. 왕의 전령은 이 거리를 일주일 만에 갈 수 있었다고 전해진다.

아라비아반도

게드로시아

황소를 덮치는 사자 페르세폴리스 궁전 '알현의 방'에 새겨진 조각. 아시리아 문화의 영향을 받은 것으로, 황소를 공격하는 사자의 모습이 실감난다.

| 효율적인 정책, 풍부한 문화 | 다리우스 1세를 비롯한 페르시아의 왕들은 언어나 종교 등 정복한 여러 민족 고유의 풍습을 존중하였다. 페르시아의 지배를 받으면서도 이집트인은 이집트어로 말하고 서기관들은 파피루스 위에 상형 문자로 기록을 남겼다. 바빌로니아로 쫓겨난 유대인^{헤브라이인}이 조상의 땅을 다시 찾고 그들의 신전을 세우는 일을 허락하기도 하였다. 피정복민이 협력하지 않으면 거대한 제국을 다스릴 수 없다는 판단 때문이었다. 효율적인 통치 제도와 관용의

크세르크세스의 문 페르세폴리스 궁전 입구에서 완만하게 경사진 넓은 계단을 올라가면, 사람의 얼굴을 하고 날개를 단 황소가 조각된 거대한 문이 서 있다. 바로 만국의 문이다. 여기에는 다리우스 1세의 뒤를 이어 페르시아를 지배한 크세르크세스의 비문이 새겨져 있다. "이 만국의 문은 내가 세웠다."라는 내용이다. 페르시아 제국 내 모든 민족의 대표는 해마다 페르시아 왕을 알현하기 위하여 이 문을 들어섰다.

정책으로 페르시아는 약 200년간 서아시아를 지배하였다.

여러 민족을 품는 포용의 정책은 페르시아의 문화를 풍부하게 만들었다. 페르시아가 정복한 여러 민족의 우수한 문화는 그대로 페르시아 문화의 기틀이 되었다.

페르시아 문화의 특징을 가장 잘 보여 주는 것은 페르시아의 왕궁인 페르세폴리스이다. 날개 달린 황소 조각은 아시리아의 궁전 건축에서, 계단식 건물 양식은 바빌로니아에서, 곳곳에 세운 높은 기둥과 연꽃 무늬는 이집트 건축에서 본떴다. 이 왕궁은 보기 드물게 웅장할 뿐만 아니라, 이렇듯 다양한 문화의 흐름을 담고 있어 더욱 눈길을 끌고 있다.

| 인간의 의지로 선을 택하는 조로아스터교 | 페르시아는 여러 민족의 종교를 인정해 주었지만, 자신들은 조로아스터교를 믿었다. 기원전 6세기경 조로아스터^{자라투스트라}가 만든 이 종교는 세상을 선과 빛의 신 아후라 마즈다와 악과 어둠의 신 아리만의 대결로 보았다. 이에 따르면, 사람은 생각하고 말하고 행동할 때 선과 악 중에서 선택할 수 있다. 만약 많은 사람이 아리만의 편에 선다면 세상은 혼탁해질 것이지만, 심판의 날이 오면 그들은 결국 멸망에 이르고 만다. 페르시아인들은 자신의 의지로 선한 신 아후라 마즈다를 섬기며, 최후의 심판 때 천국으로 갈 수 있게 해 달라고 그에게 기도하였다.

이렇듯 조로아스터교는 이전의 종교보다 인간의 자유 의지와 도덕성을 높이 샀다. 어느 지역, 어느 시대에나 적용될 수 있는 조로아스터교의 보편성은 세계 제국 페르시아의 질서를 잡는 또 다른 기둥이 되었다. 조로아스터교는 한편으로 대제국 페르시아의 힘을 빌려 서아시아 여러 지역에 널리 퍼졌다. 조로아스터교의 교리 중에서 선과 악의 대결, 최후의 심판, 천국과 지옥, 구세주 등의 내용은 서아시아에서 태어난 유대교와 크리스트교, 이슬람교뿐만 아니라 멀리 인도의 대승 불교 같은 세계 종교에 영향을 끼쳤다.

신이 준 권력 다리우스 2세의 무덤 입구에 신에게 성스러운 불을 바치는 왕과 그 옥좌를 떠받치는 페르시아 속주민들의 모습이 새겨져 있다. 중앙에 날개 달린 둥근 원반에 올라탄 모습으로 표현된 것이 바로 조로아스터교 최고의 신인 아후라 마즈다이다. 다리우스 1세 이후 모든 페르시아 왕은 자신들이 최고의 신으로부터 권력을 받아 세상을 다스린다고 주장하면서, 왕의 무덤을 비롯한 주요 건물에 반드시 신의 모습을 조각하도록 하였다. 조로아스터교를 제국 통치에 적극적으로 이용한 것이다.

2 폴리스에서 헬레니즘 세계로

지중해 주변

그리스의 폴리스들은 시민이 국정에 참여하는 민주 정치를 시행하면서 현실을 중시하는 문화를 가꾸었다. 다수의 노예에 기반을 둔 시민의 자유와 평등은 곧 한계를 드러냈지만, 이들이 일군 문화는 이집트와 메소포타미아의 전통과 만나 과학의 눈부신 발전을 낳았다.

■ 가 볼 곳: 아테네, 알렉산드리아   ■ 만날 사람: 페리클레스, 알렉산드로스
■ 주요 사건: 페르시아 – 그리스 전쟁, 알렉산드로스의 페르시아 정복

| 지중해를 수놓은 폴리스 | 기원전 8세기 그리스와 아나톨리아반도의 바닷가에서는 다시 문명의 싹이 자라났다. 북쪽에서 이주해 온 침략자들에게 청동기 문명이 파괴된 지 수백 년 만의 일이었다. 사람들은 철제 농기구를 쥐고 거친 땅을 일구었다. 거두는 곡식의 양이 늘었고, 방어에 유리한 지역은 도시로 발전하였다. 이를 폴리스라고 한다.

폴리스는 수천에서 수만의 시민들로 이루어진 자그마한 나라였다. 그들 사이에도 집안 좋고 재산 많은 귀족과 일반 평민의 차별이 있었지만, 이는 점점 약해졌다. 전쟁이 잦아지면서 평민들의 역할이 커졌기 때문이다. 노예가 늘어 시민과 노예의 경계가 분명해진 것도 이런 추세를 부추겼다. 폴리스들은 서로 다투면서도 빠르게 밖으로 뻗어 나갔다. 평야를 정복한 군사 강국 스파르타를 제외하면, 대부분의 폴리스가 바다를 겨냥하였다. 이들의 발길은 신화 속 헤라클레스가 모험을 벌이던 지중해 곳곳에 미쳤다. 바다 건너 식민 도시를 건설하고, 이를 연결하는 해상 무역을 발전시켰다. 훗날 폴리스 세계를 이끈 아테네 역시 이렇게 성장한 폴리스였다.

그리스 상선 사다리는 짐을 부릴 때 사용하였다. 산이 많아 식량이 부족하였던 폴리스들은 지중해나 흑해 연안에 올리브 기름과 포도주, 도자기, 무기 등을 수출하고 밀과 노예를 수입하였다. 한편 무역으로 재산을 모은 평민들은 스스로 무기와 갑옷을 마련하여 군대의 주력이 되면서 정치에 참여하려 하였다. 이 결과, 아테네에서처럼 귀족과 평민의 차별이 흐려지고 민주 정치가 싹텄다.

그리스와 페니키아의 바다 기원전 8세기부터
폴리스들은 해외에 식민 도시를 세웠다.
이탈리아 남부에서 시작된 발길은 멀리 프랑스
남부 해안까지 가닿았다. 식민 도시는 그리스
인의 무역 거점이자 문화 전파의 통로였다. 한편
예부터 항해술로 이름 높던 페니키아인 역시
활발한 활동을 벌였다. 그들이 기원전 9세기경에
세운 카르타고는 이베리아반도와 북아프리카에
많은 식민 도시를 건설하고 서부 지중해 무역의
주인공으로 성장하였다.

| 아테네의 번영, 그 빛과 그림자 | 기원전 5세기 초, 폴리스들은 아
테네와 스파르타를 중심으로 세계 제국 페르시아의 거듭된 침략을
물리치고 독립을 지켜냈다. 전쟁의 승리 이후 아테네는 해군력으로
에게해와 흑해를 주름잡았고 무역과 상공업도 크게 발전하였다.

기원전 5세기 중엽, 페리클레스의 지배 아래 아테네는 전성기를
맞았다. 뛰어난 학자와 예술가들이 모여들었고, 정치 체제의 발전도
두드러졌다. 비록 성인 남성뿐이었지만, 전체 시민이 참여하는 민회
의 기능이 강화되었다. 가난한 시민도 생계를 걱정하지 않고 정치에
참여할 수 있게 되었다. 이를 두고 페리클레스는 "우리의 정치는 모
든 시민이 권력을 지닌 민주 정치이며, 모든 폴리스가 배워야 할 모
범"이라고 우쭐대곤 하였다.

하지만 번영 뒤에 드리워진 그늘도 만만치 않았다. 4만여 시민과
그 가족의 생활을 뒷받침해 준 노예만도 10만 명이 넘었고, 동맹 폴
리스들은 아테네 해군의 보호를 받으며 공납을 바치는 속국처럼 변
해 버렸다. 동맹 폴리스들은 불만에 가득 찼고, 아테네를 시기한 스
파르타와의 긴장도 높아졌다. 결국 폴리스 세계는 아테네 진영과 스
파르타 진영으로 나뉘어 파괴적인 전쟁에 빠져들고 말았다.

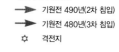

페르시아의 침입로

➡ 기원전 490년(2차 침입)
➡ 기원전 480년(3차 침입)
✿ 격전지

페르시아-그리스 전쟁 기원전 5세기에
페르시아가 지중해의 패권을 노리며 침략해
오자, 폴리스 세계는 위기를 맞았다.
첫 침략이 풍랑으로 실패한 뒤에도
페르시아는 두 차례나 더 그리스를 노렸다.
그러나 기원전 490년의 마라톤 싸움과 그
10년 뒤에 벌어진 살라미스 해전에서
아테네를 중심으로 한 그리스군은 거듭
페르시아군을 물리쳤다. 그림의 배다리는
페르시아가 3차 침입을 위하여 4년에 걸쳐
헬레스폰트해협에 건설한 것이다. 결국
페르시아는 동부 지중해에서 물러났고,
폴리스들은 강대국 페르시아를 물리쳤다는
자부심 속에 경제적 번영을 누렸다.

⊙ 페리클레스 시대의 아테네

기원전 5세기 중엽, 전성기를 맞은 아테네의 활기찬 모습이다. 그러나 이러한 번영 뒤에는 수많은 노예와 동맹 도시의 희생이 있었다. 또한 아고라에 자리 잡은 관청이나 멀리 민회 회의장 등 어떤 공적 장소에서도 여성들의 모습을 볼 수 없었다. 이는 성인 남자만을 시민으로 인정하였던 아테네 사회의 한계를 드러내는 것이다. 그리고 도시 주변에는 경작지가 늘었는데, 무리한 개간으로 인하여 환경이 파괴되었고, 이는 노예나 동맹 도시들의 반발과 함께 아테네 몰락의 한 원인이 되었다.

에렉테움

파르테논 신전

아테나 니케 신전

아크로폴리스 도시의 가장 높은 언덕인 이곳에는 시민의 정신적 지주인 각종 신전이 자리 잡았다. 페르시아의 공격을 받아 파괴된 신전을 페리클레스가 화려하게 재단장하였다. 한편 그리스인들은 인간의 모습과 감정을 지닌 신들의 활동으로 세계를 설명하였으며, 이는 그리스 문화의 원천이 되었다. 그리스인들은 신화를 소재로 문학을 발전시켰고, 인체의 아름다움을 사실적으로 묘사한 여러 신상을 만들었다.

아고라 아고라는 경제 활동이나 토론, 집회 등 시민들의 일상생활이 이루어지는 광장이었다.

조폐 공장

시장 시장에서는 진귀한 향료와 생선 냄새가 함께 풍겼고 사람들이 들끓었다. 가게에는 보통 시민과 노예가 함께 일하였는데, 무기 공장 중에는 무려 120명의 노예를 거느린 곳도 있었다.

화랑

법정 아테네에서는 법정의 배심원 역시 다른 관직처럼 시민들 사이에서 추첨으로 뽑았다. 사진은 법정에서 발언 시간을 재던 물시계.

민회 회의장과 도편 민주 정치가 발전하면서 민회는 국정의 최고 기구가 되었다. 민회는 국가를 다스리는 법률을 만들고 국가의 최고 지도자를 비롯한 관리들을 뽑았다. 페리클레스 시대에는 1만여 명이 넘는 시민이 모이는 민회가 1년에 수십 차례나 열렸다. 한편 아테네인들은 독재자의 출현을 경계하였는데, 도편(도자기 파편)에 그럴 만한 사람의 이름을 적어서 6,000표 이상을 얻은 이를 10년간 추방하곤 하였다.

토론하는 철학자들 시민 전체가 정치에 참여할 수 있게 되면서 사람들 앞에서 자기 의견을 조리 있게 말하는 것이 중요해졌고, 이를 가르치는 사람들이 등장하였다. '지혜로운 자(=소피스트)'라고 불렸던 이들은 아고라에서 토론을 하거나 학생들을 가르쳤다. 기원전 6세기경부터 이집트나 메소포타미아 학문의 영향을 받아 자연의 근본에 대해 고민하던 그리스 철학은 이들에 의해 인간과 윤리로 관심을 돌리게 되었다.

군사 본부

대장장이 신 헤파이스토스 신전

행정 본부

의회

지도 라벨 (지도 내):
마케도니아 · 헬라 · 흑 해 · 리디아 · 에페수스 · 이수스 · 카탈라 · 마라칸다(사마르칸트) · 박트라 · 박트리아 · 탁실라 · 지중 해 · 에바타나 · 아우가멜라 · 티레 · 바빌로 · 수사 · 파르티아 · 알렉산드리아 · 멤피스 · 파르세폴리스 · 프톨레마이오스 왕조 (이집트) · 마우리아 왕조 · 인더스강

범례
- 초기의 영역
- → 알렉산드로스의 원정로
- 제국의 최대 영역
- ■ 알렉산드리아

이수스 전투(기원전 333)와 알렉산드로스 제국 위 그림은 알렉산드로스와 페르시아의 국왕 다리우스 3세의 이수스 전투를 묘사한 모자이크화이다. 왼쪽에 투구도 쓰지 않은 채 말을 타고 있는 인물이 알렉산드로스이다. 그는 이 전투에서 기병과 보병을 유기적으로 활용하여 대승을 거둔 뒤 동부 지중해 연안을 거쳐 이집트를 정복하였다. 페르시아의 심장부로 진격하기 전에 후방을 든든히 한 것이다.
알렉산드로스는 원정에 나선 지 불과 10년 만에 페르시아를 정복하고 인더스강 유역까지 침략하였다. 이 지역은 그가 죽은 뒤 여러 나라로 나뉘었지만, 수백 년 동안 마케도니아인과 그리스인을 중심으로 지배층이 형성되고 그리스의 화폐와 언어가 사용되는 등 어느 정도의 공통점을 지녔다. 또한 그리스 문화가 활발하게 전파되기도 하였는데, 특히 인도에서는 그리스 조각의 영향을 받아 간다라 미술이라는 불교 미술이 발달하였다. 이는 우리나라에까지 영향을 끼쳤다.

| 확대된 그리스, 헬레니즘 세계 | 기원전 336년, 20세의 청년 알렉산드로스가 그리스 북부 마케도니아 왕국의 왕으로 즉위하였다. 비교적 발전이 늦었던 마케도니아 왕국은 이 무렵 폴리스의 문화를 받아들이고 산업과 군대를 육성하고 있었다. 알렉산드로스는 먼저 오랜 내분에 빠져 있던 폴리스 세계를 정복한 뒤, 그 대표자를 자처하며 페르시아 원정길에 올랐다. 이미 잦은 왕위 쟁탈전에 비틀거리던 페르시아는 그의 말발굽 아래 순식간에 무너졌다.

내분에 지쳐 있던 그리스인들은 이제 기회를 찾아 앞을 다투어 페르시아로 향하였고, 알렉산드로스 역시 각지에 자신의 이름을 딴 도시 '알렉산드리아'를 건설하여 경제 발전을 북돋웠다. 비록 제국은 그가 죽은 뒤 여러 나라로 나뉘었지만, 광활한 서아시아와 이집트 지역에 그리스의 문화가 전파되었고, 상공업과 무역도 눈부시게 발전하였다. 겉으로 보기에 이 지역들은 그리스화된 세계, 즉 '헬레니즘 세계'가 된 것처럼 보였다. 그러나 이러한 번영은 그리스 이주민이나 그들과 손잡은 몇몇 토착 귀족들만의 것이었다. 그 뒤에서 무거운 세금에 시달리던 농촌의 원주민들은 많은 불만을 가지고 있었다.

| **문화의 중심, 알렉산드리아** | 기원전 3세기 이집트의 알렉산드리아, 한 젊은이가 사방을 두리번거리고 있었다. '정말 대단한 도시야. 이 부두 좀 봐. 산만 한 배도 정박할 수 있겠군. 저 등대는 100미터도 넘겠는걸.' 그중에서도 이 나라 왕실이 후원하는 도서관이 단연 그의 관심을 끌었다. '무려 70만 개의 파피루스 두루마리가 있다지. 그리스 학자들의 저술만 해도 없는 게 없겠구나.'

그는 알렉산드리아에서 당대 최고의 수학과 물리학 강의를 받고 고국으로 돌아갔다. 그가 바로 목욕탕에서 부력의 원리를 깨달은 물리학자 아르키메데스였다.

헬레니즘 시대 이래 알렉산드리아는 학문의 중심지였다. 특히 자연의 근원을 고민한 그리스의 철학과 이집트, 메소포타미아의 과학이 두루 섞이면서 자연과학이 눈부시게 발전하였다. 에우클레이데스 유클리드 는 수학에서 기존의 업적을 정리하였고, 지리학자 에라토스테네스는 현재의 계산과 별 차이 없이 지구 둘레를 계산하였다. 프톨레마이오스는 천동설에 따라 천문학을 체계화하였다. 이후 유럽인들은 이 시대의 과학적 업적을 잊었지만, 이슬람 학자들은 이를 이어받아 이슬람 과학을 꽃피웠다.

이것은 에우클레이데스가 쓴 《기하학 원론》을 아랍어로 필사한 것이다. 그리스의 철학과 헬레니즘의 과학은 많은 경우 이슬람 세계에 의하여 보존 · 계승 · 발전된 뒤 다시 유럽으로 전해졌다.

〈아테네 학당〉 16세기 이탈리아 화가 라파엘로의 그림으로, 폴리스 시대와 헬레니즘 시대에 활동한 유명한 학자들을 한 화면에 담아 그리스 문화에 대한 자부심을 드러내고 있다. 중앙에 걸어 나오며 토론하는 두 인물은 그리스 철학을 총정리한 플라톤과 아리스토텔레스이다. 오른쪽에는 에우클레이데스가 컴퍼스로 무엇인가를 그리고 있으며, 왼쪽에는 피타고라스가 기하학의 원리를 정리하고 있다.

3 로마 제국과 크리스트교의 만남

지중해 세계

도시 국가에서 출발한 로마가 지중해 세계를 통일하고 대제국으로 성장하였다. 팽창에 따른 갈등을 겪기도 하였지만, 제정 성립 후 넓은 영토를 효과적으로 통치하면서 그리스-로마 문화에 기반을 둔 공통의 문화를 마련하였다. 이는 제국 말기에 급성장한 크리스트교와 함께 유럽 문화의 자산이 되었다.

■ 가 볼 곳: 로마, 비잔티움   ■ 만날 사람: 카이사르, 콘스탄티누스 황제
■ 주요 사건: 포에니 전쟁, 크리스트교 공인

│ **지중해를 손에 넣은 로마** │ 기원전 202년, 북아프리카로 건너간 청년 장군 스키피오는 10여 년간 로마를 위협해 온 카르타고의 명장 한니발을 무찔렀다. 로마가 수백 년 동안 서부 지중해를 지배해 온 카르타고를 30여 년 만에 다시 굴복시킨 것이다. 그 뒤 로마는 동으로 마케도니아를 비롯한 헬레니즘 세계를 무릎 꿇렸고, 서쪽으로 카르타고를 완전히 멸망시켰다. 작은 도시 국가에서 출발하여 이탈리아반도를 통일했던 로마는 이제 지중해 주변 전체를 지배하게 되었다.

거듭되는 승리 속에 로마에는 풍요로움이 넘쳐났다. 정복지를 속주로 삼아 수많은 재물과 노예를 약탈하였고, 주민들에게 소득의 일부를 세금으로 걷었다. 이탈리아 지역의 500만 주민 가운데 150만 명이 포로로 끌려온 노예일 때도 있었다.

그러나 정복이 가져온 후유증도 적잖았다. 무거운 세금에 반발한 속주민들의 저항

➡ 로마(스키피오)의 진군로   로마령
➡ 카르타고(한니발)의 진군로   카르타고령

포에니 전쟁 로마는 세 차례의 포에니(포에니는 카르타고를 건설한 페니키아를 뜻한다.) 전쟁을 통해 그간 서부 지중해의 패권을 장악해 온 카르타고를 물리침으로써 지중해의 강대국으로 떠올랐다. 지도는 한니발의 진로를 중심으로 제2차 포에니 전쟁(기원전 218~기원전 202)의 상황을 보여 준다. 로마는 한니발의 뛰어난 용병술에 걸려 칸나이 등지에서 대패하였지만, 굳게 단결하여 저항을 계속한 끝에 반격에 성공할 수 있었다.

이 줄을 이었고, 가혹한 노동에 시달리던 노예들도 대규모 반란을 일으켜 로마인들을 공포에 떨게 하였다. 또한 급격하게 팽창하면서 엄청난 토지와 노예를 얻은 소수의 부유층과 오랜 전쟁으로 자기 땅을 잃고 빈털터리가 된 다수의 평민 간에는 갈수록 갈등이 심해졌다. 그동안 로마를 다스려온 귀족 중심의 공화정은 갈등을 해결할 수 없었고, 사태는 내전에 가까운 상황으로 치달았다.

농민의 몰락 평민에게 잘게 분할되었던 공유지가 부유층의 대토지로 다시 구획되는 모습이다. 평민들이 몰락함에 따라 로마 군대는 시민들이 자신의 경제력으로 무장을 마련하여 참여하는 시민군에서 지원자들에게 무기와 봉급을 지급하는 직업 군인으로 변화되었다. 점차 군대는 전리품과 정복지를 나눠줄 수 있는 유능한 지휘관들의 사병처럼 변하였고, 지휘관들의 권력 투쟁에 동원되게 되었다.

│ **황제의 지배 아래 찾아온 평화** │ 수십 년에 걸친 내분은 기원전 1세기 중반에 갈리아^{오늘날 프랑스}를 정복하여 시민들의 마음을 얻은 카이사르^{기원전 100~기원전 44}에 의하여 수습되었다. 하지만 모든 권력이 카이사르에게 집중되면서 공화정의 전통은 위기를 맞았다. 결국 공화정을 지키겠다는 몇몇 귀족이 카이사르를 암살하였지만, 대세를 거스를 수는 없었다.

카이사르의 후계자 옥타비아누스는 '아우구스투스^{존엄한 자}'라는 칭호를 얻었고, 거대한 로마의 유일한 지배자가 되었다.^{기원전 27} 그 후 약 200여 년간 로마는 번영을 누렸다. 황제 중심의 통치 제도가 자리 잡았고, 지중해 연안을 넘어 내륙으로 영토를 확대하였다. 그리하여 로마 제국 안팎에는 평화가 찾아왔다.

수도 로마는 100만이 넘는 인구를 자랑하였고, 에스파냐와 갈리아 등 넓은 지역이 새로이 개발되었다. 지중해의 뱃길과 로마인이 닦아 놓은 도로를 통하여 거대한 영토 안의 각 지역이 연결되면서 상업도 눈부시게 발전하였다. 인도와 중국의 사치품을 수입하려는 로마의 상인들은 홍해를 거쳐 멀리 인도양까지 나아갔다.

율리우스 카이사르 군대를 동원하여 반대파를 제거하고 독재 권력을 수립하였다. 막대한 전리품으로 축제를 열거나 가난한 시민들에게 식량을 배급하는가 하면, 부분적으로 토지를 분배하여 시민의 지지를 얻었다. 이러한 방식은 황제들이 시민의 불만을 잠재우는 데 사용하는 기본 정책으로 자리 잡았다.

| **로마의 실용 문화** | 로마인들은 그리스를 비롯하여 자신들이 정복한 지역의 다양한 문화를 흡수하여 제국을 다스리는 데 필요한 각종 실용 문화를 발전시켰다. 우선, 로마가 도시 국가였을 때 마련한 법률을 다양한 문화를 가진 수많은 민족을 다스리는 데 걸맞도록 가다듬었다. 광대한 지역에 똑같은 법률이 적용되면서 제국의 공통성이 두드러졌다. 이러한 로마의 법률은 후대에 많은 영향을 끼쳤다.

로마 제국의 번영

전성기 로마 제국은 아시아와 아프리카, 유럽에 걸친 넓은 지역을 지배하며 평화와 번영을 누렸다. 북쪽으로는 라인강과 다뉴브강을 경계로 다양한 '야만족들'(게르만족)의 남하를, 동쪽으로는 메소포타미아에서 파르티아를 잘 막아 내었다. 그래서 아우구스투스 이후 200여 년간을 '로마의 평화'라고 부른다.

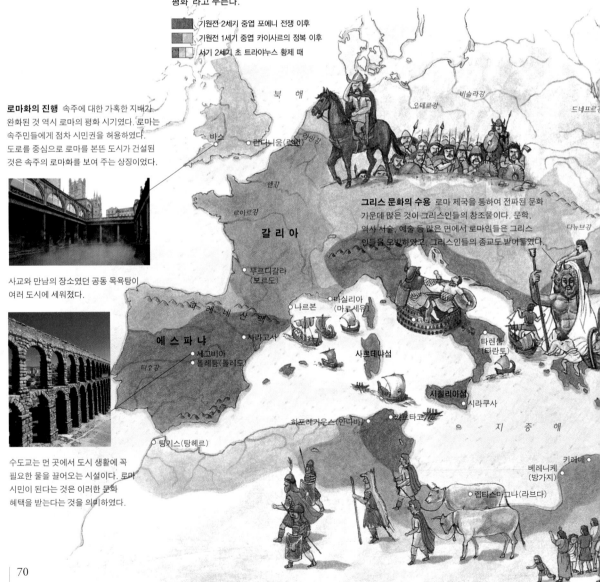

기원전 2세기 중엽 포에니 전쟁 이후
기원전 1세기 중엽 카이사르의 정복 이후
서기 2세기 초 트라야누스 황제 때

로마화의 진행 속주에 대한 가혹한 지배가 완화된 것 역시 로마의 평화 시기였다. 로마는 속주민들에게 점차 시민권을 허용하였다. 도로를 중심으로 로마를 본뜬 도시가 건설된 것은 속주의 로마화를 보여 주는 상징이었다.

사교와 만남의 장소였던 공동 목욕탕이 여러 도시에 세워졌다.

수도교는 먼 곳에서 도시 생활에 꼭 필요한 물을 끌어오는 시설이다. 로마 시민이 된다는 것은 이러한 문화 혜택을 받는다는 것을 의미하였다.

그리스 문화의 수용 로마 제국을 통하여 전파된 문화 가운데 많은 것이 그리스인들의 창조물이다. 문학, 역사 서술, 예술 등 많은 면에서 로마인들은 그리스인들을 모방하였고, 그리스인들의 종교도 받아들였다.

북 해
오데르강
비슬라강
드네프르강
바스
런디니움(런던)
라인강
센강
루아르강
갈 리 아
부르디갈라
(보르도)
마실리아
(마르세유)
나르본
피 레 네 산 맥
에 스 파 냐
세고비아
톨레툼(톨레도)
타호강
사라고사
사르데냐섬
로마
타렌툼
(타란토)
시칠리아섬
시라쿠사
팅기스(탕헤르)
히포레기우스(안나바)
카르타고
지 중 해
다뉴브강
키레네
베레니케
(방가지)
렙티스마그나(라브다)

로마인들은 토목과 건축 분야에서도 빼어난 솜씨를 보였다. 수도 로마를 중심으로 제국의 각지를 연결하는 잘 짜인 도로망은 유사시에 군대의 빠른 출동을 돕는 것 외에도 세금과 상품의 운반, 문화 교류 등에 크게 도움을 주었다. 한편 로마와 그를 본뜬 수많은 도시에 국가의 수호신을 모신 신전과 원형 경기장, 목욕탕, 전쟁의 승리를 상징하는 개선문 같은 거대한 건축물을 세웠다. 사람들의 마음을 얻고, 제국에 대한 자부심을 심어 주려는 의도였다.

정복자의 행렬 로마의 팽창을 이끈 힘은 물론 강력한 군대였다. 승리를 거둔 로마 군은 로마 교외의 마르스 광장에서 성 안 공공 건물이 밀집한 포로 로마노를 거쳐(그림의 콘스탄티누스 개선문은 포로 로마노에 있다.) 카피톨리노 언덕의 신전으로 향하는 승리의 행진을 벌이곤 하였다. 이들은 전리품과 정복지의 지배자들을 태운 수레를 앞세우고 행진하였다.

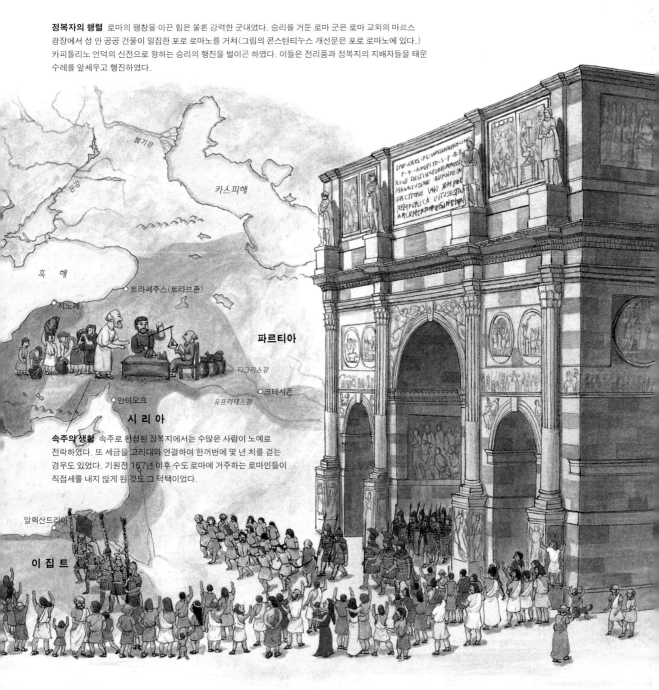

속주의 생활 속주로 편성된 정복지에서는 수많은 사람이 노예로 전락하였다. 또 세금을 고리대와 연결하여 한꺼번에 몇 년 치를 걷는 경우도 있었다. 기원전 167년 이후 수도 로마에 거주하는 로마인들이 직접세를 내지 않게 된 것도 그 덕택이었다.

| 크리스트교에 의지하는 제국 | 로마가 지중해 일대를 지배하는 대제국으로 성장한 1세기 초반, 유일신을 섬기던 유대교의 고장 팔레스타인에서 한 사나이가 등장하였다. 바로 '예수'였다. 그는 세계의 종말이 다가왔으며, '하느님에 대한 믿음과 이웃에 대한 사랑'을 가지면 누구나 구원받을 수 있다고 하였다. 율법을 지킬 것만을 강조하며 형식에 치중하던 유대교를 비판한 것이다.

예수가 십자가에서 죽은 이후, 그를 크리스트^{구세주}로 믿은 제자들은 본격적으로 그의 가르침을 각지에 전하였다. 거대한 로마 제국은 크리스트교가 세계 종교로 발돋움할 수 있는 요람이 되었다. 크리스트교는 억압받던 여성과 노예를 비롯한 하층민들 사이에서 착실하게 세력을 넓혀 갔다. 로마 제국은 이따금 대대적으로 크리스트교를 탄압하기도 하였지만, 이 흐름을 멈추게 할 수는 없었다. 반면 3세기 중반 로마 제국은 정복 전쟁의 중단으로 경제가 어려워진 데다가 황제 자리를 둘러싼 격렬한 내분과 외침이 계속되면서 큰 위기를 맞게 되었다. 50년 사이에 20여 명의 황제가 바뀔 정도였다.

결국 황제권을 강화하여 위기를 수습하려던 콘스탄티누스 황제는 크리스트교를 공인하여 제국의 정신적 통일과 안정을 꾀하려 하였다.^{313년} 이와 함께 나중에 그의 이름을 따서 콘스탄티노폴리스로 불리게 되는 그리스의 비잔티움으로 수도를 옮겼다. 황제를 뒷받침할 군대와 관리, 세금이 더욱 많이 필요하였던 그에게는 경제가 발달한 이집트와 시리아, 아나톨리아반도 같은 동부 지역이 더 소중하였던 것이다. 이러한 조치 속에서 로마는 가까스로 위기에서 벗어나 안정을 되찾을 수 있었다.

한편 4세기 말에 크리스트교는 로마 제국의 국교가 되었다. 국가의 후원 아래 정통 교리가 정해졌고, 이단으로 규정되어 쫓겨난 사람들은 국경 밖의 게르만족에게 자신들의 신앙을 전파하였다.

카타콤베 육신의 부활을 믿는 크리스트교도들은 장례 풍습에서도 매장을 선호하였다. 카타콤베는 이들이 만든 지하 묘지이다. 크리스트교도들은 이곳에서 죽은 자를 기념하는 예배를 보기도 하였다.

로마를 긴장시킨 클레오파트라

"반드시 카이사르를 만나야 한다."

기원전 48년, 클레오파트라는 알렉산드리아로 향하는 배에 몸을 실었다. 강력한 로마에 맞서 이집트와 자신의 왕가를 지키기 위해서였다. 전해지는 일화에 의하면 그녀는 이집트 영역까지 진군한 로마의 장군 카이사르와 극적인 만남을 계획하였고, 결국에는 카이사르의 지지를 얻어내는 데 성공하였다.

클레오파트라는 정치적으로 혼란할 때 태어났다. 동생의 세력에 밀려 다른 곳으로 쫓겨났던 그녀는 로마의 영웅 카이사르와 동맹을 맺어 이집트의 지배권을 되찾았다.

카이사르가 암살된 뒤, 로마는 주도권을 잡기 위한 분쟁에 휩싸였다. 그중 안토니우스는 재정과 군사를 지원받기 위하여 클레오파트라에게 도움을 요청하였다. 두 사람은 곧 동맹을 맺었고, 클레오파트라는 주변 속국을 차지하며 헬레니즘 세계의 여왕으로 군림하였다. 그러나 로마는 안토니우스를 몰아내기 위하여 이집트를 공격하였고, 여기서 두 사람은 죽음을 맞았다. 이후 이집트는 로마 제국의 속국이 되고 말았다.

클레오파트라는 로마의 두 영웅과 복잡한 연인 관계에 있었다는 이유만으로 로마로부터 '나일의 마녀'라는 평가를 받았다. 그러나 그녀는 뛰어난 정치 감각과 통치력을 지닌 사람이었다.

그녀는 자신의 모든 능력을 동원하여 제국의 일인자로 군림하였고, 로마 제국은 번번이 이집트의 눈치를 볼 수밖에 없었다.

클레오파트라 이집트 프톨레마이오스 왕조의 클레오파트라 7세. 로마에 도전하며 이집트 최고의 왕으로 군림한 여성 통치자이다. 오른쪽은 독일 알테스 박물관에 전시된 클레오파트라의 조각상이다.

4 불교의 가르침을 받은 마우리아

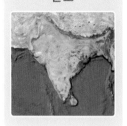

인도

기원전 6세기 인도에는 누구나 바른 수행을 하면 부처가 될 수 있다는 석가모니의 불교 사상이 등장하였다. 이 무렵 북인도의 마우리아 왕조는 활발한 정복 전쟁을 벌여 데칸고원까지 영토를 넓혔고, 불교를 국가 신앙으로 삼아 강력한 통치를 펴면서 전근대 인도 역사에서 가장 큰 제국으로 발돋움하였다.

■ 가 볼 곳: 산치　■ 만날 사람: 석가모니, 아소카왕
■ 주요 사건: 불교 탄생, 아소카왕의 칼링가 왕국 점령

| 깨달음과 고행의 길 | 기원전 529년 12월 어느 날 먼동이 터 올 무렵, 보리수나무 아래에서 두 눈을 감고 깊은 명상에 잠긴 사람이 있다. 그의 표정에는 여러 가지 모습이 서려 있다. 깨달음에 이르는 고통과 기쁨의 흔적, 새로이 세상을 구하려 다짐할 때의 벅찬 감격, 깨달음을 방해하는 악마들과의 뼈를 깎는 투쟁, 그리고 마침내 얻은 평안.

석가모니, 왕자로 태어났으나 성 밖 고통에 찬 사람들의 모습을 보고 깊은 고민에 빠졌던 그는 29세에 궁을 떠나 6년간 고행한 끝에 마침내 깨달음을 얻었다.

이 무렵 인도는 상업과 교역이 발달하면서 빈부의 차이가 커졌다. 그만큼 가난한 사람들의 어려움도 커졌다. 당시 브라만교는 자연신을 숭배하였는데, 어렵고 딱딱한 제사를 강요하고 심각하게 신분을

연꽃 연꽃은 진흙탕에서 자라지만 아름다운 꽃을 피워 낸다. 고통과 죄악으로 가득 찬 세상이지만 수행을 하면서 깨달음을 얻어 자비를 베푸는 삶을 사는 것이야말로 석가모니가 품었던 마음이다. 그래서 연꽃은 불교와 석가모니의 상징이다.

법륜 인도의 왕은 금륜(金輪), 은륜(銀輪), 동륜(銅輪) 등의 수레바퀴를 통해 세계를 정복하였는데, 부처는 진리의 수레바퀴로 세계를 정복한다는 뜻으로 쓰고 있다. 윤회를 거듭하는 삶에서 벗어나 부처의 경지에 이른 것을 의미하며 부처의 상징으로 쓰였다.

차별하였다. 석가모니의 깨달음은 찌든 살림과 브라만교의 횡포에 마음 둘 곳 없던 인도 사람들에게 따사로운 빛이었다.

자이나교 성자 불교가 등장하기 전에 브라만교를 비판하는 자이나교가 등장하였다. 자이나교는 모든 생명을 존중하여 살생을 금하였는데, 전쟁에 반대한 것은 물론 농사도 짓지 못하게 하였다. 벌레조차도 다치게 해서는 안 된다는 것이다. 오로지 수행을 통하여 깨달음을 얻어야 한다고 믿었다. 사진은 길을 가면서도 비질을 하여 작은 벌레조차도 다치지 않게 하려는 모습이다.

| 브라만교를 넘어서 | 브라만교의 바탕이 된 카스트 제도에 따르면 제사장인 브라만 신분의 지위만 돋보일 뿐, 국왕인 크샤트리아 신분도, 평민이지만 경제적으로 성장한 바이샤 신분도 그다지 중요한 존재가 아니었다. 수드라 신분은 천민이라 사람으로 여기지도 않았다. 남녀 차별은 더욱 심하여, 이 무렵에는 딸이 태어나면 "가장 큰 슬픔이요, 최고의 불행이다."라고 할 정도였다.

이런 인도 사회에서 석가모니는 "인간이라면 누구나 불성^{부처가 되고자} _{하는 본성}을 지니고 있다. 고통의 바다에서 헤어나기 위하여 바른 방법으로 도를 닦으면 모두 부처가 될 수 있다."라고 외쳤다. 그는 살아 있는 모든 것에 자비심을 가졌으며, 부자와 가난뱅이, 신분이 높은 자와 낮은 자, 남자와 여자를 차별하지 않았다. 자신의 가르침을 들으려는 사람이라면 누구에게나 그의 처지에 걸맞은 방법으로 진리를 전하였다. 그 결과 석가모니의 첫 제자는 바이샤 출신이었으며, 수드라 출신 이발사도 수제자가 되었다.

석가모니의 가르침은 평등을 간절히 바라던 수드라 신분보다도 크샤트리아와 바이샤 신분에게 환영을 받았다. 거듭되는 전쟁으로 세력을 키워 가던 크샤트리아와 상업 발달로 부자가 된 바이샤들은 그 지위에 어울리는 대접을 원하였다. 이들은 여전히 거만한 브라만교보다는 누구나 거룩한 위치에 설 수 있다는 불교의 주장에 마음이 끌렸다. 불교는 이들의 도움을 받아 주요한 종교로 발돋움하였다.

보리수나무를 떠받치는 크샤트리아
크샤트리아는 실제 정치를 맡으면서 국가를 운영하는 신분이었다. 갈수록 세력을 키워 나간 그들은 종교의 권위를 내세워 자신들을 업신여기는 브라만에 대해 불만을 가졌다. 보리수나무를 떠받치고 있는 것은 석가모니 부처, 불교를 섬긴다는 뜻이다.

| 인도를 처음으로 통일한 나라 | 기원전 321년경, 찬드라굽타는 북인도에 마우리아 왕조를 열었다. 갠지스강 유역에 터를 잡은 그는 동서로 인더스강부터 갠지스강 너머까지, 남북으로는 히말라야에서 마이소르^{데칸고원 남쪽}까지 영토를 크게 넓혔다. 또한 댐과 물길을 만들어

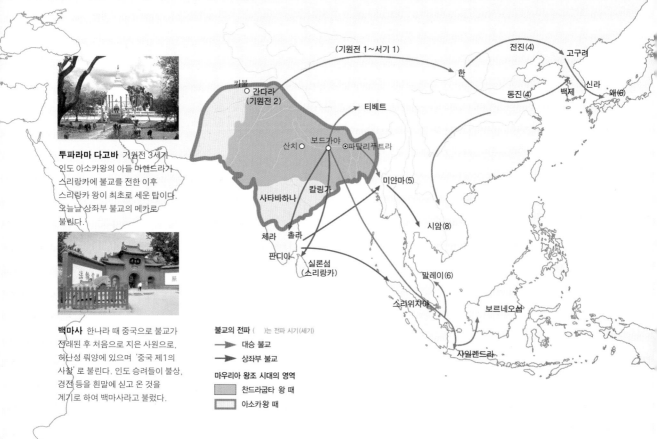

투파라마 다고바 기원전 3세기 인도 아소카왕의 아들 마헨드라가 스리랑카에 불교를 전한 이후 스리랑카 왕이 최초로 세운 탑이다. 오늘날 상좌부 불교의 메카로 불린다.

백마사 한나라 때 중국으로 불교가 전래된 후 처음으로 지은 사원으로, 허난성 뤄양에 있으며 '중국 제1의 사찰'로 불린다. 인도 승려들이 불상, 경전 등을 흰말에 싣고 온 것을 계기로 하여 백마사라고 불렀다.

불교의 전파 (　　)는 전파 시기(세기)

➡ 대승 불교
➡ 상좌부 불교

마우리아 왕조 시대의 영역
찬드라굽타 왕 때
아소카왕 때

⊙ 불교의 전파

아소카왕 이후로 불교는 널리 외국에 소개되었다. 남쪽으로는 스리랑카와 동남아시아 지역으로 불교가 전해졌고, 북쪽으로는 티베트와 중국을 거쳐 우리나라와 일본까지 널리 퍼졌다. 그리고 아소카왕은 우리나라 역사책에도 아육왕이라는 이름으로 몇 번 소개되었다. 남쪽으로 전파된 불교는 개인의 구제를 목적으로 하는 상좌부 불교의 경향을, 북쪽으로 전파된 불교는 중생의 구제를 꾀하는 대승 불교의 경향을 보인다.

산치 대탑 아소카왕의 지시로 세운 이 스투파(탑)는 탑의 원래 기능이 무엇이었는지를 잘 보여 준다. 실제로 Stupa는 흙으로 만든 무덤이라는 뜻을 가지고 있으며, 불교가 전래되면서 중국에서는 솔탑파, 탑파, 탑의 순서로 줄여 부르게 되었다. 석가모니가 열반한 후 화장을 하였더니 많은 양의 사리가 나와, 이를 인도 여러 곳과 주변 나라의 탑에 고루 넣어 두었다고 한다. 이후로 탑은 석가모니의 무덤이자 석가모니의 넋이 깃든 곳이 되었다.

농사를 풍요롭게 하였고, 이웃 나라와도 외교를 곧잘 하여 평화를 유지하였다.

마우리아 왕조를 더욱 큰 나라로 만든 사람은 3대 왕 아소카였다. 남쪽의 칼링가 왕국까지 쳐들어 간 것이다. 기원전 261년, 할아버지 찬드라굽타 때부터 훈련시켜 온 60만 명의 보병과 10만 명의 기병, 9,000마리의 코끼리로 구성된 부대를 출동시켰다. 칼링가 왕국의 저항 또한 만만치 않았던 까닭에 치열한 전투가 계속되었다. 아소카왕은 잔인한 살육으로 그들을 억누르려 하였다. 왕위를 차지하기 위하여 무려 99명의 왕자를 베고 스스로 왕이 된 그가 아니던가. 핏물이 강을 이루는 전쟁터에서 그는 10만 명을 죽이고 15만 명을 잡아 가두고 나서야 승리를 맛볼 수 있었다. 인도 역사상 처음으로 인도 대부분을 통일한 나라가 탄생하는 순간이었다.

| 마우리아 제국의 안과 밖 | 아소카왕은 단지 많은 땅을 거느린 최고의 정복자에서 그치지 않았다. 잔인한 전쟁 끝에 얻은 승리에 기뻐하기보다는 무고한 목숨이 많이 희생된 것을 크게 뉘우치고, 불교를 믿으며 죄를 빌었다. 이후 불교를 국가 종교로 적극 장려하며 자비와 평화의 정치를 펴기 위하여 노력하였다. 곳곳에 절과 탑을 세우고 널리 불교를 퍼뜨리려 하였다. 석가모니가 깨달음을 얻은 보드가야, 설법한 장소, 심지어 석가모니와 관계없는 산치 지역에도 커다란 탑을 세워 석가모니를 기렸다.

아소카왕은 불교의 진리에 기초한 이상 정치를 꿈꾸었으며, 자기 가족은 물론 모든 인간, 나아가 새와 가축들까지도 사랑과 자비로 대할 것을 강조하였다. 이로써 그는 불교에서 말하는 전륜성왕으로 불리게 된다. 끊임없이 계속되는 전생, 현생, 내세의 윤회를 벗어나 진리의 수레바퀴를 밀고 나가는 성스러운 왕이라는 뜻이다. 나아가 그는 왕자를 직접 오늘날의 스리랑카 지역으로 보내 불교를 전하고, 중앙아시아와 페르시아는 물론 유럽까지 포교 활동을 벌였다.

아소카왕의 돌기둥 아소카왕이 정복지 곳곳에 세운 돌기둥의 머리 부분으로, 지혜와 용기의 상징인 사자가 조각되어 있다. 네 방향을 바라보는 이 조각은 오늘날 인도의 화폐와 국기에 그려져 있는 인도의 상징물이다.

5 중국의 울타리를 쌓은 진

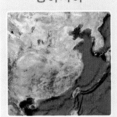

동아시아

춘추 전국 시대는 '분열'과 '통합'이라는 두 흐름이 교차하던 시대였다. 혈연을 기반으로 한 주나라의 기존 질서는 끝없는 붕괴로 치달았고, 중원 중심의 중국은 여러 제후국으로 분열되었다. 그러나 한편으로는 새로운 통일을 향한 통합의 기운도 싹텄다.

■ 가 볼 곳: 병마용갱, 만리장성 ■ 만날 사람: 공자, 진 시황제, 진승
■ 주요 사건: 제자백가의 등장, 진의 중국 통일

| 철이 세상을 바꾸다 | 공자와 노자를 비롯한 여러 사상가들이 활동하던 시대는 중국이 여러 나라로 분열되어 치열하게 경쟁하던 춘추 전국 시대였다.

이 시기에는 철기가 본격적으로 사용되면서 커다란 변화가 일어났다. 철제 농기구가 보급되고 소를 농사에 이용하면서 생산력이 크게 증가하였고, 상업과 수공업도 발달하였다. 철제 무기를 사용하여 보병 중심으로 전투를 치르게 되면서 전쟁의 규모도 더욱 커졌다. 각국의 제후들은 치열한 경쟁 속에서 토지와 백성을 효율적으로 지배하

왕: 오늘 제가 여러분을 모신 것은 혼란스러운 나라를 제대로 이끌 지혜를 얻으려 함입니다. 자유롭게 말씀해 주시죠.

공자: 사람은 저마다에게 어울리는 일이 있습니다. 왕은 백성을 덕으로 다스리고, 신하는 왕을 충성으로 섬기며, 백성은 자기 맡은 바를 다한다면, 나라는 잘 다스려질 것입니다. 이를 위하여 교육과 설득이 중요하지요.

기 위해 군대를 기르고, 관리를 파견하여 지방을 직접 다스렸다.

새로운 질서를 찾으려는 다양한 주장과 많은 사상가도 이 시기에 등장하였다. 동아시아에 큰 흔적을 남긴 유교의 기원을 이룬 공자와 맹자의 유가 사상, 뒷날 도교로 발전하기도 한 노자와 장자의 도가 사상, 평화 사상의 실천으로 더 잘 알려진 묵가, 엄격한 법치를 강조한 한비자의 법가 사상이 바로 그것이다. 이처럼 춘추 전국 시대에 활동하였던 여러 사상가와 그들의 학문을 제자백가라고 한다.

인간을 발견한 제자백가

제자백가의 사상은 인간과 사회에 대한 최초의 체계적인 연구라고 할 수 있는데, 하늘(天)과 귀신이 세상의 질서를 이끈다던 오랜 믿음에서 벗어나 인간의 노력으로 혼란한 질서를 바로 잡을 수 있다는 생각에서 비롯된 것이었다. 즉, '인간을 발견'하려는 것이었다. 비록 영토를 넓히고 권력을 확보하는 데 열중한 제후들이 받아들이지는 않았지만, 제자백가의 주장은 이후 중국의 학문과 사상의 골격을 거의 제시하였다고 볼 수 있을 정도로 다채로웠다. 특히 공자의 유가 사상은 한나라 때 유교로 발전하여 오랫동안 중국을 포함한 동아시아의 사상과 윤리로 작용하였다.

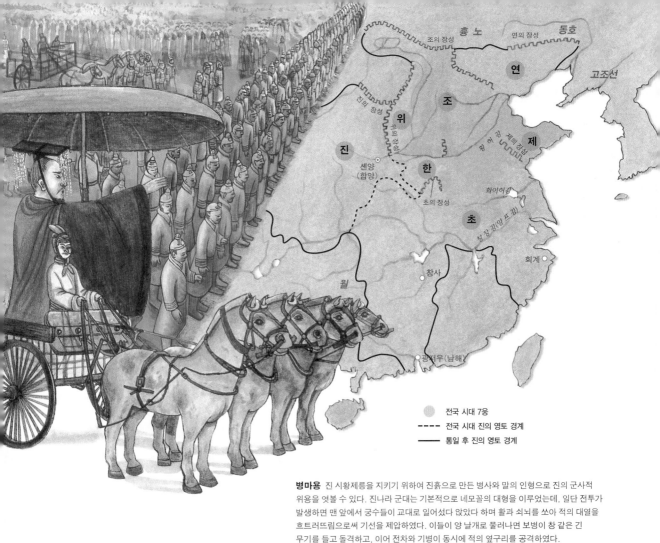

전국 시대 7웅

\- - - - 전국 시대 진의 영토 경계

───── 통일 후 진의 영토 경계

병마용 진 시황제릉을 지키기 위하여 진흙으로 만든 병사와 말의 인형으로 진의 군사적 위용을 엿볼 수 있다. 진나라 군대는 기본적으로 네모꼴의 대형을 이루었는데, 일단 전투가 발생하면 맨 앞에서 궁수들이 교대로 일어섰다 앉았다 하며 활과 쇠뇌를 쏘아 적의 대열을 흐트러뜨림으로써 기선을 제압하였다. 이들이 양 날개로 물러나면 보병이 창 같은 긴 무기를 들고 돌격하고, 이어 전차와 기병이 동시에 적의 옆구리를 공격하였다.

⊙ 진의 중국 통일

진이 중국을 통일할 수 있었던 원동력은 막강한 군사력이었다. 진이 위치한 지역은 농경 문화와 유목 문화가 만나는 곳으로, 실력을 중시하는 유목 민족의 기풍이 퍼져 있었다. "진의 병사는 전투에서 세운 공에 따라 그에 걸맞은 상과 작위를 받았다. 전투에서 공을 세우지 못한 사람은 아무리 왕족이라 하더라도 특권을 빼앗아, 한 사람 한 사람의 능력을 최대한 끌어올렸다. 이것이 진이 마지막 승자가 될 수 있었던 배경이다."라는 《사기》의 기록이 이를 뒷받침한다.

만리장성 춘추 전국 시대 각 제후국이 흉노의 침입을 막으려고 쌓은 성벽을 진나라 때 하나로 연결한 것이다. 이는 유목 민족과 한족의 경계를 구분하는 것으로, 진의 힘을 상징하는 건축물임과 동시에 중국이 가진 힘의 한계를 나타내는 선이기도 하다. 진 때의 장성은 대부분 흙으로 쌓은 토성이고, 현재의 성벽은 명 때 쌓은 것이다. 만리장성은 오랜 세월에 걸쳐 보수와 개축을 거듭하였는데, 이는 북방 유목 민족 문제가 진 때뿐만 아니라 이후에도 중국인들에게 생존과 직결된 것이었음을 보여 준다.

| 하나의 중국이 탄생하다 | 기원전 221년, 여러 국가로 나뉘어 치열하게 경쟁하던 중국은 법가 사상을 바탕으로 국가 체제를 정비한 진秦에 의하여 통일되었다. 최초로 중국을 통일한 진의 시황제는 다양한 문화와 종족이 뒤섞여 있는 중국을 하나의 통일된 국가로 만들기 위한 정책을 펴기 시작하였다.

시황제는 넓어진 영토를 직접 다스리기 위하여 전국을 군현으로 나누고, 군사가 빨리 출동할 수 있도록 수도와 변방을 연결하는 도로를 건설하였다. 또한 교역이 편리하도록 화폐와 도량형을 통일하고 문자도 통일하여 지역 간 교류가 활발해지도록 하였다.

이렇게 국내 체제를 정비한 진은 남쪽의 월을 공격하여 오늘날 광둥성 일대를 차지하고 남중국과 동남아시아로 나아갈 수 있는 교통로를 확보하였다. 북으로는 초원 지대에 쳐들어가 흉노를 더욱 북쪽으로 밀어내고, 동시에 춘추 전국 시대에 여러 나라가 쌓아 둔 성을 연결하여 만리장성을 건설하였다. 이로 말미암아 중국은 나라의 울타리를 세우게 되었으니, 중국을 차이나China라고 부르는 것도 진Chin에서 비롯되었다.

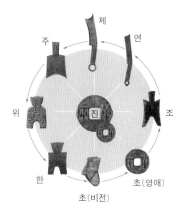

진의 통일 정책 통일 이후 진은 지역 간 차이를 아랑곳하지 않은 채 옛 제도들을 단숨에 깨뜨려 버렸다. 모양과 크기, 가치가 다른 여러 나라의 화폐를 진의 반량전(半兩錢)으로 통일한 것도 그중 하나이다. 시황제는 모든 권력을 수도 셴양(함양)으로, 모든 권한을 자신에게로 모아 직접 통치하면서, 철저히 법에 따른 정책을 펼쳤다. 황제라는 칭호나 황제의 통치는 이후 중국 왕조에 그대로 이어졌다.

| 만리장성을 뒤흔든 농민의 함성 | 백성들은 오랜 전란이 그치고 통일이 되면 평화로운 시대가 오리라고 믿었다. 그러나 진시황릉과 아방궁, 만리장성 등의 대규모 공사가 계속되었고, 변방의 수비에도 수시로 불려 나가야 하였다. 엄청난 노동의 강요와 무거운 세금, 엄격한 법률은 백성들의 한계를 넘어선 것이었다. 시황제가 죽자 농민의 원성은 폭발하였고, 마침내 진승, 오광 등의 농민 봉기가 일어났다.

진승과 오광의 봉기 소식은 바로 전국에 퍼져 나갔고, 여기저기서 농민들이 성난 파도처럼 일어났다. 비록 봉기의 열매는 농민들의 손에 쥐어지지 않았지만, 최초의 통일 왕조 진은 이를 계기로 불과 15년 만에 역사 속으로 사라지게 되었다.

성벽을 무너뜨린 여인의 한 "범기량은 황제의 명령으로 만리장성 공사에 끌려갔다. 겨울이 되자 맹강녀는 남편의 옷을 지어 먼 길을 찾아갔다. 그러나 남편이 이미 이 세상 사람이 아니라는 이야기를 들었다. 비통한 마음에 통곡하자 성벽이 무너지면서 죽은 남편의 몸이 드러났다." 이는 유명한 맹강녀의 전설이다. 당시 얼마나 많은 백성들이 범기량, 맹강녀가 되었을지 짐작하기 어렵지 않다. 맹강녀의 전설은 백성의 분노와 한을 대변하는 것이리라!

6 중국 문화의 기틀을 다진 한

동아시아

한나라 때에는 진나라 때 마련된 통일 제국과 황제 중심의 중앙 집권 체제라는 바탕 위에 유교가 국교로서 지위를 확립하였다. 이로써 국가의 질서를 유지하는 정신적 바탕이 마련되었다. 진 대 국가 구조의 틀과 한 대의 유교 문화는 줄곧 발전을 거듭하며 중국 역대 왕조의 기본 정치 제도로 자리 잡았다.

■ 가 볼 곳: 장안　■ 만날 사람: 한의 무제와 동중서
■ 주요 사건: 유학의 국교화

| 중국의 상징, 한 | 기원전 202년, 강력한 맞수 초의 항우를 물리친 유방 한고조은 한漢을 세웠다. 고조는 왕조 초기의 안정을 위하여 여전히 강한 군사력을 보유한 각 지역 세력을 왕과 제후로 임명하여 중앙 정치의 틀 안으로 끌어들였다. 또한 오랜 전란으로 황폐해진 국가 경제를 되살리기 위하여 농민의 생활을 안정시키고 농업 생산력을 회복하는 데 힘을 기울였다. 이러한 고조의 정책은 다음 황제들에게도 이어져 한이 들어선 지 50여 년 만에 생산력이 크게 회복되었다. 농민의 생활은 안정되었고 사회가 번영하였다.

무제 때에는 왕과 제후들의 실권을 빼앗아 황제 중심의 집권 체제를 확립하였는데, 중국 문화의 틀이 잡히기 시작한 것도 바로 이때였다. 진이 영토 면에서 하나의 중국을 이루었다면, 한의 400년은 한자, 한문, 한족 등의 단어에서 보듯 문화 면에서 하나의 중국을 완성하였다.

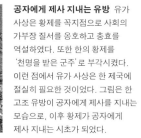

공자에게 제사 지내는 유방 유가 사상은 황제를 꼭지점으로 사회의 가부장 질서를 옹호하고 충효를 역설하였다. 또한 한의 황제를 '천명을 받은 군주'로 부각시켰다. 이런 점에서 유가 사상은 한 제국에 절실히 필요한 것이었다. 그림은 한 고조 유방이 공자에게 제사를 지내는 모습으로, 이후 황제가 공자에게 제사 지내는 시초가 되었다.

한의 과학 기술

한 대는 문화의 융성과 함께 과학 기술이 발전한 시기이기도 하다. 중국 4대 발명에 드는 나침반과 종이를 비롯하여 지진계, 해시계 등이 발명되었다.

오른쪽은 장형이 만든 '지동의'로, 지름이 1.9미터인 통의 안쪽 중앙에 기둥을 세우고, 바깥에는 여덟 방향에 용 장식을 달았다. 땅이 흔들려 통 안의 막대가 쓰러지면, 쓰러진 방향에 있는 용의 입에서 여의주가 나와 두꺼비의 입안으로 떨어진다. 이렇게 하여 어느 방향에서 지진이 일어났는지 알 수 있었다고 한다. 사진은《후한서》의 자료를 토대로 복원한 모형이다.

한편, 종이를 발명하기 전에 중국인들은 대나무나 비단 같은 데 글씨를 썼기 때문에 불편하고 비용도 많이 들었다. 종이를 만드는 기술은 채륜이라는 인물이 개량한 것으로 알려져 있는데, 당시의 종이 제조 과정을 보면 다음과 같다.

① 닥나무나 삼의 껍질을 잘게 자른 뒤 물에 씻는다.

② 잿물에 담근다.

③ 삶아서 씻은 뒤 펄프 반죽한다.

④ 종이를 채로 떠서 햇볕에 말린 후, 떼어 내 평평하게 누른다.

| **유교 이념을 받들어** | 나라의 질서를 세운 무제는 이제 나라를 더욱 안정되게 이끌어 가려 하였다. 법가 사상과 같은 강제력 외에도 관리와 백성이 마음에서 우러나 황제에게 충성을 바칠 수 있기를 기대하였다. 이러한 무제의 바람을 뒷받침해 준 사람이 동중서였다.

무제는 동중서의 건의를 받아들여 유가 사상을 국가 통치의 원리로 삼았다. 이에 따라 수도 장안_{오늘날 시안}에 국립 대학인 태학을 설치하고 오경박사를 두어 유교 경전을 가르치게 하였다. 여기서 길러진 제자들 중에 우수한 사람을 선발하여 관리로 임명하였다. 이로써 유학을 배우고 그 교양을 몸에 익힌 사람들이 정치를 담당하게 되었다.

하지만 무제가 유교만으로 나라를 통치하였던 것은 아니다. 국가 운영에 꼭 필요한 법의 공정한 시행과 황제권을 뒷받침하는 벼슬 조직 등의 법가적 통치 제도야말로 무제 시대 통치의 바탕이었다. 유교는 벼슬아치를 키우고 백성을 다스리는 지도 이념으로 작용한 것이다.

동중서와 유교의 성립 유가 사상은 동중서의 건의에 의해 국가 통치 이념의 지위를 갖게 되었다. 이것이 유교의 성립이며 유교의 국교화이다. 유교는 기존의 명령과 법에 따른 통치보다는 황제와 관리, 상급자와 하급자 사이에 충성과 책임이라는 도덕적 윤리 관계를 강조함으로써 더욱 안정적으로 황제의 권력을 강화하는 역할을 하였다.

흉노 제국

쿠처

투르판

체첸

야순

장건의 원정로

누란

둔황

주취안

장예

무웨이

고 비 사 막

한나라가 지배하게 된
서역 지방

타 림 분 지

황 해

한 제 국

장안(시안)

왕 허

왕 이 강

광저우(남해)

비단길 한 무제가 장건을 서역 지방에 파견한
것을 계기로 하여 한과 서역 사이에 길이 열렸다.
장건이 개척한 이 길을 통해 각국 사절이
빈번하게 왕래하였고, 상인과 승려들이
교류하였으며, 느슨하지만 동서양이 이어졌다.
특히 비단은 멀리 로마까지 운송되었다.
비단길이라는 이름은 여기서 유래한 것이다.

왕소군 기원전 201년, 한 고조 유방이
흉노의 군사들에게 포위되었다가
가까스로 구출된 일이 있었다. 이후
한은 흉노와 형제 관계를 맺고 해마다
비단과 술, 식량 등을 흉노에게 보내고,
선우(흉노의 왕)에게 황실의 여인을
시집 보냈다. 사진은 흉노의
호한야선우에게 시집간 한나라 황제의
궁녀 왕소군이다. 유목 민족과 한족의
관계가 결코 한족에게 유리하지
않았음을 보여 준다.

⊙흉노 제국과 한 제국

진 시황제 때 북방으로 쫓겨간 흉노는 진·한 교체기를 틈타 묵특선우가 부족을
통합하여 거대한 흉노 제국을 건설하였다. 이로써 장성을 사이에 두고 흉노 제
국과 한 제국이 400여 년간 충돌을 거듭하였다. 비록 흉노는 인구나 물자, 문화
모든 면에서 한 제국과 비교할 수 없었지만, 기마병 위주의 가공할 무력으로 한
제국에 오랫동안 굴욕을 강요할 수 있었다.

한과 흉노의 굴욕적인 관계를 전환시킨 이는 한의 무제이다. 무제는 안정된
정치와 풍부한 재정을 기반으로 하여 기원전 129년부터 20여 년간 몇 차례에
걸쳐 흉노를 대규모로 공격하였다. 그뿐만 아니라 흉노에 대한 공동 작전을 구
상하고 서역으로 사신을 파견하였다. 비록 서역과 연결하는 데에는 실패하였
지만, 철저한 물량과 인해 전술을 이용하여 마침내 흉노를 고비 사막 너머로 물
러나게 하였다. 그러나 흉노의 위협이 완전히 사라진 것은 아니었다.

한혈마 한 무제 때 중앙아시아에서 들어온 명마를 천마로 재현한 청동 말이다. 간쑤성에서 출토.

| 장성 너머 또 다른 세계 | 만리장성 서북쪽 초원 지대에는 장성 이남의 한족과는 다르게 유목 생활을 하는 사람들이 살았다. "폭풍처럼 왔다가 번개처럼 사라진다."라고 한족이 기록한 흉노가 그들이다.

흉노는 수시로 기마병을 조직하여 장성을 넘었고, 농가를 습격하여 가축과 식량을 빼앗았다. 특히 기원전 209년 묵특선우冒頓單于가 부족을 통일할 무렵에는 세력이 매우 커져, 진·한 왕조가 크게 걱정할 정도였다. 유목민 흉노와 농경민 한족은 여러 차례 전쟁을 치렀다. 한 무제 때에는 흉노가 일시적으로 고비 사막 너머로 밀려나기도 하였다. 그러나 대개는 한에 물자를 받고 화친하거나 침략하기를 반복하였다. 흉노의 선우에게 시집오는 한 황실의 여인도 있었는데, 주변국과의 평화를 위한 정략 결혼의 희생물이었다.

| 한과 겨룬 조선, 이제 막 일어서는 일본 | 만주와 한반도 일대에서 일어난 조선고조선도 중국의 춘추 전국 시대에 즈음하여 왕의 칭호를 사용할 정도로 번성하였다. 조선은 기원전 2세기 무렵, 한반도 북부와 만주를 아우르는 큰 세력으로 성장하였다.

조선이 주변 민족과 한나라 간의 교역을 방해하면서 독자 세력으로 자라자, 한나라는 대군을 편성하여 조선을 침략하였다. 5만 대군의 침략을 받은 조선은 1년 넘게 치열하게 항쟁하였으나, 결국 무너지고 말았다.기원전 108년 한나라는 군현을 설치하여 조선의 유민을 통치하려 하였으나, 이에 저항하는 세력들이 고구려와 부여 등을 중심으로 새로운 국가를 건설하였다.

만주와 한반도에서 격동이 일어날 무렵, 일본에서도 커다란 변화가 있었다. 기원전 3세기 전후로 대륙에서 철기 문화와 벼농사 기술이 전해졌고, 한반도와 가까운 규슈에서 시작하여 일본 열도 곳곳에 크고 작은 국가들이 등장한 것이다.

왜로 알려진 이 국가들은 1세기 무렵 100여 국에 이르렀는데, 한반도의 남부, 중국의 군현과 사절단이나 상인을 주고받기도 하였다.

일본 역사의 시작

● 기원전 1만 년 전후, 신석기 시대 시작, 조몬 문화 성립

빗살무늬 토기와 조몬 토기
한반도와 일본 열도에 신석기 시대가 열리면서 한반도에서는 빗살무늬 토기가, 일본 열도에서는 조몬 토기가 발달하였다. 빗살무늬 토기는 일본 규슈에서, 조몬 토기는 한반도 남해안에서도 발견되고 있어 당시 두 지역의 왕래 사실을 알 수 있다. 왼쪽은 빗살무늬 토기, 오른쪽은 조몬 토기.

● 기원전 3세기 전후, 농경 시작, 야요이 문화 성립

한왜노국왕 금인(金印) 기원전 300년경부터 중국 대륙과 한반도 남부에서 이주한 사람들에 의하여 일본 열도에서 벼농사가 시작되었다. 이후 각지에 작은 나라들이 들어섰고, 기원전 1세기경에는 100여 개의 소국이 난립하였다. 중국 기록에 왜가 등장하는 것도 이 무렵이다. 사진은 '노국(奴國)'의 왕이 서기 57년에 한나라 황제에게 받은 것으로 추정되는 '한왜노국왕 금인(金印)'이다.

취푸의 공묘(孔廟)와 공림(孔林)

공자의 고향, 취푸

중국 산둥성의 취푸는 유가의 시조인 공자의 고향으로, 공자를 기리는 공묘가 그 중심부를 차지하고 있다. 유가 사상은 진 시황제 때 철저하게 탄압받았으나 한의 학자 동중서의 주도로 형태나 내용이 새로워졌다. 그 덕택에 생전에는 유포되지 못하였던 공자의 가르침도 한 대 이후에는 역대 왕조의 비호를 받으며 국가의 통치 사상으로 자리 잡았다. 동시에 공자는 '지성문선왕(至聖文宣王)'이라 하여 성인으로 공경받았고, 공자의 자손들도 왕이나 제후 같은 대접을 받았다. 취푸의 공묘는 점차 규모가 커져 현재 남북으로 1킬로미터에 달하며, 세계 문화유산으로 보호받고 있다.

공림 공림은 공자와 그의 가족 그리고 그의 후손이 묻혀 있는, 세계에서 가장 큰 가족 묘지이다. 공림에는 지난 2,400여 년간 보호받아 온 송백과 갖가지 고목이 하늘을 찌를 듯 치솟아 있다. 이처럼 규모가 방대하고 기세가 웅대한 가족 묘지도 공자만이 가질 수 있는 특권이었다. 아래는 공림 속 공자의 무덤이다.

공묘와 공묘 대성전 공묘(오른쪽)는 공자를 모시는 사당으로, 베이징의 자금성 다음으로 큰 건물이다. 전국 시대에 처음 건축되었으며, 그 후 2,000여 년 동안 이곳에서 공자의 제사를 지냈다. 황제만 쓸 수 있는 황금색 기와를 얹어 공자의 역사적 지위가 어느 정도였는지를 보여 준다. 또한 공묘의 대성전(아래)을 받치고 있는 10개의 대리석 기둥에는 두 마리의 용이 여의주를 가지고 노는 모습이 세밀하게 조각되어 있다. 이 역시 공자의 위상을 보여 주는 것이라 할 수 있는데, 고대 중국에서 용은 하늘과 황제의 상징으로 황궁에만 새길 수 있는 존재였기 때문이다.

어느 스파르타 청년의 나날

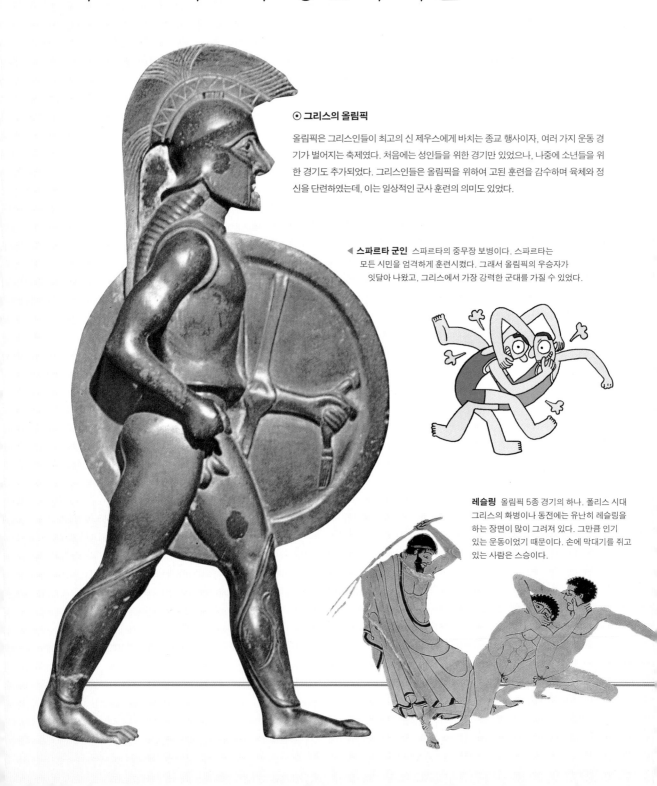

⊙ 그리스의 올림픽

올림픽은 그리스인들이 최고의 신 제우스에게 바치는 종교 행사이자, 여러 가지 운동 경기가 벌어지는 축제였다. 처음에는 성인들을 위한 경기만 있었으나, 나중에 소년들을 위한 경기도 추가되었다. 그리스인들은 올림픽을 위하여 고된 훈련을 감수하며 육체와 정신을 단련하였는데, 이는 일상적인 군사 훈련의 의미도 있었다.

◀ 스파르타 군인 스파르타의 중무장 보병이다. 스파르타는 모든 시민을 엄격하게 훈련시켰다. 그래서 올림픽의 우승자가 잇달아 나왔고, 그리스에서 가장 강력한 군대를 가질 수 있었다.

레슬링 올림픽 5종 경기의 하나. 폴리스 시대 그리스의 화병이나 동전에는 유난히 레슬링을 하는 장면이 많이 그려져 있다. 그만큼 인기 있는 운동이었기 때문이다. 손에 막대기를 쥐고 있는 사람은 스승이다.

내 이름은 플루스, 스파르타라는 도시 국가에서 태어났다. 태어나자마자 부모님은 나를 검사장으로 데려가셨다. 그곳에서 나는 건강한 아이로 분류되었다. 정말 다행이었다. 왜냐고? 내 옆에 있던 아이는 건강하지 않다는 이유로 깊은 골짜기에 버려졌기 때문이다.

나는 부모님의 보살핌을 받으며 유년기를 보냈다. 그러나 일곱 살이 된 후로는 또래 아이들과 함께 생활하게 되었다. 우리는 몇 개의 조로 나뉘어 밥도 같이 먹고 공부도 같이 하고 잠도 같이 잤다. 집에 가고 싶어 눈물이 난 적도 있지만, 그때마다 들켜 혼날 게 두려워 마음 놓고 울지도 못하였다.

각 조별로 사려 깊고 용감한 아이를 조장으로 뽑는데, 나처럼 평범한 아이들은 언제나 조장의 지시를 따라야 하였다. 생활은 나이가 들수록 더욱 힘들어졌다. 삭발을 한 채 신발도 신지 못하였고, 1년 내내 옷을 한 장만 입고 지내야 하였다. 속옷도 입을 수 없었다. 잠자리도 갈댓잎을 모아 직접 만들었고, 먹을 것이 부족할 때는 남의 채소밭이나 식당에서 훔쳐 먹기도 하였다. 들키지 않으면 칭찬을 받았지만, 들켰을 때에는 멍청하고 부주의하다는 핀잔을 들었다.

올리브 기름병
올림픽에서 우승한 사람에게 월계관과 함께 주는 상품.

스무 살 때부터는 본격적인 군대 생활을 하였는데, 중앙의 기숙사에서 다 같이 먹고 자며 전쟁이나 폭동이 일어날 때마다 목숨 걸고 싸웠다. 열심히 군대 생활을 하다 보니, 나도 모르게 10년이라는 세월이 훌쩍 지나가 버렸다.

서른 살이 되어서야 비로소 나는 사랑하는 아그네스와 결혼할 수 있었다. 드디어 기숙사 생활에서 벗어난 것이다. 물론 잠만 집에서 잘 뿐, 하루에도 몇 시간씩 군사 훈련을 받았고 전쟁 때마다 나가 싸워야 하였지만! 아마도 내 나이 예순이 될 때까지 이런 생활이 계속되리라.

아그네스는 어려서부터 건강한 아이를 낳을 수 있는 튼튼한 몸을 유지하도록 훈련받아서인지 웬만한 운동은 쉽게 하고 씩씩하다. 그러니 배 속의 아이도 건강하게 태어나겠지?

권투 뒤늦게 올림픽 종목으로 채택된 경기. 요즘과는 달리, 둘 중 한 사람이 더 이상 시합할 수 없을 때까지 쉬지 않고 계속되었다.

4 사막과 초원을 품은 이슬람 세계

이슬람의 성지, 메카의 카바 신전

아랍인의 고향은 3분의 1이
모래 언덕이었고, 1년 내내
물이 흐르는 땅이 하나도 없었다.
그러나 아라비아반도를 조금만 벗어나면
숲이 울창하고 농작물이 무럭무럭 자라는
땅이 있었다. 세계에서 가장 먼저 찬란한
문화를 꽃피운 세계가 있었다.
아랍인들은 이슬람교의 깃발을 높이 들고
신이 약속한 땅을 향하여 돌진하였다.
살아남은 자에게는 많은 전리품이,
싸우다 죽은 자에게는 영원한 낙원이
약속되어 있었다.
그들이 가는 곳마다 알라를 찬양하는
《쿠란》 구절이 울려 퍼졌다.

200
226 사산 왕조 페르시아 건국
260 사산 왕조의 샤푸르 1세, 로마 격파(에데사 전투)

300
395 로마, 동서로 분열

400

500

600
610 무함마드 이슬람교 정립
622 헤지라
651 사산 왕조 페르시아 이슬람에 멸망
661 4대 정통 칼리프 알리 암살, 우마이야 왕조 수립

700
711 우마이야 왕조 이베리아 반도 정복
732 투르·푸아티에 전투
750 아바스 왕조 성립
751 탈라스 전투
756 후우마이야 왕조 성립

800

900
909 북아프리카에 파티마 왕조 성립
945 부와이 왕조, 바그다드 입성

1000
1055 셀주크 튀르크, 바그다드 입성

1100
1171 살라딘, 이집트에 아이유브 왕조 성립
1187 살라딘, 예루살렘 탈환

1200
1258 아바스 왕조, 몽골군에 멸망

1 동서 교역로의 강대국, 페르시아

서아시아

유럽에서 로마가 번영하고 있을 무렵, 서아시아에는 파르티아와 사산 왕조 페르시아가 흥망하며 독자적 문명을 이루어 나갔다. 이들은 과거 페르시아 제국의 영광을 재현하려는 이란 민족이 세운 나라이다. 사산 왕조가 다시 세운 페르시아는 로마와 중국 간 무역을 이어 주면서 동서 교역로를 지배하였다.

■ 가 볼 곳: 크테시폰　■ 만날 사람: 샤푸르 1세, 호스로우 1세
■ 주요 사건: 사산 왕조 페르시아와 비잔티움 제국의 충돌, 마니교의 등장

이슬람 이전 서아시아와 주변 국가의 흥망

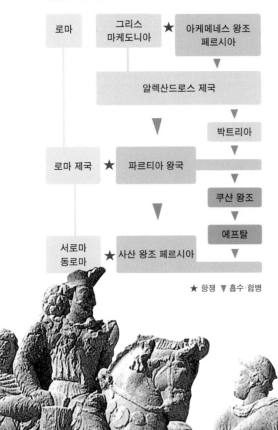

로마	그리스 마케도니아	★ 아케메네스 왕조 페르시아
	알렉산드로스 제국	
		박트리아
로마 제국	★ 파르티아 왕국	
		쿠샨 왕조
		에프탈
서로마 동로마	★ 사산 왕조 페르시아	

★ 항쟁　▼ 흡수·합병

| 두 제국의 대립 | 이란의 비샤푸르 계곡에는 사산 왕조 페르시아의 왕 샤푸르 1세와 로마 황제의 모습이 조각되어 있다. 샤푸르 1세는 늠름하게 말에 올라앉아 있고, 로마 황제는 그 앞에서 무릎을 꿇고 두 손을 앞으로 모은 채 자비를 구하고 있다. 바로 샤푸르 1세가 로마 황제를 차례로 격파한 업적을 기리는 조각이다.

서아시아와 로마 두 세계의 대립은 파르티아 때부터 이어져 왔다. 파르티아는 동서 교역로를 차지하여 번영하면서 서아시아 문화를 발전시켰고, 로마와 여러 차례 대립하였다. 그 뒤 사산 왕조 페르시아가 파르티아를 무너뜨리고 서아시아 일대를 지배하였다.

기원전 3세기부터 서기 3세기 초까지 번영한 파르티아는 서쪽으로 로마, 동쪽으로 쿠샨 제국의 압박을 받으면서도 동서 무역의 주역 자리를 내주지 않았다. 그것은 파르티아의 뒤를 이은 사산 왕조 페르시아 역시 마찬가지였다. 사산 왕조의 샤푸르 1세는 3명의 로마 황제를 차례로 물리쳤다. 말 위의 샤푸르가 무릎을 꿇은 로마 황제 필리푸스 아라부스에게 항복을 받고 있다. 이미 전 황제 고르디아누스 3세를 물리친 뒤였다. 샤푸르는 260년 에데사 전투에서 또 다른 로마 황제 발레리아누스를 사로잡기도 하였다. 로마와 페르시아 두 제국의 대립은 이후에도 계속되었다.

사산 왕조는 페르시아 제국의 부흥을 외치며 서쪽으로는 로마 제국, 동쪽으로는 쿠샨 왕조와 대립하였다. 샤푸르 1세는 인더스강까지 쳐들어가 북인도의 쿠샨 왕조를 눌렀고, 로마와도 치열한 전쟁을 벌였다. 겉으로는 옛날 페르시아가 차지하였던 아르메니아나 시리아 지역을 돌려 달라는 영토 다툼으로 보였지만, 사실은 동서 교역로에서 유리한 위치를 차지하기 위한 것이었다. 그리하면 평화로울 때에는 로마와의 무역을 통제하면서 많은 이익을 얻을 수 있고, 전쟁이 일어나면 무역로를 봉쇄하여 로마를 괴롭힐 수 있었던 것이다.

| 모든 물자는 페르시아로 | 한동안 혼란을 겪었던 사산 왕조는 6세기 호스로우 1세 때 다시 한번 크게 번영하였다. 531년 호스로우 1세가 즉위하였을 때만 해도, 사산 왕조는 비잔티움 제국과 중앙아시아 사람들의 계속된 공격으로 만신창이가 되어 있었다. 호스로우 1세는 전쟁으로 어려워진 국가를 안정시키고 군대를 확충하는 데 온 힘을 기울였다. 그가 정비한 세금 제도는 여러 나라의 모범이 되었다. 밖으로는 그동안 페르시아를 괴롭혀 온 여러 민족의 공격을 막아 내고 장성을 쌓아 침입에 대비하였다.

호스로우 1세는 페르시아만에서 인도양까지 원정군을 보내 바닷길을 열려 하였다. 비단길뿐만 아니라 바닷길까지 장악하여 동서 무역을 독차지하려는 의도였다. 호스로우 1세의 노력으로 인도와 중국에서 오는 모든 물자가 페르시아로 모여들었다. 비잔티움 제국을 비롯하여 돌궐과 인도, 중국에서도 사신을 파견하여 페르시아와 교류하였다. 페르시아인들은 호스로우 1세를 '불멸의 혼'이라는 뜻의 누시르반이라 부르며 칭송하였다.

| 다양함 속의 공존 | 동서 교역의 결과, 사산 왕조에는 세계 여러 곳의 문화가 전해졌다. 비잔티움 제국에서는 수많은 학자가 페르시아로 건너와 호스로우 1세의 보호를 받았다. 이들에 의하여 그리스의

⊙ 동서로 전해진 페르시아 문화

호스로우 1세 때 사산 왕조 페르시아는 수도 크테시폰을 중심으로 동서 교역의 주역이 되었다. 교역로는 지중해를 통하여 유럽 및 북아프리카와 연결되었고, 비단길을 따라 인도와 중국으로 이어졌다. 세계적으로 유명한 사산 왕조의 유리 그릇과 금속 공예 제품이 비단길을 따라 중국, 우리나라와 일본까지 수출되었다.

사산 왕조의 은접시와 주전자 은 접시의 조각은 사산 왕조의 왕자가 멧돼지 사냥에 나서는 장면이다. 은 접시에 조각을 새긴 사산 왕조의 작품은 중국의 당에도 영향을 끼쳤다. 왼쪽 주전자의 양식은 지중해 주변 지역에서 오늘날까지도 널리 쓰이고 있다.

당의 은 접시와 신라의 유리병 8세기 당나라 때 작품인 은 접시에는 칼릴라와 딤나인 듯한 자칼이 있어 페르시아 문화의 영향을 짐작케 한다. 유리병은 페르시아의 주전자와 같은 양식임을 확인할 수 있다.

페르시아의 영향을 받은 이슬람 문학 《칼릴라와 딤나》 이슬람 문학의 걸작으로 꼽히는 《칼릴라와 딤나》의 한 장면. 자칼인 칼릴라와 딤나의 꼬임에 빠진 사자가 친구인 황소를 물어뜯는 장면이다. 양쪽 구석에서 칼릴라와 딤나가 이를 지켜보고 있다. 이 이야기는 원래 인도에서 시작되었는데, 호스로우 1세의 명령으로 페르시아어로 번역되었다가 8세기에 다시 아랍어로 번역되어 지금까지 전해진다. 이슬람교에서는 동물에 대한 묘사를 금지하였지만, 페르시아 문화의 영향을 받으면서 이렇게 정교한 그림이 그려졌다.

철학과 자연 과학이 페르시아에서 발전하였다. 인도의 문학 작품도 페르시아어로 번역되어 소개되었다. 이슬람의 유명한 문학 작품《천일야화_{아라비안나이트}》도 사산 왕조 시절부터 모아 온 인도와 이집트, 페르시아의 옛 이야기와 아라비아의 전설이 어우러져 탄생한 것이다.

사산 왕조의 국교는 조로아스터교였다. 그러나 다양한 민족이 어울려 사는 제국인만큼 불교나 크리스트교 같은 여러 종교가 함께 유행하였다. 특히 로마에서 이단으로 내몰린 크리스트교 일파도 크테시폰에 근거지를 두고 멀리 중국까지 전해졌다. 3세기 무렵에는 조로아스터교에 크리스트교와 불교의 요소가 더해진 마니교가 등장하였다. 마니교는 북아프리카나 중국에도 전해질 만큼 큰 세력을 떨쳤다. 신라에도 '명교'라는 이름으로 알려졌다.

| **새로운 길이 열리다** | 사산 왕조와 로마, 또는 비잔티움 제국_{동로마}의 대립은 이웃 지역에도 영향을 끼쳤다. 대표적인 예가 아라비아반도이다. 아라비아는 대부분이 사막이다. 그래서 아라비아인들은 부족 단위로 생활을 하였고, 국가 대신 부족의 보호를 받았다. 그들은 사막 주변에서 유목을 하거나, 오아시스에 모여 농사지으며 살았다.

그런 아라비아에 6세기 들어 새로운 물결이 일기 시작하였다. 사산 왕조 페르시아와 비잔티움 제국이 100여 년의 평화를 깨고 다시금 전쟁에 돌입하였기 때문이다. 그래서 상인들은 페트라에서 크테시폰을 거치는 육로보다 지중해에서 홍해를 거쳐 인도양으로 나가는 뱃길을 안전한 교역로로 생각하게 되었다. 이마저도 위협받게 되면 메카나 야스리브_{메디나의 옛 이름}에서 아라비아반도를 횡단하여 인도양으로 나갈 수 있었다. 아라비아는 교역로에 자리 잡고 있기 때문에 많은 외국인이 드나들었으며, 문자나 종교 같은 새로운 문화도 소개되었다. 아라비아인들은 동서 무역에 적극적으로 뛰어들었고, 메카나 야스리브 같은 도시는 급속도로 발전하였다. 이제 무역이 유목이나 오아시스 농경처럼 아라비아인의 생활이 되었다.

암벽 도시 페트라 오늘날 요르단 남부에 있는 페트라는 아랍계 유목민들이 건설한 암벽 도시이다. 비단길의 길목에 자리 잡고 있어 수많은 대상이 거쳐 가는 상업의 요충지로 번영하였다. 하지만 비잔티움 제국과 사산 왕조의 오랜 대립으로 대상 무역이 쇠퇴하고 해상로가 동서 교역로로 이용되면서 폐허가 되었다.

2 아랍에서 이슬람교가 일어나다

아라비아반도

아라비아반도는 건조한 기후와 사막이라는 자연환경 때문에 사람이 살아가는 데 꼭 필요한 물이 부족하고 식량의 자급이 어려운 지역이었다. 그러나 6세기 이후 새로운 동서 교역로로 주목받으면서 아라비아인들의 생활에도 변화가 찾아왔고, 그 변화의 물결은 전 세계를 휩쓰는 해일이 되었다.

■ 가 볼 곳: 메카, 예루살렘, 다마스쿠스   ■ 만날 사람: 무함마드
■ 주요 사건: 이슬람교의 탄생, 우마이야 왕조의 성립

| **사막에 휘몰아치는 바람** | 동서 교역의 중심 도시가 된 메카에는 다양한 사람들이 모여들었다. 원래 농사를 지었거나, 목축, 약탈을 하던 사람들이 메카에 와서 새로운 일자리를 찾았다. 그와 함께 예전부터 이어오던 관습이나 공동체 의식이 무너져 사회가 혼란스러워졌다.

부족들은 교역로를 차지하기 위하여, 또는 복수를 위하여 서로 전쟁을 벌였고, 더 많은 돈을 벌기 위하여 경쟁을 하였다. 교역을 통하여 부를 독차지한 귀족들이 있는 반면, 가난한 사람들은 먹고살기조차 힘들어 갓 낳은 아기를 사막에 버리는 일도 있었다.

이러한 갑작스런 사회·경제적 변화가 낳은 혼란 속에서 아라비아인들은 사회에 새로운 질서를 만들어 줄 사람을 필요로 하였다.

메카의 변천 홍해 연안에서 100킬로미터쯤 떨어진 계곡에 자리 잡은 메카는 이슬람교의 창시자 무함마드가 태어난 곳이자, 오래 전부터 인도양과 지중해 연안 및 메소포타미아와 홍해 연안으로 통하는 통상로였다. 그러나 메카가 동서 무역의 중심 도시로 발전하기 시작한 것은 6세기부터였다. 아래 왼쪽부터 470년, 610년, 710년, 1326년의 메카이다. 사막 대상(왼쪽 그림, 1237년 작품)들의 활동으로 작은 마을에서 번화한 도시이자 이슬람 세계의 성지로 발전해 갔다.

| **신의 계시를 받은 자** | "읽어라! 창조주이신 주의 이름으로. 그 분은 한 방울의 정액으로 인간을 창조하셨고, 인간을 가르치고 인간이 알지 못하는 것을 깨우쳐 주시는 분이다."

메카의 상인 무함마드^{570?~632}는 메카 근처 히라산 동굴에서 명상을 하던 중 신의 계시를 받았다. 그는 다신교에 반대하며 '유일한 신' 알라에게 절대 복종하라고 외쳤고, "신 앞에서 모든 신자는 평등하다."라고 주장하였다. 무함마드의 가르침은 많은 사람의 지지를 받았다. 그러나 메카의 힘 있는 귀족들은 새로운 종교를 못마땅히 여겨 무함마드와 그의 신도들을 탄압하였다.

이에 무함마드는 박해를 피하여 야스리브로 피신하였다.^{622년} 이를 '헤지라'라고 하며 이슬람에서는 이 해를 기원 원년으로 삼는다. 무함마드는 이곳에서 혼란스러운 사회를 정리하고 혈연이나 지연이 아니라 이슬람이라는 종교에 기반한 새로운 공동체를 건설하였다. 아라비아인이 중심이 되어 새로운 국가를 건설하는 첫걸음을 내디딘 것이다. 드디어 630년, 무함마드는 메카를 정복하였고, 곧이어 전 아라비아반도를 통일하기에 이르렀다.

《쿠란》 950년경에 제작된 《쿠란》의 일부. 《쿠란》은 알라가 천사 가브리엘을 통하여 무함마드에게 내린 계시를 한데 묶었다는 이슬람교의 경전이다. '쿠란'은 아랍어로 '읽기'라는 뜻이다. 《쿠란》은 외국어로 번역하는 일이 금지되어 이슬람 세계에 아랍어를 보급하는 구실을 하였다. 7세기에 제3대 정통 칼리프 우스만이 여기저기 흩어져 있던 구절을 모아 편찬하였다.

무함마드의 일생
1. **무함마드와 가브리엘** 천사 가브리엘을 통하여 신의 계시를 받는 무함마드. 이후 무함마드는 유일신 알라를 믿는 새로운 종교를 창시하였다.
2. **야스리브에 새로운 터전을 만들다** 메카 귀족들의 박해를 피하여 야스리브로 몸을 피한 후 그곳에서 신의 집 모스크를 쌓는 무함마드. 무함마드는 야스리브에서 이슬람 사회의 기초를 닦았다. 야스리브는 이후 '예언자의 도시'라는 뜻의 '메디나'로 불리게 되었다.
3. **메카의 우상을 없애다** 평화적인 방법으로 메카를 정복한 무함마드와 신도들은 메카에 있던 우상들을 남김없이 파괴하였다.
4. **카바에서 기도하는 무함마드** 메카를 정복하고 성스러운 돌을 신전에 모신 다음 기도하는 무함마드. 이후 그는 아라비아반도를 통일하였다.

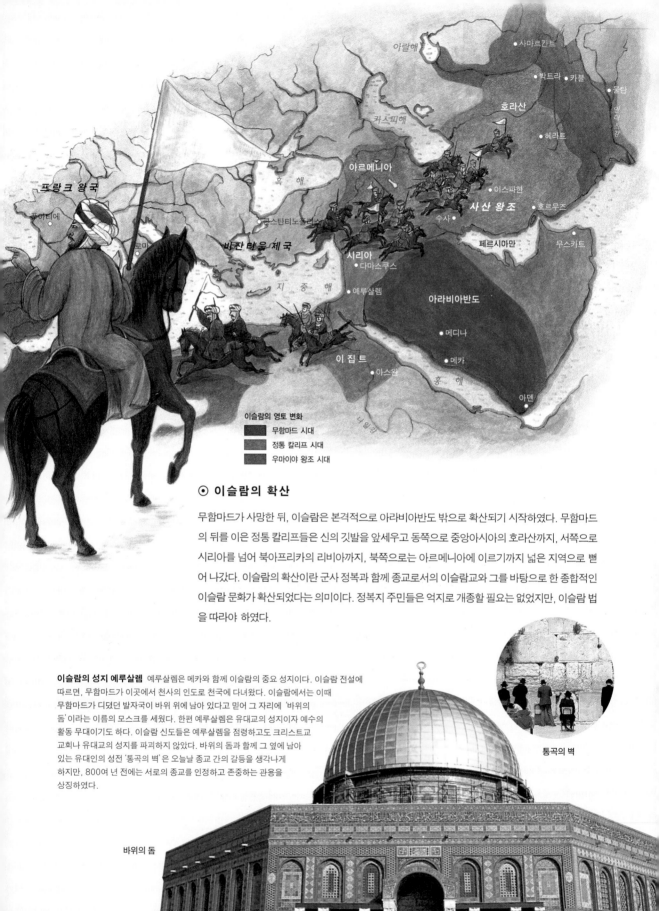

지중해

프랑크 왕국

푸아티에

로마

콘스탄티노플

비잔티움 제국

흑해

카스피해

아랄해

사마르칸트

바트라
카불

물탄

호라산

헤라트

아르메니아

사산 왕조

이스파한

수사

호르무즈

무스카트

시리아

다마스쿠스

예루살렘

페르시아만

이집트

아스완

아라비아반도

메디나

메카

홍해

아덴

나일강

이슬람의 영토 변화

무함마드 시대

정통 칼리프 시대

우마이야 왕조 시대

⊙ 이슬람의 확산

무함마드가 사망한 뒤, 이슬람은 본격적으로 아라비아반도 밖으로 확산되기 시작하였다. 무함마드의 뒤를 이은 정통 칼리프들은 신의 깃발을 앞세우고 동쪽으로 중앙아시아의 호라산까지, 서쪽으로 시리아를 넘어 북아프리카의 리비아까지, 북쪽으로는 아르메니아에 이르기까지 넓은 지역으로 뻗어 나갔다. 이슬람의 확산이란 군사 정복과 함께 종교로서의 이슬람교와 그를 바탕으로 한 종합적인 이슬람 문화가 확산되었다는 의미이다. 정복지 주민들은 억지로 개종할 필요는 없었지만, 이슬람 법을 따라야 하였다.

이슬람의 성지 예루살렘 예루살렘은 메카와 함께 이슬람의 중요 성지이다. 이슬람 전설에 따르면, 무함마드가 이곳에서 천사의 인도로 천국에 다녀왔다. 이슬람에서는 이때 무함마드가 디뎠던 발자국이 바위 위에 남아 있다고 믿어 그 자리에 '바위의 돔'이라는 이름의 모스크를 세웠다. 한편 예루살렘은 유대교의 성지이자 예수의 활동 무대이기도 하다. 이슬람 신도들은 예루살렘을 점령하고도 크리스트교 교회나 유대교의 성지를 파괴하지 않았다. 바위의 돔과 함께 그 옆에 남아 있는 유대인의 성전 '통곡의 벽'은 오늘날 종교 간의 갈등을 생각나게 하지만, 800여 년 전에는 서로의 종교를 인정하고 존중하는 관용을 상징하였다.

통곡의 벽

바위의 돔

| 영토 확장의 시대 | 무함마드 사후 이슬람 세력을 지배한 것은 그 후계자들인 칼리프였다. 칼리프는 이슬람 공동체의 최고 권력자이자 종교 지도자였다. 처음 4명의 칼리프는 이슬람 지도자 회의에서 선출되었는데, 이때를 정통 칼리프 시대라고 부른다.

정통 칼리프 시대 이슬람 세력은 아라비아반도를 벗어나 팔레스티나와 시리아, 이집트, 페르시아 등을 정복하였다. 무슬림^{이슬람 교도}이 주변 지역을 정복한 목적은 종교를 전하기 위하여가 아니었다. 무슬림은 정복당한 사람들에게 이슬람교를 강요하지 않았다. 크리스트교도나 유대교도는 자신들의 신앙과 관습을 지키며 살 수 있었다. 그 대가로 아랍인들이 얻으려 한 것은 비옥한 땅과 세금이었다.

정통 칼리프 시대는 이렇듯 영토 확장의 시대였으나 내부 혼란에 시달린 시대이기도 하였다. 아랍 부족들이 이슬람에 대항하여 반란을 일으켰고, 칼리프 자리를 둘러싸고 귀족들끼리 대립하였기 때문이다. 정통 칼리프 4명 중 3명이 암살당할 만큼 혼란이 심하였다. 4대 칼리프인 알리가 살해당한 뒤,^{661년} 메카의 귀족 우마이야 가문의 무아위야가 칼리프가 되었고, 그 지위를 자기 자손들에게 물려주었다. 이로써 세습 칼리프 시대가 열렸다. 이때부터 칼리프는 이슬람 공동체의 지도자라기보다 거대한 제국의 황제와 같은 존재가 되었다.

| 하나 된 제국, 갈라진 종교 | 우마이야 왕조 때 이슬람 세계는 동쪽으로 중앙아시아와 북인도, 서쪽으로 북아프리카와 이베리아반도까지 확대되었다. 비잔티움 제국의 수도 콘스탄티노폴리스도 세 번이나 포위하였다. 우마이야 왕조는 넓은 영토를 몇 개로 나누어 총독이 다스리게 하였고, 아랍인들은 각지로 흩어져 지배층이 되었다.

이 시기에는 아랍 색채를 띤 이슬람 문화가 두루 퍼졌다. 그리스어와 페르시아어를 대신하여 아랍어가 공용어가 되었다. 또한 수도 다마스쿠스를 비롯하여 메디나와 예루살렘 등에 화려한 모스크^{이슬람 사원}를 세웠다. 이러한 노력으로 이슬람 세계는 모습은 서로 달랐어도 하

무함마드의 가계도 4대 칼리프 알리는 무함마드의 사촌 동생이자 사위였다. 그러나 알리가 살해당한 후, 칼리프의 자리는 메카의 귀족 우마이야 가문으로 넘어갔다. 그 후 알리와 무함마드의 딸인 파티마 사이에서 태어난 후손만이 칼리프가 될 자격이 있다고 믿는 사람들은 시아파, 우마이야 가문의 정통성을 인정하는 사람들은 수니파가 되었다. 이슬람교가 둘로 나뉜 것이다.

나의 이슬람 문화권으로 통합되어 갔다.

그러나 한편에서 우마이야 왕조에 불만을 품은 세력들이 성장하고 있었다. 우마이야 왕조가 국가 재정 문제 때문에 이미 이슬람교로 개종한 비아랍인들에게 계속 세금을 물렸기 때문이다. 모든 신도는 평등하다는 원칙과 달리 아랍인만을 우대하는 정책에 많은 사람이 불만을 가졌다. 우마이야 왕조는 특히 시리아의 다마스쿠스를 기반으로 삼아 시리아의 아랍인만을 우대하였기 때문에 메카 등 아라비아 반도에 사는 아랍인들의 불만도 컸다. 또한 마지막 정통 칼리프 알리를 따르는 사람들은 시아파를 만들고 우마이야 왕조의 정통성을 부정하였다.

이러한 불만 세력을 하나로 모아 우마이야 왕조에 반기를 든 세력도 나타났다. 호라산을 근거지로 삼은 아바스 가문이 대표적인데, 우마이야 왕조에 반대하는 아랍인과 페르시아인이 손을 잡은 것이다.

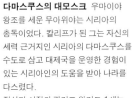

다마스쿠스의 대모스크 우마이야 왕조를 세운 무아위야는 시리아의 총독이었다. 칼리프가 된 그는 자신의 세력 근거지인 시리아의 다마스쿠스를 수도로 삼고 대제국을 운영한 경험이 있는 시리아인의 도움을 받아 나라를 다스렸다.
전성기 시절의 칼리프 왈리드 1세는 다마스쿠스에 대모스크를 세웠다. 비잔티움 제국의 예배당이 있던 자리에 올린 것인데, 비잔티움 문화의 영향을 받아 당시의 모스크 중에서 가장 화려하다.

《쿠란》 속의 이상과 현실 속의 모순

가마 탄 아이샤 아이샤는 예언자 무함마드가 가장 총애한 부인이었다. 그림은 아이샤가 전투에 나선 병사들을 격려하고 있는 장면.

"알라께서 그들에게 말씀하셨다. 나는 남녀를 불문하고 너희가
행한 어떠한 일도 헛되지 않게 할 것이다. 너희는 서로 동등하느니라."
"부모와 가까운 친척이 남긴 재산은 여자에게도 귀속되나니,
남긴 것이 적든 많든 합당한 몫이 있노라." ─《쿠란》

이슬람교가 전파된 후 경전 《쿠란》 덕분에 여성의 사회적
지위가 이전과 달라졌다. 여성도 남성과 동등한 존재로 인
식되었고, 결혼도 자기 의사에 따라 할 수 있었으며,
교육의 기회도 보장받았다. 또한 남성과 마찬가지
로 재산을 상속받을 권리를 가지게 되었다.
　《쿠란》에 따르면, 여성이 히잡을 쓰는 것도
'억압'이 아니라 '보호'하기 위한 방편이다. 여성들의
정치 참여도 인정되어
예언자 무함마드의 영향력 있는 부인, 아이샤는 무함마드 옆에서 어려운 일
을 함께하였다. 무함마드 사후에는 그녀가 직접 전투를 지휘하기도 하였고,
결국 이슬람 경전의 뛰어난 전승자로 남았다.
　그러나 이슬람 세계가 넓어지면서 《쿠란》의 취지와는 달리 여성들의 지위
가 떨어지기 시작하였다. 점차 여성의 정치 참여가 비판거리가 되었고, 무함
마드 시대에 과부를 보호하려고 실시하였던 일부다처제가 오히려 여성의 생
활을 위협하는 요소가 되었다.
　이러한 모순은 '종교적 이상'보다는 '인간의 실천 의지'가 남녀평등 사회
로 나아가는 데 더욱 필요한 요소임을 증명하는 것이 아닐까?

무슬림 예배 히잡을 쓴 여성들이 따로 모여 예배를 보고 있다.

103

3 세 대륙을 품은 이슬람

유럽, 북아프리카, 서아시아

아바스 왕조가 열리면서 본격적인 이슬람 제국 시대가 열렸다. 모든 신도의 평등이 실천된 것이다. 한편으로 이슬람 세계의 통일성이 무너지기도 하였으나, 분열이 쇠퇴로 이어지지는 않았다. 오히려 지역마다 다양한 문화가 발전하여 이슬람 세계를 풍요롭게 하였다.

■ 가 볼 곳: 코르도바, 카이로, 바그다드 ■ 만날 사람: 라흐만 1세, 알 무이즈
■ 주요 사건: 후우마이야 왕조의 성립, 파티마 왕조의 이집트 정복

| **아바스의 깃발, 그러나** | 750년 8월, 우마이야 왕조를 상징하는 흰 깃발이 내려가고 검은 깃발이 전 이슬람 세계에 펄럭이기 시작하였다. 시아파와 페르시아인의 도움으로 아바스 가문이 새로운 왕조를 세운 것이다. 아바스 왕조의 수도 바그다드는 옛 페르시아 지역에 자리하여 유럽과 아시아를 함께 품은 곳이었다.

아랍인은 더 이상 지배 민족이 아니었다. 비아랍인이라 해도 무슬림이라면 인두세를 내지 않았고, 아랍인이라 해도 토지를 가지고 있으면 토지세를 내야 하였다. 아바스 제국은 아랍어를 공용어로 삼았으며, 민족 차별을 폐지하고 이슬람 법에 따라 통치하는 진정한 의미의 이슬람 제국이었다.

하지만 아바스 왕조가 이슬람 세계를 모두 다스린 시기는 거의 없었다. 이베리아반도에는 살아남은 우마이야의 왕자 라흐만 1세가 후우마이야 왕조를 세웠고, 시아파는 북아프리카에 파티마 왕조를 세워 독립하였다. 이들은 모두 바그다드의 칼리프를 부정하고 각각의 칼리프를 내세워 이슬람 세계에는 모두 3명의 칼리프가 존재하게 되었다. 10세기에는 페르시아계의 부와이 왕조가 바그다드를 점령하고 정치적 지배권을 행사하였다. 아바스 왕조의 칼리프는 종교적 권위만 갖는 상징적인 존재가 된 것이다.

이슬람의 유럽 진출 북아프리카를 손에 넣은 이슬람 세력이 바다 건너 서고트족이 지배하던 이베리아반도로 진출한 것은 우마이야 왕조 시대인 8세기 초였다. 그림은 예언자의 깃발을 앞세우고 유럽으로 진군하는 이슬람 전사들을 묘사한 에스파냐의 채색 사본이다. 다양한 인종으로 구성된 것을 볼 수 있다.

| **유럽에 꽃핀 이슬람 문화** | 이 시기 칼리프는 여럿이었지만, 경제적으로나 문화적으로 이슬람 제국은 절정기를 맞고 있었다. 중앙아시아에서 서아시아와 북아프리카를 거쳐 에스파냐까지 뻗은 이슬람 세계는 세 대륙에 걸쳐 다양한 색깔의 화려한 문화를 꽃피웠다.

후우마이야 왕조에서는 이슬람, 비잔티움, 그리스의 문화가 한데 어울린 수준 높은 문화가 나타났다. 수도 코르도바는 학문의 도시로 유명하였는데, 이슬람 신학뿐만 아니라 그리스 철학까지 연구 대상으로 삼았다. 라흐만 1세 때부터 만들기 시작한 대모스크와 알 하캄이 세운 대도서관은 예술과 학문을 사랑하는 코르도바의 분위기를 상징적으로 보여 준다.

후우마이야 왕조는 이슬람 법에 따라 유대인이나 크리스트교도의 종교적 자유를 보장하였다. 그들은 세금을 더 냈을 뿐, 정부 관리나 학자, 상인 등 모든 방면에서 자유롭게 활동할 수 있었다. 유대 상인들은 사이가 좋지 않던 크리스트교 세계와 이슬람 세계를 잇는 역할을 하였다. 아랍인과 유럽인, 이슬람교도와 크리스트교도가 어울려 살 수 있는 곳, 바로 후우마이야 왕조 시대의 에스파냐였다.

코르도바의 대모스크 라흐만 1세는 코르도바에 대모스크(메스퀴타)를 세웠다. 이는 과거 크리스트교 교회당 건물을 파괴하지 않고 증축하여 만든 것이다. 왼쪽에 보이는 대성전의 기둥은 로마 시대부터 존재해 온 것인데, 이슬람 기술자들은 짧고 쓸모없는 기둥을 활용하기 위하여 2층형 아치를 고안하였다. 대모스크는 비잔티움의 기술자가 완성하였다는 화려한 천장(위)으로도 유명하다.

| 아프리카에 울려 퍼지는 《쿠란》 | 북아프리카에서 처음으로 모스크가 들어선 곳이 오늘날 튀니지의 중북부 도시 카이라완이다. 이곳은 무슬림이 북아프리카를 정복하는 거점이었으며, 파티마 왕조 초기의 수도인 알마이다와 더불어 정치와 종교의 중심지였다. 파티마 왕조는 4대 칼리프인 알 무이즈재위 952~975 때 이 지역을 벗어나 크게 발전하였다. 이집트와 모로코를 포함한 모든 북아프리카 지역을 손에 넣었고, 시리아까지 세력을 넓혔다. 969년 이집트를 무혈 정복한 뒤에는 수도를 카이로로 옮겼다. 나일강 주변의 풍부한 자원과 북아프리카의 무역 거점지 덕분에, 파티마 왕조는 이슬람에서 가장 부유한 국가로 발돋움하였다.

파티마 왕조의 뿌리는 예언자 무함마드의 딸인 파티마에게로 거슬러 올라간다. 시아파인 그들은 아바스 왕조의 정통성을 부정하고 자신들이 내세운 칼리프만이 유일한 칼리프라고 주장하였다. 우마이야 왕조와 아바스 왕조의 칼리프에 비하여 파티마 왕조의 칼리프는 종교 지도자의 이미지가 훨씬 강하였다. 사람들은 칼리프에게 신성한 힘이 있으며 그가 만진 물건에조차 신의 은총이 담겨 있다고 믿었다. 카이로에 세운 알 아즈하르 모스크는 이슬람 신학의 중심지로 발전하였다.

이슬람의 학교 남학생들이 회초리를 들고 있는 교사와 학교를 방문한 어른 앞에서 《쿠란》 구절을 암송하고 있다. 이슬람의 어린이들은 학교에 들어가면 가장 먼저 《쿠란》을 암송하고 아랍어를 배우게 된다. 이 과정을 마치면 카이로의 알 아즈하르와 같은 고등 교육 기관으로 진급하였다. 알 아즈하르 모스크(오른쪽)는 파티마 왕조가 이집트를 지배할 때 세운 모스크이다. 이곳의 부속 학교는 이슬람 신학의 중심지가 되어 오늘날 알 아즈하르 대학으로 이어졌다.

□ 9세기 초 아바스 왕조 최대 영역
■ 11세기 초 이슬람 세계

바그다드 아바스 왕조의 수도 바그다드는 유럽과 지중해, 아시아를 잇는 교역로의 중심이었다. 바그다드를 건설한 칼리프 알 만수르가 말하였듯이, 이 도시는 '세계의 시장'이었고, 10세기에는 인구 150만이 넘는 세계 최대의 도시였다.

▲ **이슬람의 해상 무역** 이슬람 제국은 동서 교역의 중요한 거점인 지중해 주변과 비단길을 장악하였다. 게다가 해안선을 따라 동아프리카와 인도, 인도네시아까지 무역망을 넓혔다. 페르시아만을 항해하는 배를 그린 당시의 그림을 보면, 아랍인들은 선실에 타고 있고, 그들과 피부색이 다른 흑인(혹은 인도인)들이 돛을 조정하며 배를 몰고 있다.

| **지중해와 인도양을 하나로** | 이슬람 세계는 자원이 풍부하였을 뿐만 아니라 지리적으로도 동서 교역에 유리한 위치를 차지하고 있었다. 각 이슬람 국가는 자급자족적 경제 활동에서 벗어나 도시를 거점으로 활발한 국제 무역을 벌였다. 이슬람 상인들은 낙타를 이용한 대상 무역으로 아프리카 내륙을 건넜고, 서아시아와 인도를 거쳐 중국까지 왕래하였다. 또한 배를 이용한 해상 무역으로 지중해는 물론, 인도양과 남중국해를 거쳐 고려까지 왕래하였다. 그야말로 전 세계를 무대로 활약한 것이다. 정복 활동뿐만 아니라 상업 활동을 통하여 전 세계의 우수한 문화가 이슬람으로 흘러들었고, 이슬람의 문화가 다시 전 세계로 퍼져 나갔다.

이러한 이슬람 세계의 중심지가 바로 바그다드였다. 바그다드의 시장에서는 중국의 자기와 비단, 종이, 먹, 인도에서 온 향신료와 염료도 구할 수 있었다. 또 중앙아시아에서 온 루비와 유리, 스칸디나비아 반도에서 온 모피와 사냥용 매, 아프리카에서 온 상아와 황금도 구할 수 있었다.

예언자의 나라, 이슬람의 문화

초기의 모스크

이슬람교의 사원인 모스크는 돔으로 된 지붕과 귀퉁이의 첨탑(미나레트)이 특징이다. 모스크 내부는 단순하다. 메카의 방향을 알려 주는 미흐라브 외에는 별다른 구조물이 없으며, 바닥에는 카펫을 깔아 모든 신도가 꿇어앉아 예배를 본다. 외부는 아라베스크 무늬와 《쿠란》 구절로 화려하게 장식한 타일로 싸여 있다. 초기의 모스크는 단순하였으나 비잔티움 제국과 크리스트교 교회의 영향을 받아 후대로 갈수록 화려해졌다.

돔과 초승달 둥근 돔은 이슬람의 정신인 평화를 상징하며, 돔 꼭대기를 장식한 초승달은 헤지라의 밤에 떠 있던 초승달을 의미한다. 모스크 벽은 아라베스크 무늬로 장식한다.

회랑과 샘 모스크 안에는 강한 햇살을 막기 위한 회랑과 예배 전에 몸을 씻을 수 있는 샘이 있다.

미나레트 모스크의 일부인 첨탑. 하루 다섯 차례의 예배 시간을 알리는 곳이다. 모스크 직원이 미나레트에 올라가 예배를 권유하는 아잔의 시구를 외친다. "아침 예배는 잠보다 좋다. 알라는 유일한 신이며 무함마드는 신의 사도이다."라는 내용이다. 이 소리를 들으면 사람들이 모스크에 모여들어 《쿠란》을 낭송하며 예배를 드린다. 하지만 매번 그런 것은 아니고 금요일 저녁에만 모스크에서 예배를 본다. 평소에는 자기가 있는 장소에서 간단하게 예배를 볼 수 있다.

미흐라브 메카의 방향을 알려 주는 아치형 장식물. 이슬람에서는 우상 설치를 금하기 때문에 벽에는 《쿠란》 구절을 적어 놓은 것 외에 아무것도 없다. 신자들은 미흐라브를 향해 엎드려 예배를 본다.

민바르 설교단. 무슬림은 대개 혼자서 예배를 보지만 금요일에는 합동 예배를 본다. 예배 전에 설교자가 올라가 설교할 수 있도록 계단 형식으로 만든다.

이슬람 천문학자들. 천장에 아스트롤라베가 매달려 있다.

아스트롤라베

💠 발달한 천문학

이슬람 천체 관측기 아스트롤라베. 이 도구를 사용하여 현재의 시간이나 위치, 태양이나 별의 고도 등을 알 수 있었다. 이를 통하여 여행자는 길을 찾았고, 천문학자는 행성의 움직임을 관찰하였다. 천문학의 발달은 역법과 지리학의 발달로 이어졌으며, 유럽과 아시아로 전해졌다.

▼ **이븐 시나가 집필한 《의학 대전》** 17세기까지 유럽 의과 대학의 교재로 사용되었다.

제왕 절개 수술 중인 이븐 시나

💠 의사의 왕, 이븐 시나

이슬람 의학은 17세기까지 세계 최고 수준으로 발달하였나. 특히 이븐 시나는 이슬람 의학을 상싱하는 인불로, 근대 유럽에서까지 '의사의 왕'으로 불렸다.

4 이슬람 세계에 부는 바람

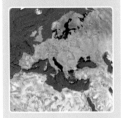

유럽, 북아프리카, 서아시아

무함마드와 그 후계자들이 대제국을 세운 이래, 이슬람 세계의 주인공은 아랍인이었다. 다른 민족과 손을 잡은 적도 있지만, 칼리프는 언제나 그들이었다. 그러나 이제 튀르크인이 이슬람 세계의 새로운 지배자이자 이슬람교의 수호자가 되었다. 예언자의 가르침은 퍼져 나갔지만, 관용과 평화는 멀어졌다.

■ 가 볼 곳: 바그다드, 모로코 ■ 만날 사람: 토그릴 베그, 살라딘, 이븐 바투타
■ 주요 사건: 셀주크 튀르크의 등장, 십자군 전쟁, 몽골군의 바그다드 침략

| 이슬람의 새 주인, 튀르크 | 1055년, 토그릴 베그_{재위 1037~1063}는 말에 올라탄 채 바그다드를 노려보고 있었다. 서아시아의 중심지 바그다드가 곧 수중에 떨어질 참이었다. 그가 이끄는 셀주크 튀르크족은 몽골 초원에서 서쪽으로 계속 전진해 왔다. 할아버지 셀주크 때에 이슬람으로 개종한 이래, 이슬람의 지배자들을 차례로 무찌르며 오늘에 이르렀다. 그리고 토그릴 베그는 그렇게도 탐내던 바그다드를 점령하였다.

바그다드에는 아바스 왕조의 칼리프가 있었다. 이미 실권을 빼앗긴 꼭두각시에 불과하였지만, 알라의 대리인이라는 종교적 권위는 여전하였다. 토그릴 베그는 칼리프로부터 술탄이라는 칭호를 받았다. 칼리프는 오로지 종교적인 상징으로만 존재할 뿐, 서아시아의 실질적인 제왕은 이제 술탄 토그릴 베그였다.

| 유럽의 침략을 물리치다 | 여러 지역으로 갈라졌던 서아시아의 이슬람 세계는 셀주크 튀르크 아래 다시 통일되어 갔다. 셀주크 튀르크는 당시 비잔티움 제국의 영토이던 아나톨리아반도를 차지하였고, 그 와중에 비잔티움의 황제를 사로잡았다. 비잔티움 제국은 유럽 여러 나라에 도움을 요청하였고, 이를 계기로 200여 년에 걸쳐 십자군 전쟁이 벌어지게 되었다.

기도하는 토그릴 베그 토그릴 베그는 셀주크 튀르크 왕조의 실질적인 창시자이다. '베그'는 튀르크어로 '지배자'를 뜻한다. 동양적 느낌을 풍기는 뾰족한 모자를 쓰고 기도하는 토그릴 베그를 나무에 조각한 작품.

십자군은 종교적 열정으로 무장하고 이슬람 세계의 부를 탐내며 몰려왔다. 이슬람 세계에서 이들에게 맞선 사람은 메소포타미아나 시리아, 이집트의 신도들이었다. 이들은 십자군 병사의 학살과 약탈로부터 스스로를 지키기 위하여, 이슬람교의 성지인 예루살렘을 되찾기 위하여 싸웠다. 그중에서도 가장 유명한 사람이 이집트의 지배자 살라딘 1137~1193이다. 살라딘은 오랜 싸움 끝에 크리스트교도에게서 예루살렘을 되찾았다. 이때 크리스트교도들을 너그럽게 풀어 주어 유럽인들로부터 "모든 시대를 통틀어 가장 관대한 마음씨를 가진 사람"이라는 칭송을 들었다. 마침내 살라딘은 십자군과 강화 조약을 맺고 잠시나마 이 지역에 평화를 가져다주었다.

살라딘 이집트의 지배자 살라흐 앗 딘 유수프 이븐 아이유브, 일명 살라딘은 시리아로 건너와 1187년에 십자군에게서 예루살렘을 되찾았다.

이슬람의 새로운 지배자, 셀주크 튀르크

중국 역사책에 돌궐로 기록된 중앙아시아의 유목 민족이 아랄해 부근에서 서쪽으로 이동하기 시작하였다. 이 가운데 셀주크가 이끄는 튀르크족은 이슬람의 주도권을 잡았을 뿐 아니라 세계 역사의 흐름까지 바꾸어 놓았다. 바그다드를 차지한 셀주크 튀르크는 팔레스타인 지방을 손에 넣었으며, 이집트의 파티마 왕조를 통합하여 이슬람 세계 대부분을 재통일하였다. 사진은 셀주크 튀르크가 13세기에 코니아에 세운 일종의 이슬람 신학교인 인제 미나레 마드라사.

아랄해
사마르칸트
부하라
메르프
발흐
카불
니샤푸르
헤라트
카스피해
라이
흑해
다뉴브강
콘스탄티노폴리스
에데사
셀주크 튀르크
이스파한
페르세폴리스
비잔티움 제국
코니아
안티오크
바그다드
피사
나폴리
예루살렘
무스카트
지중해
알렉산드리아
카이로
파티마 왕조
아 라 비 아 반 도
트리폴리

→ 셀주크 튀르크의 이동
□ 기타 이슬람 왕조

| **이슬람으로 개종한 침략자, 몽골군** | 시리아와 이집트의 무슬림들이 십자군과 싸우고 있을 때 동쪽에서 또 다른 세력이 밀려왔다. 바로 세계의 정복자 칭기즈 칸의 군대였다. 몽골군의 침략은 십자군과는 비교가 되지 않았다. 그들은 도시를 불태우고 모스크를 짓밟으며 성난 파도처럼 몰려왔다.

마침내 1258년, 칭기즈 칸의 손자 훌라구^{재위 1218~1265}가 바그다드를 점령하였다. 8세기 이래 세계 문화의 중심지였던 바그다드는 잿더미가 되었으며, 이름뿐이지만 명맥을 유지해 오던 아바스 왕조도 영원히 사라져 버렸다. 하지만 이곳을 지배하게 된 몽골 세력은 이슬람교로 개종하였다. 훌라구가 세운 일 울루스^{일한국}는 서아시아와 중앙아시아, 러시아, 중국에 이르는 광대한 몽골 제국의 일부분이자 이슬람 세계의 수호자가 되었다.

| **사하라를 건넌 이슬람** | 이슬람교의 본고장에서 격변이 일어나는 동안, 이슬람교는 거대한 사막을 건너 아프리카의 여러 곳으로 전해졌다. 인도양을 항해하는 이슬람 상인들이 드나들던 동아프리카 해

이븐 바투타의 아프리카 여행

모로코의 탕헤르에서 태어난 이븐 바투타는 스물한 살에 집을 나서 30여 년간 세계 각지를 여행하였다. 바투타는 모로코를 출발하여 이집트를 지나 성지 메카를 순례하였고, 이후 페르시아, 인도양, 중앙아시아, 러시아, 인도, 중국 등 거의 전 세계를 여행하였다. 마지막 여행지가 바로 말리 왕국이었다. 사진은 말리 왕국 시절 통북투에 세운 모스크이다.

페스 북아프리카 서부는 기원전부터 지중해 무역의 한 축이었다. 특히 페스는 지중해와 사하라를 잇는 교역의 중심지로 이슬람 최대의 가죽 염료 시장이 있었다.

말리 왕국 이 지역은 기원전부터 시작된 사하라 사막 교역로의 한끝으로 예전부터 금이나 상아, 소금, 노예 등을 거래하는 중심지였다. 이슬람 세계로 편입되면서 세계적인 이슬람 무역 통로의 한몫을 담당하였다.

그라나다
탕헤르
튀니스
카이라완
사하라
왈라타
통북투
가오
젠네
나이저 강

안에는 그들이 머무는 마을이 생겼고, 이슬람교도 널리 확산되었다. 북아프리카의 이슬람 상인들이 사하라 사막을 건너면서, 이슬람교는 서아프리카에도 전해졌다. 그리고 그 지역의 종교, 관습과 뒤섞여 독특한 문화를 만들어 냈다. 이 같은 모습을 이슬람의 여행가 이븐 바투타 1304~1368 는 아래와 같이 기록하고 있다.

나는 흑인들의 왕도인 말리에 도착하였다. 말리의 술탄은 만사 술레이만이다. 만사는 술탄이라는 뜻이고 술레이만은 그의 본명이다. (중략) 흑인들이 사는 곳은 모두 안전하여 나그네든 그 지역 사람이든 도둑이나 약탈을 걱정할 필요가 없다. 예배를 끈질기게 하고, 《쿠란》 암송을 중시하는 것도 그들의 선행 중 하나이다. 자식들이 《쿠란》을 암송하지 못하면 쇠고랑을 채웠다가 암송을 하여야 풀어 준다.

그러나 여성들이 얼굴은 물론이고 몸마저 드러내고 사람들 앞에 나타나거나 부부 아닌 남녀가 허물없이 지내는 것은 우리와 다른 모습이다. 말리의 술탄은 아침에 라마단의 끝을 축하하고 오후에는 새머리 모양 가면을 쓴 음유 시인들에게 조상신을 칭송하는 노래를 부르게 한다.

이집트 이븐 바투타는 나일강이 주는 풍요로움과 이집트 사람들의 후한 인심에 깊은 인상을 받았다. 그가 본 카이로는 전 세계 사람들이 북적거리는 국제 도시였다. 그는 이집트에서 피라미드뿐만 아니라 유서 깊은 이슬람 유적지를 돌아보았다.

메카 성지 순례는 모든 무슬림의 의무이다. 이슬람교도라면 일생에 한 번 이상 메카를 순례하여야 한다. 무슬림은 이를 통하여 이슬람의 일체성과 유대감을 느낀다. 이븐 바투타가 처음 집을 떠난 이유도 메카 순례를 위해서였다. 그는 여행 기간 동안 네 번이나 이곳을 순례하였다.

어른 되는 방법, 할례 받고 금식하기

출생, 성장, 결혼, 죽음 등 삶의 중요한 과정에서 치르는 여러 가지 의식을 '통과 의례'라고 한다. 이 가운데 '성인식'은 지역마다 형식은 다르지만, 어린 시절을 마감하고 완전한 어른이 되었음을 알리는 의식이다. 이제 막 어른이 되려는 과거의 청소년들을 만나러 가 보자.

여기는 이슬람 세계. 알리는 지금 새 옷으로 갈아입고 마을 곳곳을 누비고 있다. 알리 뒤에서 몇 명이 음악을 연주하며 시선을 끌고 있고, 마을 어른들은 알리에게 축하의 말과 함께 선물을 건넨다. 알리는 며칠 후에 있을 자신의 할례 의식을 자랑스럽게 알리고 있는 것이다. 하지만 알리는 두려운 마음도 든다. 할례 과정이 자못 고통스럽다는 사실을 알기 때문이다. 지난번 할례 의식 때 어른들이 아파서 몸부림치던 알리의 형을 뒤에서 꼭 잡아 주었던 기억이 난다. 알리는 두 주먹을 꼭 쥐고 잘 참아 내리라고 다짐한다.

　이슬람 사회에서는 남자아이가 어느 정도 자라면 성기 껍질의 일부를 잘라 내는 할례 의식을 치른다. 할례는 《쿠란》에 나와 있지 않지만, 이슬람 사회에서 관습적으로 하는 통과 의례이다. 마취 없이 간단한 수술을 하는데, 아이는 아파도 울지 않는 강한 모습을 보여 성인의 자격이 있음을 증명하려고 노력한다.

　지역에 따라서는 여자아이에게도 할례를 하였다. 이는 속살을 도려내는 것으로 수술 방법이 매우 잔인하였는데, 여자들을 낮추어보는 생각에서 강요한 것이었다. 여자아이들의 할례는 몸도 마음도 상처받는 성인식이었던 셈이다.

　라마단 금식 역시 이슬람 사회에서 성인이냐 아니냐를 가르는 기준이다. 남녀 할 것 없이 어렸을 때부터 금식하는 습관을 기르며, 일정한 나이가 되면 의무적으로 이에 참여한다. 별다른 이유 없이 불참할 경우 정식 성인으로 인정받지 못하며, 그에 대하여 책임을 지고 처벌까지 받아야 한다. 이제 할례 의식을 치르는 알리도 때마다 금식하고 기도하는 습관을 들여야 할 것이다.

라마단 금식 오늘날 아프가니스탄 사람들이 라마단 금식 기도를 하는 모습. 아이들도 보인다.

할례 의식 오른쪽은 새 옷을 입은 아이들이 할례할 준비를 하고 있는 모습이고, 왼쪽은 옷을 벗고 할례를 치르는 모습이다. 어른들은 고통으로 심하게 몸부림질지도 모를 아이들을 꽉 잡고 있다. 아래에 아파서 비명을 지르고 있는 아이도 있고, 그 옆에 꾹 참고 있는 아이도 보인다.

5 십자가를 들고 가는 유럽

5세기 이후 지중해 세계에는
커다란 소용돌이가 휘몰아쳤다.
로마를 중심으로 한 지중해 세계의
통일은 깨어졌고,
유럽에는 새로운 주인공들이
역사 무대에 등장하였다.
로마를 이은 비잔티움 제국은
강력한 황제 권력과 크리스트교를
결합시켜 비교적 안정된 사회로
발전하였다. 서유럽 지역에서는
건강하면서도 소박한 게르만 문화와
로마 문화가 만나 섞이게 되었다.

300
313 로마 제국, 크리스트교 공인
330 로마 제국, 콘스탄티노폴리스로 천도
375 게르만족의 대이동 시작
395 로마 제국, 동서로 분열

400
476 서로마 제국 멸망
486 프랑크 왕국 성립, 크리스트교로 개종(~496)

500
533 비잔티움 제국, 북아프리카와 이탈리아 회복(~563)

600
640 이슬람, 시리아와 이집트, 이베리아 정복(~711)

700
726 비잔티움 황제, 성상 숭배 금지령
732 투르·푸아티에 전투
787 노르만족, 서유럽 침입 시작

800
800 프랑크 왕국의 카롤루스 대제, 서로마 황제 대관
843 프랑크 왕국 분열

900
962 동프랑크 왕국의 오토 1세, 신성 로마 황제 대관
989 러시아(키예프 공국), 크리스트교로 개종

1000
1054 동서 교회의 분열
1077 카노사의 굴욕
1096 십자군 전쟁 시작

1100

1200
1204 제4차 십자군, 콘스탄티노폴리스 약탈
1265 영국 의회 성립

1 천년의 제국, 비잔티움

지중해 주변

5세기 후반 게르만족이 이동하는 와중에 서로마 제국이 멸망하였지만, 동로마 제국은 굳건하게 살아남았다. 수도인 콘스탄티노폴리스는 동서 무역의 중심지로 크게 번영하였으며, 그리스 정교 중심의 빼어난 문화는 동유럽의 슬라브족에게 커다란 영향을 끼쳤다.

■ 가 볼 곳: 콘스탄티노폴리스　■ 만날 사람: 유스티니아누스 대제
■ 주요 사건: 유스티니아누스 대제의 서로마 재정복 운동, 성상 파괴 운동

| 엇갈린 운명, 동로마와 서로마 | 황제권을 강화하고 크리스트교를 공인하여 재기를 노리던 로마 제국은 4세기 후반에 다시 큰 위기를 맞았다. 라인강과 다뉴브강^{도나우강} 북쪽에 살던 게르만족이 중앙아시아의 유목민인 훈족^{흉노}을 피하여 대거 로마 영토로 몰려왔기 때문이다. 이런 형편에다가 내부 사정까지 겹쳐 로마 제국은 동서로 나뉘고 말았다.^{395년} 그럭저럭 방어 준비를 갖춘 동로마 제국은 게르만족을 막아 낼 수 있었지만, 서로마 제국은 큰 타격을 입었다. '영원한 도시'로 불리던 로마가 두 번이나 약탈당할 지경이었다.

게르만족의 이동과 서로마 제국의 멸망
375년 훈족에 쫓긴 서고트족이 다뉴브강을 건너자, 로마 제국과 게르만 부족들 간에 긴장이 흘렀다. 유능한 군인 테오도시우스 황제가 재빠르게 사태를 수습하였지만, 잠시뿐이었다. 그가 죽고 나서 로마는 동서로 분열되었고, 게르만족들은 경제 침체로 이미 무너져 내리던 서로마 제국으로 밀려들었다. 북아프리카와 갈리아 등지에 게르만 왕국들이 들어섰고, 서로마 제국은 결국 멸망하고 말았다(476).

5세기 말 게르만족의 이동이 가라앉았을 즈음, 서로마는 결국 멸망하였고 동로마만 살아남았다. 수도 콘스탄티노폴리스의 옛 이름을 따서 비잔티움 제국으로 불리는 나라가 이것이다. 제국의 황제는 유일한 로마 황제이자 크리스트교 세계의 지배자로 행세하였다. 서로마 각지의 게르만 왕국들도 겉으로는 이를 인정할 수밖에 없었다. 새로운 제국을 세우기에는 그들의 문화적·정치적 능력이 턱없이 모자랐기 때문이다.

| 로마여 다시 한번 | 532년, 비잔티움 황제 유스티니아누스의 궁전에는 긴장이 흘렀다. 그가 물러나기를 요구하는 시민들이 금방이라도 들이닥칠 기세였다. 무리하게 황제권을 강화하고 세금을 늘린 데 대한 불만이 폭발한 것이다. 옛 로마의 영광을 되살리겠다며 자신만만하던 유스티니아누스도 어찌할 바를 몰랐다. 그러나 "비겁하게 도망가느니, 황제답게 싸우다 죽는 것이 낫다."라는 황후 테오도라의 서릿발 같은 말에 유스티니아누스는 군대를 동원하여 무려 3만여 시민을 죽이고 다시금 권력을 틀어쥐었다.

유스티니아누스는 이제 거칠 것이 없었다. 1,000여 년을 이어온 로마법을 정리하여 《유스티니아누스 법전》을 완성하였고, 교회를 직접 지배하여 제국의 종교적 통일성을 유지하려 하였다. 걸림돌이 되면 설사 로마의 주교^{교황}라 해도 가차 없이 추방하였다.

또한 20여 년의 전쟁을 통하여 북아프리카의 반달 왕국과 이탈리아의 동고트 왕국을 멸망시켜 옛 서로마 땅을 회복하였다. 지중해 세계를 거느렸던 로마 제국이 부활한 듯한 모습이었다. 웅장한 모습으로 다시 태어난 성 소피아 성당은 이러한 그의 위세를 상징하였다.

유스티니아누스와 테오도라
유스티니아누스는 뛰어난 인재들을 적재적소에 배치하여 자신의 통치를 뒷받침하였다. 그의 아내 테오도라는 그의 가장 훌륭한 조언자였고, 재산 상속이나 이혼에서 여성의 권리를 보호하는 법을 만들기도 하였다. 아래 두 그림은 이탈리아 라벤나의 성 비탈레 성당에 있는 모자이크화로, 두 사람은 각각 빵과 포도주를 든 채 마주 보고 있다.

금문

저수조

아르카디우스의 포룸

구금문

황소의 포룸

개선로

개선 장군의 문 대륙 쪽으로 난 가장 화려한 문인 금문으로는 갓 즉위한 황제나 개선 장군이 행진하여 들어왔다. 시민의 환호를 받으면서 성 안으로 들어선 이들은 고급 상점이 즐비한 메세라는 대로를 통하여 몇 개의 포룸을 거쳐 황궁으로 향하였다.

마르마라해

제국을 지키는 성벽 이민족의 위협에 맞서 크리스트교 세계의 방패막이 역할을 하였던 콘스탄티노폴리스는 각종 방어 시설을 갖추고 있었다. 콘스탄티누스 황제에 이어 5세기 초에는 테오도시우스 2세가 이중, 삼중의 성벽을 쌓아 제국의 심장부를 지키려 하였다.

세계 상인들의 통로 동서 무역의 중심지답게 콘스탄티노폴리스에는 각지의 상인이 모여들었다. 아라비아 상인은 중국의 비단과 보석, 인도의 진주와 향료, 페르시아의 카펫을, 러시아 상인은 가죽과 노예를 들여왔다. 이탈리아 상인은 아마포와 에스파냐 융단을 가져왔고, 세르비아나 불가리아 상인도 들어왔다. 이들은 서로 상품을 교환하는 한편, 비잔티움의 비단과 보석 세공품을 요구하였다.

상업의 중심지, 포룸 콘스탄티노폴리스에는 여러 개의 포룸(공공 광장)이 있었는데, 전승 기념식이 열리는 콘스탄티누스의 포룸을 제외하면 모두 상업의 중심지였다. 비잔티움 사람들은 직업별로 단체를 만들어 활동하였다.

⊙ 비잔티움 제국의 심장, 콘스탄티노폴리스

330년에 로마 제국의 수도가 되면서 비잔티움은 콘스탄티노폴리스로 이름이 바뀌었고, 이후 1,000여 년간 크리스트교 세계를 대표하는 도시로 이름을 떨쳤다. 흑해와 지중해 사이의 바닷길과 유럽과 아시아를 연결하는 육지길이 교차하는 지리적 이점을 발판으로 동서 무역의 중심이 되어 크게 번영을 누렸다. 이탈리아의 베네치아나 제노바 상인들은 이 도시에서 활동할 수 있는 특권을 얻은 것을 바탕으로 지중해 무역을 지배하는 강자로 성장할 수 있었다.

테오도시우스 성벽

저수조

블라케른 궁전

콘스탄티누스 성벽

마르키아누스의 포룸

아나스타시우스의 포룸

발렌스 수도교

테오도시우스의 포룸

**비잔티움 미술의 보물 창고,
코라 수도원** 성벽 바로 안쪽에
자리 잡은 코라 수도원에는
비잔티움 미술을 대표하는
화려한 모자이크화와
프레스코화가 남아 있다.

골든혼

갈라타

콘스탄티누스의 포룸

궁전용 저수조

성 이레네 교회

등대

환궁

아크로폴리스

원로원

만가나 궁전

성 게오르기오스 교회

보스포루스 해협

로마의 전통을 이은 대경기장 비잔티움인들은
옛 로마 시민들처럼 대경기장에서 열리는 전차
경주에 열광하였고, 대경기장은 종종 시민들이
자신들의 의사를 표현하는 장소가 되기도 하였다.
유스티니아누스 대제를 위기에 몰아넣은
532년의 반란은 전차 경주 응원단 사이의
충돌에서 시작되었다.

콘스탄티노폴리스의 상징, 성 소피아 성당
532년에 반란으로 불탔으나 유스티니아누스
대제에 의하여 웅장하고 화려하게 재건되었다.
하늘을 상징하는 높이 54m, 지름 약 33m에
달하는 거대한 돔은 안에서 보면 창문으로
들어오는 찬란한 빛 때문에 마치 공중에 떠 있는
듯한 신비로움을 주었다고 한다.

비잔티움 제국의 영역 변화
6세기 유스티니아누스 대제 때
6세기 이후 여러 민족의 침입
9세기경
11세기경

롬바르드족
슬라브족과 아바르족
불가르족
라벤나
로마
서고트족
흑해
콘스탄티노폴리스
카르타고
아테네
사산 왕조 페르시아
지중해
다마스쿠스
알렉산드리아 예루살렘
이슬람 세력

비잔티움 제국의 성쇠 유스티니아누스 대제 이후 비잔티움 제국의 영토 변화를 보여 주는 지도이다. 비잔티움 제국은 6세기 후반 이탈리아를 잃어버렸는데 이 결과 로마 교회에 대한 영향력이 약해지게 되었다. 7세기에는 이슬람 세력에게 동부 지중해와 북아프리카의 영토를 잃어버렸고, 슬라브족과 아바르족, 불가르족의 약탈에 시달렸다. 그러나 비잔티움 제국은 군대와 사회를 개혁하여 그리스와 아나톨리아반도를 튼튼히 지켜내었고, 동부 지중해의 해상 무역을 주도하였다. 또한 슬라브족과 불가르족에게 그리스 정교 등 비잔티움 문화를 전파하였다.
한편, 아래 그림은 비잔티움의 해군이 '그리스의 불'이라는 일종의 화약을 이용하여 이슬람 군대를 물리치는 장면이다. 717년 콘스탄티노폴리스를 포위하였던 우마이야 왕조 군대는 가혹한 추위와 '그리스의 불'로 인하여 큰 타격을 받고 물러났다. 이후 튀르크족이 등장할 때까지 수백 년간 이슬람 세력은 콘스탄티노폴리스에 대한 공격을 포기하였다.

| 비잔티움의 저력 | 유스티니아누스 황제가 사망한 이후, 비잔티움 제국은 위기를 맞았다. 7세기 전반에 사산 왕조 페르시아의 침략을 가까스로 물리쳤지만, 곧바로 아라비아반도에서 일어난 이슬람 세력의 위협을 받았다. 무거운 세금과 계속되는 전쟁에 지친 사람들은 이슬람 군대를 '해방자'로 환영하기도 하였다. 가장 부유한 지역인 이집트와 시리아에 이어 북아프리카와 이베리아반도가 이슬람 세력에게 넘어갔다. 심지어 이슬람의 육해군이 몇 차례나 콘스탄티노폴리스 코앞까지 진격해 오기도 하였다.

그러나 이슬람의 거센 파도를 넘어 비잔티움 제국은 살아남았다. 병사들에게 땅을 나누어 주고 생활을 안정시킨 것이 효과를 발휘하였기 때문이다. 사기가 높아진 병사들은 자신들의 땅을 지키기 위하여 열심히 싸웠다. 이후 비잔티움 제국은 귀족이나 수도원의 대토지 소유를 견제하며 농민을 보호하려고 꾸준히 노력하였다.

10세기 후반 이후 비잔티움 제국은 다시 황금기를 맞았다. 북으로 불가리아 왕국을 정복하였고, 동으로 시리아를 넘어 예루살렘을 압박하였다. 경제도 발전하여 콘스탄티노폴리스는 동서 무역의 중심지로서 수십만의 인구를 자랑하였다.

| 동유럽에 전해진 비잔티움 문화 | 서로마 제국이 멸망한 후, 비잔티움 제국은 크리스트교 세계의 유일한 문명국이었다. 그들은 교육을 통하여 그리스와 로마의 문화와 전통을 보존하였으며, 이를 이슬람과 서유럽에 전파하였다. 서유럽인들이 믿던 크리스트교의 기본 교리 역시 비잔티움의 황제가 주도한 여러 종교 회의에서 가다듬은 것이었다.

그러나 시간이 흐르면서 서유럽은 비잔티움 제국을 자신들과 관련이 없는 그리스인들의 국가로 여기게 되었다. 로마 교황 역시 비잔티움 황제의 영향에서 벗어나려 하였다. 뒷날 로마 교회와 콘스탄티노폴리스 교회는 각각 '보편적인 교회 로마 가톨릭 교회', '바른 전통을 이은 교회 그리스 정교회'를 자처하며 갈라서고 말았다.1054

비잔티움 문화는 동유럽의 슬라브족에게도 영향을 미쳤다. 비잔티움 제국의 전도사들은 로마 교회와 경쟁하며 슬라브인들에게 크리스트교를 전하였고, 슬라브어에 맞는 문자를 만드는 데 기여하였다. 또한 키예프를 중심으로 막 탄생한 신생국 러시아는 비잔티움 제국을 통하여 크리스트교를 받아들이면서 나라의 힘을 키웠고, 15세기 중반 비잔티움 제국이 멸망한 다음에는 그 후계자를 자처하기도 하였다.

교회의 분열 콘스탄티노폴리스 교회는 황제를 정치와 교회의 최고 지배자로 인정한 반면, 로마 교회는 교회의 최고 지배자를 교황이라고 여겼다. 8세기에 벌어진 성상을 둘러싼 논란은 11세기에 결국 두 교회가 갈라서는 계기가 되었다. 그림은 성상 파괴를 명하는 황제 콘스탄티누스 5세.

키예프의 성 소피아 성당 키예프를 다스리던 대공 블라디미르가 10세기 말에 크리스트교로 개종한 이후, 11세기 초 그 아들대에 콘스탄티노폴리스의 성 소피아 성당을 본떠 건축하였다. 파뿌리 모양의 둥근 지붕이 솟은 러시아 풍의 건축물로서, 내부는 아름다운 모자이크화로 장식되어 있다.

2 또 하나의 크리스트교 세계, 서유럽

서유럽

서로마 제국이 멸망한 이후 혼돈을 겪던 서유럽은 9세기 무렵에 프랑크 왕국과 로마 교회가 협력하면서 비잔티움 제국의 그늘에서 벗어날 수 있었다. 이후 프랑크 왕국이 분열되고 노르만족 등 이민족이 침입하는 가운데, 서유럽은 지방 분권적인 사회로 변화해 갔다.

■ 가 볼 곳: 로마, 서유럽의 한 장원 ■ 만날 사람: 클로비스, 카롤루스 대제
■ 주요 사건: 클로비스의 개종, 카롤루스 대제의 대관, 봉건제의 성립

| 갈리아를 차지한 프랑크 | 서유럽 각지에 게르만 국가들이 들어서던 5세기 후반, 갈리아 지방에도 새로운 세력이 등장하였다. 라인강 너머에 살던 프랑크족이 서로마 군대를 물리친 것이다. 이들을 이끈 클로비스는 지략이 풍부한 사람이었다. 숫자도 많고 문화도 훨씬 앞선 로마계 원주민들을 잘 지배할 방도를 찾던 그는, 다른 게르만 국가들과 달리 크리스트교의 정통 교리를 받아들였다.

개종의 효과는 금세 드러났다. 갈리아 남부를 지배하던 서고트족을 공격하였을 때, 가톨릭교를 믿던 주민들은 그를 해방자로 환영하였고, 서고트족은 맥없이 이베리아반도로 쫓겨났다. 이름 없던 프랑크 족장이 순식간에 라인강에서 피레네산맥에 이르는 지역의 지배자로 등장한 것이다.

6세기 초의 게르만 왕국들

프랑크 왕국의 성립 옛 서로마 제국 땅에 들어선 게르만 왕국들은 대부분 오래지 않아 멸망하였지만, 갈리아에 자리 잡은 프랑크 왕국은 지속적으로 발전하였다. 갈리아는 이슬람 세력과 비잔티움의 공격 목표인 지중해 연안에서 한 발짝 떨어져 있는 데다가 프랑크족의 원거주지와도 가까워 프랑크 왕국이 성장할 수 있는 좋은 터전이 되었다. 프랑크 왕국은 점차 자신들의 전통과 로마의 문화를 버무린 새로운 문화를 일구어 나갔다.

프랑크 왕국의 영토

- 768년
- 814년
- 814년 당시 프랑크 왕국의 속지
- 비잔티움 제국의 영토
- 교황령

이슬람 세력을 물리친 카롤루스 마르텔
프랑크 왕국의 재상이던 카롤루스 마르텔은 732년에 피레네산맥을 넘어온 이슬람 군대를 물리쳤다. 그 뒤 프랑크 국왕의 자리는 그의 자손들에게 넘어갔다. 카롤루스 대제는 그의 손자이다.

⊙ 프랑크 왕국의 발전과 카롤루스 대제

8세기 이후 프랑크 왕국은 성장을 거듭하며 이 지역을 대표하는 국가로 떠올랐다. 특히 카롤루스 대제 때 피레네산맥에서 슬라브족이 살던 동유럽 사이의 넓은 지역을 차지하여 로마 교황으로부터 서로마 황제로 인정받았다. 그러나 그가 죽은 뒤 프랑크 왕국은 동부, 중부, 서부로 나뉘었고, 훗날 각각 독일, 이탈리아, 프랑스가 되었다.

│ **퍼져 나가는 십자가의 물결** │ 서유럽 교회는 게르만족이 밀려드는 혼란스러운 상황에 발 빠르게 대응하였다. 서로마 제국의 관리와 군대가 사라진 가운데 게르만족으로부터 도시를 보호하는 한편, 적극적인 전도 활동을 벌였다.

세속적인 삶을 떠나 경건한 수도 생활을 추구하는 공동체인 수도원이 그런 활동의 중심이었다. 옛 로마 제국의 변두리나 국경 너머에도 수도원들이 들어섰고, 이곳 수도사들이 다시 새로운 지역을 찾아 발길을 옮겼다. 그 결과, 크리스트교는 다신교를 믿는 주민이 대다수였던 농촌과 게르만족들 속에 뿌리를 내렸다.

예수의 수제자 베드로를 계승하였다고 자처해 온 로마 주교는 이 과정을 지원하며 권위를 높일 수 있었다. 서유럽의 많은 교회가 로마 주교를 모든 교회의 지도자, '교황'으로 받아들이게 되었다.

카롤루스 대제 14세기 작품으로 보석으로 장식되어 있으며, 카롤루스 대제가 왕실 예배당으로 건설한 아헨 대성당에 있다. 그는 아헨의 궁정에 유명한 학자들을 부르고, 수도원의 학문 활동을 장려하여 문화 부흥에 힘썼다.

| 서로마 황제, 카롤루스 대제 | 800년 12월 25일, 로마의 성 베드로 성당 안이 가볍게 술렁거렸다. 오늘날의 프랑스와 독일, 이탈리아 북부를 손에 넣은 서유럽 최고의 정복자, 프랑크 왕 카롤루스가 들어서고 있었기 때문이다. 그는 이탈리아에서 교황을 위협하던 세력을 없애고 제국 각지에 교회를 세운, 로마 교회의 버팀목이었다.

이윽고 카롤루스가 제단 앞에 무릎을 꿇자, 교황이 다가와 그의 머리에 관을 씌웠다. 그리고 오래전에 사라진 서로마 황제가 새롭게 탄생하였노라고 선언하였다. 놀람도 잠시, 교회 안은 순식간에 함성으로 가득 찼다. "카롤루스 아우구스투스, 하느님의 뜻으로 즉위하셨도다!"

비잔티움 황제는 야만족이 로마 황제가 될 수는 없다고 항의하였지만 소용없었다. 로마 교회와 프랑크 왕국의 협력 속에 서유럽은 이제 로마 제국을 계승한 또 다른 문명 세계로 가는 첫걸음을 내디뎠다.

이민족의 침입 9~10세기에 유럽을 침략한 이민족 가운데 가장 큰 영향을 끼친 것은 노르만족(바이킹)이었다. 노르웨이와 덴마크의 노르만족은 주로 서유럽 지역을 휩쓸었고, 일부는 서프랑크 왕국의 노르망디 지방에 눌러앉았다. 동쪽의 슬라브족을 공격한 스웨덴의 노르만족은 키예프 공국을 세웠으며, 이는 훗날 러시아로 발전하였다.

| 이민족의 침입과 봉건 제도의 성립 | 카롤루스 대제가 죽고 프랑크 왕국이 분열될 무렵, 서유럽은 다시 이민족의 침략을 받기 시작하였다. 동쪽에서는 유목민인 마자르족이, 지중해에서는 잠시 잠잠하던 이슬람 세력이 다시 공세를 취하였다. 그러나 더욱 파괴적인 것은 스칸디나비아반도에서 내려온 뱃사람들이었다. '바이킹'으로 불렸던 이들은 해마다 여름이면 영국과

프랑스의 해안을 약탈하였고, 나중에는 강을 거슬러 올라와 내륙까지 휩쓸었다.

100여 년에 걸친 이들의 침략이 수습된 10세기 중반, 서유럽의 지도는 크게 달라져 있었다. 특히 서프랑크 왕국 오늘날 프랑스 은 왕의 권력이 눈에 띄게 약화되고, 나라는 기사들이 다스리는 수많은 영지로 나뉘었다. 이름만 남은 왕은 이 세력들을 인정하고 충성을 약속받는 데 만족해야 하였다. 그리고 불쑥불쑥 나타나는 침략자들 앞에서 농민들은 성채와 무장을 갖춘 기사들의 보호를 받는 대신, 그들의 지배를 받아들였다. 이러한 부자유한 농민을 '농노', 이들에게서 부역과 세금을 걷고 재판까지 할 수 있게 된 지배자를 '영주'라고 한다. '봉건 제도'라고 부르는 이 정치 제도는 우여곡절을 겪으며 동프랑크 왕국과 영국 등 서유럽 주요 지역으로 퍼져 나갔다. 이제 서유럽은 정치적 분열과 크리스트교라는 정신적 통일성이 공존하는 세계가 되었다.

오토 대제 왕권이 약화된 서프랑크 왕국과 달리, 동프랑크 왕국의 오토 1세는 마자르족의 침략을 물리치고 잠시 비어 있던 서로마 황제의 관을 받았다(962). 훗날 이 나라는 신성 로마 제국으로 불리며 지금의 독일과 오스트리아, 체코 등지를 다스렸다.

봉건제 영주는 자신보다 힘이 센 국왕이나 제후를 섬기며 그들과 주군-가신의 관계를 맺었지만, 주군도 가신의 영지(장원) 지배에 간섭할 수는 없었다. 이러한 제도가 점점 널리 퍼지면서 11세기 이후 서유럽은 수많은 가신(영주)이 제각기 영지를 다스리는 지방 분권 사회로 변화해 갔다.

영주와 농노

영주가 지배하는 마을, 장원의 모습이다. 영주는 사냥이나 무예 훈련으로 시간을 보냈고, 유사시에는 성채를 중심으로 하급 기사들과 함께 장원을 지켰다. 그 대가로 농노는 1주일에 3, 4일씩 영주의 영토를 경작해야 하였고, 각종 세금에 시달렸다. 그들은 영주의 허락 없이는 장원을 떠날 수도 결혼을 할 수도 없었다. 곡식을 빻거나 빵을 구울 때에도 영주의 방앗간과 빵가마를 이용하고 그 이용료를 내야 하였다. 농사를 짓고, 필요한 농기구와 옷가지까지 직접 만들어야 하였던 농노의 삶은 그림처럼 고된 노동의 연속이었다.

국왕 또는 제후

주군 / 가신

영주(기사)

가신 / 주군

하급 기사

영주의 숲

영주의 성채

영주의 방앗간

교회

농노들의 집

영주의 빵가마

다리 통행료 징수소

3 서유럽의 영혼을 지배한 가톨릭교

서유럽

영주의 세력권으로 잘게 나뉜 서유럽을 하나로 묶어 낸 것은 가톨릭 교회였다. 교회는 기사나 농민 같은 당시 사람들의 생활과 정신 세계를 지배하였다. 11세기 말 이후 서유럽인들은 교황의 주창에 따라 예루살렘을 향한 대규모의 십자군 전쟁을 일으켰다.

■ 가 볼 곳: 카노사 성, 파리 인근 장원   ■ 만날 사람: 교황 그레고리우스 7세, 교황 우르바누스 2세   ■ 주요 사건: 교회 개혁 운동과 카노사의 굴욕, 십자군 전쟁

| **황제를 굴복시킨 교황** | 1077년, 알프스 산중의 카노사성. 한 사내가 차디찬 겨울 바람을 맞으며 성문 앞에 맨발로 엎드려 있었다. 교황 그레고리우스 7세의 용서를 구하려는 신성 로마 제국의 황제 하인리히 4세였다. 황제가 교황의 운명을 좌지우지하던 예전 상황을 생각해 보면, 이는 놀라운 사건이었다. _{카노사의 굴욕}

이민족의 침입이 줄을 잇던 9세기 이후, 교회는 무력을 갖춘 황제나 국왕, 영주의 보호를 받았다. 막대한 토지와 재산을 갖고 있던 교회로서는 어쩔 수 없는 선택이었다. 그러나 이들이 성직자의 임명까지 좌우하게 되면서, 자격 없는 성직자가 늘어나는 등 교회는 점점 타락해 갔다.

11세기에는 이에 대한 반성으로 교회 개혁 운동이 활발하게 일어났다. 카노사의 굴욕은 이 와중에 일어난 사건이었다. 개혁을 이끌던 그레고리우스 7세는 황제나 국왕이 주교와 수도원장을 임명하는 행위를 금지하였다. 그리고 여기에 반발하는 황제를 '파문하겠다!'고 위협하여 굴복시켰다.

굴욕적인 사과로 위기를 모면한 하인리히 4세는 훗날 그레고리우스 7세를 교황 자리에서 쫓아냈다. 하지만 교황이 황제를 굴복시킨 사건은 잊혀지지 않아, 교황의 권위와 위엄이 크게 높아졌다. 교황은 그 뒤 200여 년간 종교와 정치 양면에서 막강한 힘을 과시하였다. 당시 유행하던 '교황은 해, 황제는 달'이라는 비유는 이러한 사정을 상징하는 것이었다.

클뤼니 수도원 11세기 교회 개혁 운동의 선두에 섰다. 황제나 국왕, 영주의 지배에서 벗어나자는 클뤼니 수도원의 주장은 수백여 수도원의 지지를 받았다. 교황 그레고리우스 7세 역시 이 수도원의 수도사 출신이었다.

| 어느 농노의 일요일 | 9세기 초반 가을, 파리 근처 한 영지의 오두막. 아침을 보리죽으로 해치운 에멘트루드는 남편 보도와 함께 교회로 향하였다.

허름한 목조 교회의 문을 열고 들어가자, 드문드문 앉아 있는 사람들 사이로 멀리 신부님이 보였다. 그녀의 혼인 성사를 주관하고, 세 아이들에게 세례를 준 사람이기도 하였다.

이윽고 미사가 시작되자, 신부님은 풍성한 수확에 대한 감사의 기도를 올리고, 설교를 하였다. 늘 듣던 최후의 심판에 관한 이야기였지만, 직접 본 듯 생생한 신부님의 말에 에멘트루드는 자기도 모르게 몸을 떨었다. 교회 정문 위 조각에서 본, 천사의 손에 이끌려 지옥으로 가는 사람들의 고통스런 모습에 자신의 모습이 겹쳐지는 착각을 느꼈기 때문이다.

이렇듯 글도 모르고 평생 마을을 떠나 본 적도 없는 농민들에게 신부의 설교는 세상을 바라보는 창이었다. 신부는 농사가 시작될 때면 마을의 밭을 돌며 풍년을 기원하고, 농민들의 탄생, 혼인, 죽음에 이르는 삶의 과정을 신과 연결시키는 중재자였다. 사람들은 곧 있을 세상의 종말과 최후의 심판을 두려워하며 교회를 통하여 구원을 얻으려 하였다.

최후의 심판 왼쪽은 장원 관리인의 감독 아래 영주의 땅에서 일하고 있는 농민들의 모습이다. 오른쪽은 프랑스에 있는 성 라자르 성당 정문 위, 최후의 심판을 묘사한 조각의 일부로, 천사가 칼을 휘두르며 죄인들을 지옥으로 내모는 모습이다. 교회는 이러한 상징들을 통하여 사람들의 의식을 지배하였고, 농민들은 자신의 처지에 만족하며 사는 것이 구원에 이르는 길이라고 생각하였다.

│ 하느님의 칼과 방패 │ 1093년 프랑스 캉브레의 교회, 이제 막 소년 티를 벗은 듯한 젊은이가 영주 앞에 섰다. 영주가 그에게 칼과 박차를 수여하자, 같이 있던 주교가 창과 군기와 칼에 성스러운 물을 뿌리며 축복하였다. "주님, 전쟁을 위하여 마련한 이 군기를 천상의 축복으로 신성하게 하소서. 그리하여 크리스트교도의 적들에게 두려움을 더하게 하소서. 당신의 종이 허리에 찰 이 칼을 축복하소서. 그리하여 그것이 교회를, 과부와 고아를, 하느님을 섬기는 모든 사람을 사나운 적들로부터 보호하고 지키게 하시어……." 한 젊은이가 정식 기사이자 크리스트교 전사로 탄생하는 순간이다.

이민족의 침입이 잦아든 10세기 중엽 이후에도 서유럽 사회는 여전히 어수선하였다. 영주^{기사}들의 행패 때문이었다. 그들은 농촌을 약탈하였고, 다른 기사를 포로로 잡아 몸값을 뜯었다. 무기도 없는 사람을 공격하는 일도 심심찮게 일어났다. 그들을 주군과 가신으로 묶어 준 봉건 제도도 이러한 싸움을 말릴 수 없었다.

이때 나선 것이 교회였다. 기사들에게 교회에 헌신하고 여성을 존중하며 과부나 고아 같은 약자를 보호하라고 가르친 것이다. 나아가 교회는 이교도를 상대로 성전에 나설 것을 적극 권유하였다. 이슬람 세력이 차지하고 있던 이베리아반도와 예루살렘을 공격할 십자군을 일으키자고 호소한 것이다. 교황은 십자군에 참여한 사람들에게 죽은 뒤의 세계에서 받게 될 형벌을 면제해 준다는 면벌부를 내리기도 하였다.

기사와 교회 기사들의 생활도 여러 면에서 크리스트교의 영향을 받았다. 그들은 크리스트교 전사로 행동하라는 성직자의 축복 속에 기사 임명식을 치렀다. 가장 큰 오락거리였던 마상 창 시합에서 집단으로 맞붙어 사망자가 속출하던 모습도 점차 사라졌다. 그뿐만 아니라 교회가 내건 구원의 약속을 믿고 앞다투어 예루살렘으로 순례(십자군 전쟁)를 나섰다.

| **예루살렘을 향하는 십자군의 깃발** | 1095년 프랑스의 작은 마을 클레르몽, 교황 우르바누스 2세는 새로이 이슬람 세계의 주인이 된 셀주크 튀르크족을 성지 예루살렘에서 몰아내자고 호소하였다. 그의 연설은 이내 "하느님이 우리를 부르신다!"라는 사람들의 환호에 파묻혔다.

이후 서유럽 각지에서 잘 무장한 기사와 가난한 농민, 아직 앳된 소년 할 것 없이 다양한 사람들이 모여들었다. 이른바 십자군 전쟁이 시작된 것이다. 1096년에는 '거지 십자군'으로 불린 1만여 명의 가난한 사람들이 예루살렘으로 출발하기도 하였다. 그들은 예루살렘이 어딘지도 몰랐지만, 자신들이 이교도를 몰아낼 신의 도구로 선택받았다는 열정에 들떠 있었다. 그 뒤 200여 년간 서유럽인들은 여덟 차례에 걸쳐 십자군 전쟁을 일으켰다.

클레르몽 종교 회의(1095) 비잔티움 황제의 구원 요청을 받은 교황 우르바누스 2세는 프랑스의 클레르몽에서 종교 회의를 열어 십자군 전쟁을 제안하였다. 요청받은 대로 아나톨리아반도의 회복을 돕는 것이 아니라, 예루살렘을 정복하여 그리스 정교회까지 자신의 영향력 아래 두려는 목적이었다.

십자군 전쟁

1096년의 제1차 십자군은 아나톨리아반도를 가로질러 예루살렘으로 향하였다. 이들은 셀주크 튀르크의 내분을 틈타 안티오크를 비롯한 시리아 일대와 예루살렘을 정복하고 크리스트교 국가를 세웠다. 그러나 이슬람 세계의 반격을 받아 크리스트교 국가들은 차례로 멸망하였고, 1187년에는 예루살렘도 다시 빼앗겼다. 서유럽인들은 1270년까지 여러 차례 더 십자군을 일으켰으나 소용이 없었다.

십자군이 세운 나라
십자군 최후의 보유지(~1291)

에데사 백국
에데사
소아르메니아 왕국
타르수스
안티오크
키프로스 왕국
토르토사
안티오크 공국
트리폴리
베이루트
트리폴리 백국
시돈
다마스쿠스
티루스
셀주크 튀르크
아콘
예루살렘 왕국
예루살렘
파티마 왕조
카이로

'성전'의 숨겨진 모습 십자군 전쟁에 나선 서유럽인들의 가슴 속에는 이슬람 교도에 대한 증오와 부유한 비잔티움 제국이나 이슬람 세계에 대한 동경이 뒤섞여 있었다. 그리하여 제1차 십자군은 안티오크와 예루살렘 등지에서 이슬람 교도를 무자비하게 살육하였고, 제4차 십자군은 잿밥에 눈이 멀어 비잔티움 제국의 수도 콘스탄티노폴리스를 약탈하였다.

쾰른
마인츠
파리
밀라노
베네치아
클레르몽
제노바
툴루즈
피렌체
콘스탄티노폴리스
로마
에데사
튀니스
안티오크
지 중 해
예루살렘

십자군 전쟁 발발 당시 종교 분포
로마 가톨릭교
그리스 정교회
이슬람교

십자군 진행 당시 서유럽의 침입로
제1차(1096~1099)
제4차(1202~1204)
제8차(1270)

이러한 열띤 참여에는 이민족의 침입이 가라앉은 뒤 서유럽 사회가 점차 힘을 회복하게 된 것, 많은 사람들이 부유한 동방에 가서 한몫 잡겠다는 생각을 한 것 등 다양한 원인이 작용하였다. 그렇다고 해도 이런 대단한 호응은 평생을 교회와 함께 살아갔던 서유럽 사람들의 삶을 반영하는 것이었다.

13세기 말, 십자군 전쟁은 결국 서유럽의 패배로 끝났다. 전쟁을 주창한 교황과 전쟁에 참여한 기사들의 힘은 크게 약화되었다. 이는 서유럽 각국이 국왕을 중심으로 국가를 통합하는 데 도움이 되었다. 또한 문화와 경제 면에서 앞서 있던 비잔티움 제국이나 이슬람 세계와 접촉하게 되면서 서유럽인들의 시야가 넓어졌고, 상업과 도시의 발전에도 큰 자극이 되었다.

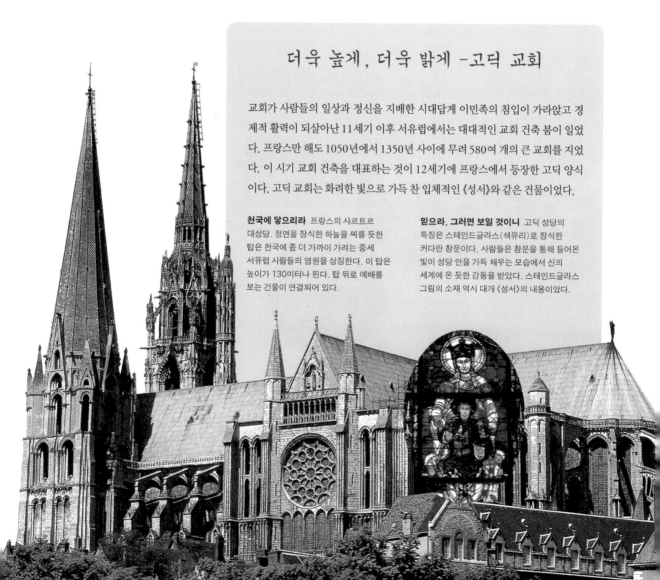

더욱 높게, 더욱 밝게 - 고딕 교회

교회가 사람들의 일상과 정신을 지배한 시대답게 이민족의 침입이 가라앉고 경제적 활력이 되살아난 11세기 이후 서유럽에서는 대대적인 교회 건축 붐이 일었다. 프랑스만 해도 1050년에서 1350년 사이에 무려 580여 개의 큰 교회를 지었다. 이 시기 교회 건축을 대표하는 것이 12세기에 프랑스에서 등장한 고딕 양식이다. 고딕 교회는 화려한 빛으로 가득 찬 입체적인 《성서》와 같은 건물이었다.

천국에 닿으리라 프랑스의 샤르트르 대성당. 정면을 장식한 하늘을 찌를 듯한 탑은 천국에 좀 더 가까이 가려는 중세 서유럽 사람들의 염원을 상징한다. 이 탑은 높이가 130미터나 된다. 탑 뒤로 예배를 보는 건물이 연결되어 있다.

믿으라, 그러면 보일 것이니 고딕 성당의 특징은 스테인드글라스(색유리)로 장식한 커다란 창문이다. 사람들은 창문을 통해 들어온 빛이 성당 안을 가득 채우는 모습에서 신의 세계에 온 듯한 감동을 받았다. 스테인드글라스 그림의 소재 역시 대개 《성서》의 내용이었다.

성모 마리아에서 마녀까지

마녀 사냥 이른바 '마녀'를 가려 내는 방법은 다양하였다. 한 가지 공통점이라면, 고문을 활용한다는 점이었는데, 그림에서도 여성의 손발을 묶어 놓고 한없이 물을 먹이고 있다.

"혐의자의 손과 발을 묶은 뒤에 강물이나 물통에 세 번을 담그는 것으로 시험한다. 혐의자가 수면 위로 떠오르면 마녀이고, 반대로 오랫동안 물속에 가라앉아 있으면 마녀가 아니다. 그런데 죽지 않은 이상 수면 위로 떠오를 수밖에 없다. 호흡하지 못하는 상태에서 가스가 몸에 차올라 자연스레 몸이 떠오를 것이기 때문이다."

-오성근, 《마녀 사냥의 역사》-

크리스트교는 본질적으로 남녀 모두가 신의 창조물로서 여성도 충분히 가치 있는 존재임을 분명히 하였다. 성모 마리아의 이미지는 고귀한 여성상을 제시하였고, 각지에 들어선 수녀원은 여성을 위한 교육 기관이 되어 성인으로 추앙받는 수녀나 유명한 학자들을 많이 배출하였다.

그러나 크리스트교 가치관에 의하여 여성의 모습이 심하게 왜곡되기도 하였다. 《성서》를 보면, 처음으로 죄를 지은 사람은 여성인 하와(이브)이다. 그래서 당시에는 교회와 남성들이 남성을 유혹하는 악한 존재인 여성을 지배해야 한다는 생각이 대부분이었다.

이런 사고방식에서 생겨난 것이 바로 '마녀'라는 비현실적 존재이다. 마녀는 크리스트교가 전파되고 교회의 우월성이 강조되면서 나타나기 시작하였고, 십자군 전쟁이 실패로 끝나면서 더욱 늘어났다. 교회는 자신들에게 반기를 든 사람들을 마녀로 몰았고, 당시 사회를 괴롭히던 갖가지 어려움을 마녀 탓으로 돌렸다. 특히 노파나 하녀, 홀로 사는 과부 같은 힘없는 여성들이 마녀로 몰렸다. '마녀사냥'이라고 부르는 이것은 종교가 권력으로 둔갑하여 특권을 유지하려는 순간, 잉태되는 비극의 단면이라 할 수 있다.

성모 마리아 예수를 낳은 여성인 마리아는 수많은 사람이 숭배하는 대상이다. 그림은 16세기 이탈리아 화가 라파엘로의 〈대공의 성모〉.

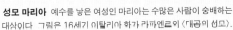

135

4 도시와 함께 발전한 중앙 집권 국가

서유럽

11세기 이후 상공업이 발달하면서 세력이 커진 부르주아지 계층은 자신들의 이익을 위하여 국왕을 지지하였다. 이들의 지원을 받은 국왕은 관리와 용병을 고용하며 권력을 강화하였고, 신분제 의회에 이들을 참여시키기도 하였다.

■ 가 볼 곳: 피렌체, 시에나　■ 만날 사람: 에드워드 1세, 잔 다르크
■ 주요 사건: 서유럽의 의회 출현, 백년 전쟁

│ **성 안 사람들, 부르주아지** │ 14세기 전반 이탈리아의 피렌체는 빽빽한 집과 수많은 사람들로 북적댔다. 피렌체를 살찌운 것은 모직물 공업과 무역이었다. 자욱한 먼지 속에 양털을 다듬는 노동자, 양털을 가져다가 실을 잣는 아낙네, 이 실로 직물을 짜는 직포공 등 전체 인구의 3분의 1에 달하는 3만여 주민이 모직물 공업으로 생계를 꾸렸다. 또한 양털을 사들이고 모직물을 내다 파는 상인들이 지중해 곳곳을 누볐다.

11세기 이후 서유럽에서는 이민족의 침입과 약탈 속에 가라앉아 있던 상업과 수공업이 다시 기지개를 켜기 시작하였다. 장사를 하며 각지를 돌아다니던 상인들은 점차 교통이 편리한 지역이나 영주의 성 주위에 눌러앉았고, 여기에 수공업자들이 더해졌다. 이런 곳에는 얼마 지나지 않아 상인과 수공업자의 마을을 지키는 새로운 성이 들어섰고, 도시의 모습이 갖추어졌다. 상공업자들은 이제 '부르그성' 안에 산다는 뜻에서 '부르주아지'로 불리게 되었다. 대부분의 도시는 2,000~3,000명이 거주하는 작은 읍 크기에 불과하였지만, 몇몇 도시는 피렌체와 같이 수만 명의 인구를 자랑하는 대도시로 발전하였다.

부르주아지들도 처음에는 농노처럼 영주의 지배를 받았다. 그러나 상공업에 종사하는 그들에게는 이동할 수 있는 자유와 그에 걸맞은 법률이 필요하였다. 점점 부유해진 부르주아지들은 도시를 운영할 수 있는 자치권을 돈으로 사거나 투쟁을 통하여 얻어 냈다. 부르주아지들은 장원의 영주나 농노와 함께 서유럽 사회의 주요한 구성원이 되었다.

상업 도시
중세 해상로
13세기 말에 새로 열린 해상로
주요 육로
이탈리아 북부
상파뉴 지방
플랑드르 지방

13세기 말 상업 도시 10세기경부터 이탈리아의 도시는 콘스탄티노폴리스와 이슬람 세계를 통해 들여온 아시아의 향료와 비단 같은 사치품을 교역하여 큰 이익을 얻었다. 이탈리아 북부와 플랑드르 지방에는 피렌체나 브뤼헤 같은 품질 좋은 모직물을 생산하는 도시가 발달하여 무역에 힘을 보탰다. 이 지역 상인들은 처음에 육로를 통하여 프랑스 상파뉴의 정기 시장에서 만났으나, 13세기 말부터는 바닷길을 통하여 직접 교류하였다.

도시의 성장

14세기 화가 로렌체티의 〈시에나의 우화〉의 일부로서, 10세기경부터 대규모 무역과 금융의 중심지로 발전한 이탈리아 시에나의 모습을 그렸다. 건물들이 즐비하게 들어선 성 안과 농사짓는 성 밖의 전원 풍경이 대조적이다.

오른쪽부터 보면, 멧돼지와 곡식을 팔러 성으로 향하는 농민들의 모습이 보이고, 성 안쪽 입구에 노새의 등에 양털을 싣고 온 사람, 아래쪽에 산양 떼를 몰고 가는 사람이 보인다. 왼쪽에는 신발 가게와 학교, 선술집이 들어선 건물이 있다. 그 건물 뒤로 멀리 바구니에 벽돌을 날라 집을 짓는 인부들도 보인다. 상공업에 기반을 두고 주변 농촌 사회의 중심으로 성장하고 있는 도시의 모습이다.

동업 조합 길드의 등장 13세기에 플랑드르 지방의 이프르에 들어선 직물 조합 회관으로, 직물 조합의 경제력이 만만치 않았음을 보여 준다. 당시 상인이나 수공업자들은 동업자끼리 조합을 만들어서 자신들의 이익을 지키려 하였는데, 이를 길드라고 하였다.

영국의 모범 의회 1295년 에드워드 1세가 소집한 모범 의회. 에드워드 1세는 프랑스와 치를 전쟁 비용을 마련하기 위하여, 즉 세금을 걷기 위하여 귀족과 고위 성직자, 각 주를 대표하는 하급 기사와 자치 도시의 시민 대표로 구성된 의회를 소집하였다. 이후 의회는 점점 통치에 필수적인 기구가 되었다. 특히 조세 징수 문제는 의회의 동의가 필요한 사안이라고 여기게 되었다.

| 부르주아지, 의회에 참여하다 | 상업과 도시의 발전은 국왕이나 대제후가 권력을 강화할 수 있게 하였다. 그들은 새로운 세금을 걷을 수 있었고, 그 돈으로 용병과 관리를 고용하여 영주들을 제압하였다. 독일과 이탈리아에서는 대제후와 큰 도시들이 독립된 세력권을 형성한 반면, 영국과 프랑스에서는 국왕을 중심으로 통합이 진전되었다.

이러한 협력을 통하여 부르주아지도 이익을 얻었다. 그들은 여러 영주들 대신 국왕 한 사람에게만 세금을 바치고도 독점적인 상업 활동을 보장받을 수 있었고, 나아가 정부의 관리가 될 수도 있었다.

13, 14세기에 서유럽 각지에서 등장한 신분제 의회는 이러한 변화를 상징하였다. 주군인 국왕에게 조언을 해 줄 의무를 지녔던 영주나 고위 성직자 외에도, 새로 도시의 대표들이 의회에 참석하였기 때문이다. 영국에서는 각 도시마다 두 명씩의 대표를 의회에 파견하였고, 프랑스 왕은 성직자와 귀족, 평민 대표가 참여하는 의회^{3부회}를 열었다. 이슬람교도와 한창 싸움 중이던 이베리아반도의 여러 왕국들도 대표 파견을 도시에 요청하였다. 이후 신분제 의회는 국왕을 중심으로 나라를 통합하려는 움직임이 진전되는 가운데, 왕권을 강화하거나 각 신분의 이익을 지키는 기구로 발전해 나갔다.

| 중앙 집권 국가가 발전하다 | 의회의 성립과 더불어 프랑스의 왕위 계승을 둘러싸고 영국과 프랑스가 벌인 오랜 전쟁^{1337~1453, 백년 전쟁}도 사회를 크게 바꾸어 놓았다. 특히 초기부터 전쟁터가 되어 버린 프랑스의 괴로움은 컸다. 여러 차례의 패배와 영국 용병들의 약탈, 막대한 전쟁 비용이 프랑스인들을 괴롭혔다.

이러한 상황에서 혜성처럼 등장한 소녀가 잔 다르크였다. 영국군을 몰아내라는 천사의 계시를 받았다고 확신한 이 시골 소녀의 활약 덕택에, 프랑스군의 사기가 크게 높아졌던 것이다. 프랑스군은 결국 영국군을 몰아내고 오늘날 프랑스 영토를 대부분 회복하였다.

승리 이후 프랑스에서는 국왕 중심의 정치 체제가 더욱 굳어졌다.

국왕은 전쟁의 와중에서 많은 세금을 걷을 수 있는 권리를 얻었고, 이를 이용하여 서유럽에서 최초로 상비군을 만들고 정부를 운영할 관리들을 임명하였다.

한편 백년 전쟁에서 패한 영국에서도 왕권은 강화되었다. 귀족들 사이에서 30년에 걸친 대규모 전쟁이 또다시 일어났기 때문이다. 수많은 귀족이 몰락한 반면, 대상인과 지주들이 국왕을 중심으로 사회가 안정되기를 바라면서 왕의 권력은 크게 성장하였다. 비슷한 시기 이베리아반도에서도 이슬람 세력과의 전쟁을 이끌던 국왕들을 중심으로 포르투갈과 에스파냐 왕국이 건설되었다.

서유럽을 잘게 나누었던 영주들의 세력이 약화되면서, 이렇게 국왕을 중심으로 한 중앙 집권 국가가 등장한 것이다. 이후 국왕들은 자신들을 후원하였던 상인 세력을 지원하여 새로운 경제적 번영을 노리게 되었다.

백년 전쟁의 영향 노르망디 공작 윌리엄이 영국을 정복한 이후, 영국 국왕은 프랑스 내에 많은 영토를 가졌다. 그러나 백년 전쟁에서 패하면서 영국 왕은 칼레를 제외한 대륙 내 영토를 모두 잃어버렸다. 이런 가운데 프랑스는 국토의 통일을 기할 수 있었고, 영국 역시 섬나라라는 자기 인식이 더욱 강화되었다.

1429년 오를레앙 전투 당시 영국의 영토
1453년 백년 전쟁 이후 프랑스의 영토
1492년 에스파냐 왕국

에스파냐 왕국의 탄생 8세기 이래 이베리아반도는 대부분 이슬람 세력이 지배하였다. 그러나 11세기 이후 크리스트교 국가들이 공격하면서, 이슬람 세력은 계속 남쪽으로 밀려 내려갔다. 이베리아반도의 대표적 크리스트교 왕국인 카스티야의 이사벨라와 아라곤의 페르난도가 결혼하여 탄생한 에스파냐 왕국은, 1492년에 이슬람 세력의 마지막 거점이었던 그라나다를 점령하였다. 사진은 그라나다 알람브라 궁전의 조각으로, 그라나다로 입성하는 이사벨라와 페르난도의 모습이다.

인간과 자연에 대한 찬미, 이탈리아의 르네상스 미술

르네상스에 빠진 교회 바티칸의 성 베드로 대성당에 있는 미켈란젤로의 조각품 〈피에타〉. 고요함 속에도 사랑하는 아들의 죽음을 맞은 마리아의 애절함이 배어 있다. 그러나 이러한 걸작으로 꾸며진 교회의 이면에는 수많은 사람의 고통이 스며 있었다. 1517년 루터의 종교 개혁은 가톨릭의 사치와 무리한 재정 조달에 대한 비판에서 출발하였다.

자연과 인체에 대한 관찰 르네상스 시기 미술가들은 인체를 해부하여 근육을 관찰하였고, 평면에 입체감을 주기 위하여 원근법과 명암법을 그림에 도입하였다. 레오나르도 다빈치가 피렌체의 한 부유한 상인의 아내를 모델로 하여 그린 〈모나리자〉는 볼 때마다 느낌이 조금씩 다르다. 눈가와 입가의 윤곽선을 일부러 흐릿하게 처리하여 어느 각도에서 보는가에 따라 다른 느낌을 주도록 여지를 두었기 때문이다.

◎ 르 네 상 스

14, 15세기에 지중해 무역으로 재산을 모은 이탈리아의 부르주아지들은 자신들의 현실에 자부심을 느꼈다. 그들에게는 '내세의 구원'과 함께 '현세의 행복' 역시 가치 있는 일이었다. 부르주아지들은 삶을 더욱 풍성하게 해 줄 예술을 후원하는 데 힘을 쏟았다.

　이런 가운데 15, 16세기 이탈리아의 미술가들은 생명력 있고 균형 잡힌 인체의 아름다움을 조각과 그림에 적극적으로 표현하였다. 그리스-로마 문화의 가치를 재발견하는 데서 출발하였다는 의미에서 '부활(르네상스)'이라고 부르는 동향이 출현한 것이다. 이후 막대한 재산을 가진 교황까지 예술을 지원하여 교회의 안팎을 장엄하고 화려하게 꾸미면서, 르네상스는 전성기를 누렸다. 그러나 교회의 풍요와 사치가 커 갈수록 교회에 대한 사람들의 불신과 불만도 커졌다.

미켈란젤로의 〈천지 창조〉 바티칸의 성 시스티나 성당 출입구를 들어서면, 인간 군상이 천장과 벽면 가득히 파노라마처럼 펼쳐진다. 천지 창조에서 노아의 방주까지《성서》의 이야기를 생생하고 역동적으로 그려 놓았다. 폭 13~14미터, 길이 40미터에 이르며, 그림 속 수많은 인물 하나하나가 섬세하고 사실적이다.

어른 되는 방법, 칼 받고 서약하기

견습 기사 이제 막 견습 기사가 된 소년들이 열심히 검술을 익히고 있다.

"이 칼을 받으라. 그대는 이제 기사로 봉해졌노라."

"기사도 정신을 잊지 않고 항상 신앙을 위해 싸울 것을 서약합니다."

이번에는 중세의 성 안으로 들어가 보자. 한 건장한 청년이 지금 막 기사로 임명되었다. 이 청년은 일곱 살 때부터 영주의 성에 들어가 다른 소년들과 함께 승마와 검술을 익히며 갖가지 잡일도 하였다. 열네 살 때부터는 견습 기사로서 스승에게 한층 더 심한 훈련을 받았다. 그러다가 스무 살이 된 지금, 비로소 임명식을 통하여 칭호를 수여받고 어엿한 기사가 되었다. 청년은 고생한 세월을 돌아보며 남다른 감회에 젖어 있을 것이다.

스승의 심부름 기사가 되기 위해서는 잔심부름도 도맡아야 하였다.

기사 임명식은 게르만인들의 성인식에서 출발하였다. 그러나 점차 교회의 영향이 커져 복잡한 형식을 갖춘 종교적 의식이 되었다. 따라서 임명식을 마치고 정식 기사가 된 청년은 크리스트교 신앙을 위해 싸워야 하였으며, 사회·도덕적인 법도를 철저히 지키겠다는 서약도 해야 하였다. 이렇게 함으로써 청년은 책임 있는 사회 구성원이 되었다.

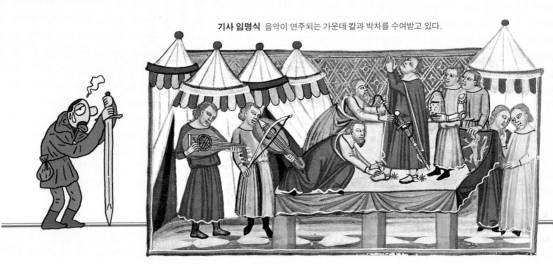

기사 임명식 음악이 연주되는 가운데 칼과 박차를 수여받고 있다.

사냥 기사들은 종종 사냥이나 마상 경기를 하며 여가를 보냈다.

6

영혼의 강 인도, 바다로 열린 동남아시아

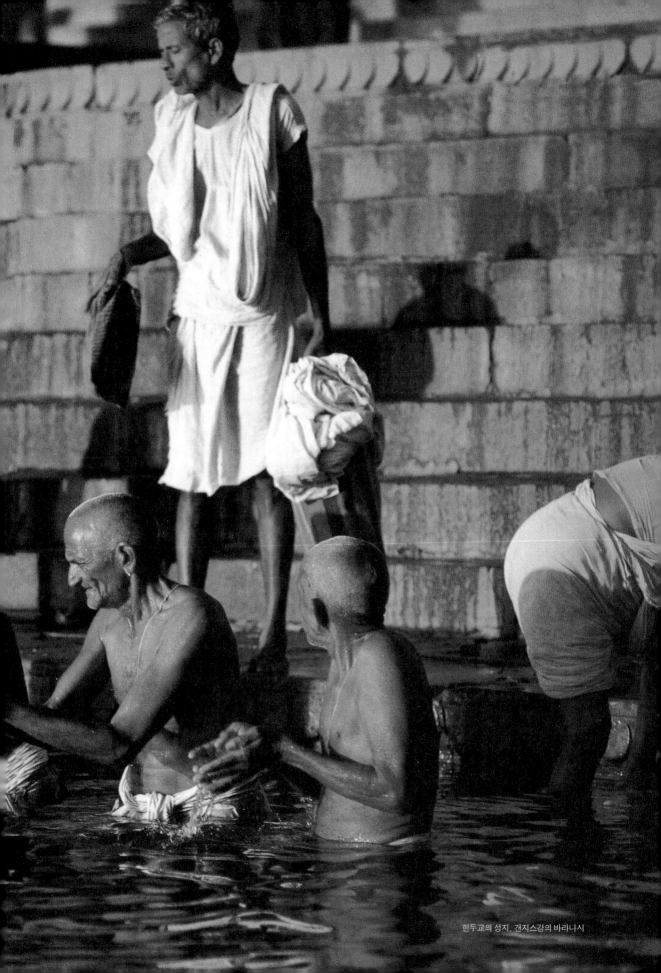

힌두교의 성지, 갠지스강의 바라나시

다양한 종교와 민족이 어우러져 사는 인도.
유럽과 맞먹는 영토에서 복잡한 역사를
함께하며 인도는 커다란 문화의 강을
이루었다.

그 물줄기가 이웃 세계를 굽이치며 메마른
삶을 적시고, 풍부한 문화를 일구어 냈다.
인도와 맞닿은 동남아시아는 밀림과
바다를 누비며 또 다른 문명을 이룩하고
맵시 있는 솜씨를 더하였다.

강을 따라 바다로 이어진 뱃길은 수많은
물자로 넘실거렸고, 동서양의 장사치들은
희망찬 미래를 싣고 출렁거렸다.

기원전 600	6세기 스리랑카 건국
기원전 200	2세기 인도, 아잔타 석굴 건축 시작, 남인도에 촐라·체라·판디아 왕조 성립 111 중국 한, 베트남 북부 왕조 공격 및 지배(이후 안남) 40 안남의 쯩 자매, 중국에 항거
200	200년경 베트남 남부에 참파 왕조 성장 320 인도, 굽타 왕조 건국 385년경 굽타 왕조, 찬드라굽타 2세 즉위
400	5세기 인도, 엘로라 석굴 사원 건축 시작
600	7세기 수마트라섬에 스리위자야 왕국 성장 8세기 자와섬에 샤일렌드라 왕국 성장
800	9세기 남인도 촐라 왕조 재건, 캄보디아의 앙코르 왕조 푸난에서 독립 962 아프가니스탄 지역에 가즈니 왕조 건국
1000	1001 가즈니 왕조, 북인도 원정 1025 촐라 왕조, 스리위자야 공격 1193 구르 왕조, 델리 점령
1200	1206 북인도에 델리 술탄 왕조 등장

1 힌두 세계의 울타리를 세우다

북인도

마우리아 왕조 이후, 인도는 분열된 가운데 쿠산, 굽타 왕조가 등장하였다. 쿠산 왕조는 대승 불교를 발달시켜 불교의 대중화를 이끌었고, 굽타 왕조는 안정된 국력을 바탕으로 인도 문화의 기틀을 다졌다. 굽타 왕조 시대에는 힌두교가 널리 유행하였고, 카스트 제도가 강화되어 신분 관념을 더욱 굳혀 놓았다.

■ 가 볼 곳: 아잔타 석굴, 엘로라 석굴 ■ 만날 사람: 카니슈카 왕, 찬드라굽타 2세
■ 주요 사건: 힌두교 발생

| 큰 수레에 중생을 싣고 | 마우리아 왕조가 무너진 후, 인도는 통일보다 분열이 자연스러운 시기를 보냈다. 넓은 인도를 통일할 막강한 세력은 나타나지 않았고, 끊임없이 이민족이 쳐들어 왔다. 이 가운데 중앙아시아에서 넘어온 쿠샨족이 북인도의 대부분을 차지하면서 쿠샨 왕조를 열었다.

서기 100년 전후 카니슈카 왕 때 전성기를 맞이한 쿠샨 왕조는 인더스강을 발판으로 홍해와 지중해로 나아가는 바닷길을 열고, 중국과 서아시아의 연결 통로를 차지하여 세력을 떨쳤다. 독실한 불교 신자였던 카니슈카 왕은 불교를 널리 전하고 사원과 탑을 세우는 데 열중하였다.

이 무렵 불교는 새로운 모습을 보였다. 소수의 수행하는 사람들만 깨달음을 얻는 것이 아니라 더 많은 사람들을 구제해야 한다는 흐름이 생겼다. 큰 수레에 중생을 싣고 극락으로 간다는 뜻이다. 이를 대승 불교라 한다. 이제 부처는 깨달음을 얻은 자가 아니라, 하나의 신으로 섬겨지게 되었다. 평범한 중생이 믿고 따를 신앙의 대상이 필요하였던 것이다.

부처 쿠산 왕조 당시 조각 미술이 발달한 간다라 지방에서 발견된 불상. 대승 불교가 발달하면서 예전에는 만들지 않았던 불상을 조각하기 시작하였다. 사람들은 부처를 신적인 존재로 섬기며 부처에게 내세의 복을 빌게 되었다. 차츰 불교 신앙을 이끄는 승려들의 교단 조직도 생기고, 불교 경전을 연구하고 교리를 가르치는 강의도 열렸다.

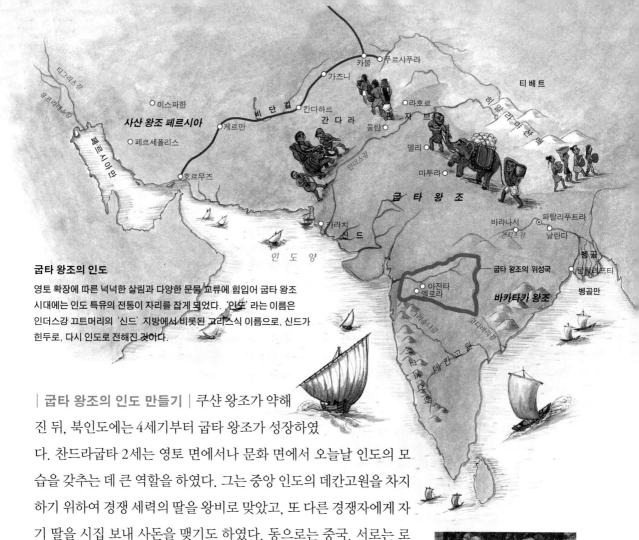

굽타 왕조의 인도
영토 확장에 따른 넉넉한 살림과 다양한 문물 교류에 힘입어 굽타 왕조 시대에는 인도 특유의 전통이 자리를 잡게 되었다. '인도'라는 이름은 인더스강 끄트머리의 '신드' 지방에서 비롯된 그리스식 이름으로, 신드가 힌두로, 다시 인도로 전해진 것이다.

| 굽타 왕조의 인도 만들기 |

쿠샨 왕조가 약해진 뒤, 북인도에는 4세기부터 굽타 왕조가 성장하였다. 찬드라굽타 2세는 영토 면에서나 문화 면에서 오늘날 인도의 모습을 갖추는 데 큰 역할을 하였다. 그는 중앙 인도의 데칸고원을 차지하기 위하여 경쟁 세력의 딸을 왕비로 맞았고, 또 다른 경쟁자에게 자기 딸을 시집 보내 사돈을 맺기도 하였다. 동으로는 중국, 서로는 로마로 이어지는 육지길과 바닷길을 차지하여 진주와 후추를 실어 나르고, 면화와 비단을 수출하였다. 적극적으로 땅을 개간하여 농토를 넓히고, 쌀과 밀, 사탕수수를 재배하여 세금도 충분히 걷을 수 있었다. 또한 주요 도시에 대학을 세워 학문과 종교를 장려하는 등, 인도 문화를 풍성하게 만들었다.

이러한 노력에 힘입어 굽타 왕조 시대를 거치면서 힌두교가 탄생하였다. 힌두교는 전통적인 브라만교에다 불교와 민간 신앙을 곁들여, 인도인들에게는 교리가 어려워진 불교보다 더욱 익숙하였다. 또한 이 시기 인도인들은 아잔타 석굴 사원과 엘로라 석굴 사원처럼 인도 고유의 맵시와 느낌을 간직한 조각을 수없이 빚어내어 인도 문화의 기틀을 다졌다.

굽타 시대의 교역 굽타 왕조는 외국과 무역이 많았던 까닭에 외국의 장사치들도 아잔타 석굴의 벽에 그려 놓았다. 중앙아시아 계통의 외국인들이 뭔가 흥정하는 모습이다.

⊙ 인간이 빚어낸 신의 세계, 아잔타와 엘로라 석굴 사원

굽타 왕조 시대에는 평화가 지속되고 살림이 풍요로워지면서 예술이 발달하였다. 이 시기에 본격적으로 조성되기 시작한 아잔타와 엘로라 석굴 사원에서 그 모습을 볼 수 있다. 원형 극장 모양의 현무암 산을 파서 만든 아잔타 석굴 사원은 모두 29개의 석굴로 구성되어 있으며, 그 안에 2세기에서 7세기 사이에 제작한 스투파(탑), 불상, 벽화 등이 있다. 가장 주목할 부분은 주로 5세기경에 그려진 프레스코 벽화이다. 한켠에서 정과 망치로 조각을 하는 동안 다른 한켠에서 벽에 석고를 입히고 벽화를 그렸다. 엘로라 석굴 사원은 34개의 석굴군으로 이루어져 있으며, 초기에는 불교 사원이, 후기에는 힌두교와 자이나교 사원이 많이 들어섰다. 5~10세기에 조성되었는데, 같은 장소에 여러 종교의 유적이 공존하고 있다는 사실이 흥미롭다.

아잔타의 부처 왼쪽의 설법하는 부처 그림에는 온몸에서 광채가 나는 듯한 황금빛을 표현하기 위하여 노란색과 녹색을 섞거나 번갈아 사용하였으며, 2,000년이 넘는 세월에도 선명함을 잃지 않았다. 오른쪽 연꽃을 든 보살은 당시 우아한 인도 여성을 묘사한 것으로 짐작된다. 섬세하면서도 육감적인 표현이 돋보여 굽타 양식의 대표작으로 손꼽힌다. 엷은 미소와 가녀린 듯 연꽃을 든 모습은 일본 호류사 금당 벽화 관음 보살상과 유사하다.

엘로라의 힌두교 사원과 브라흐마 신 아래는 엘로라 석굴 사원 중에서도 힌두교 사원인 제16굴이다. 시바 신이 산다는 카일라사산을 재현하였으며, 8세기경에 만들어졌다. 오른쪽은 16굴에 조각된 우주 최고의 신 브라흐마이다. 머리와 팔이 각각 4개인 것은 동서남북 네 방향을 상징하며, 우주를 창조하고 주관한다는 뜻이다.

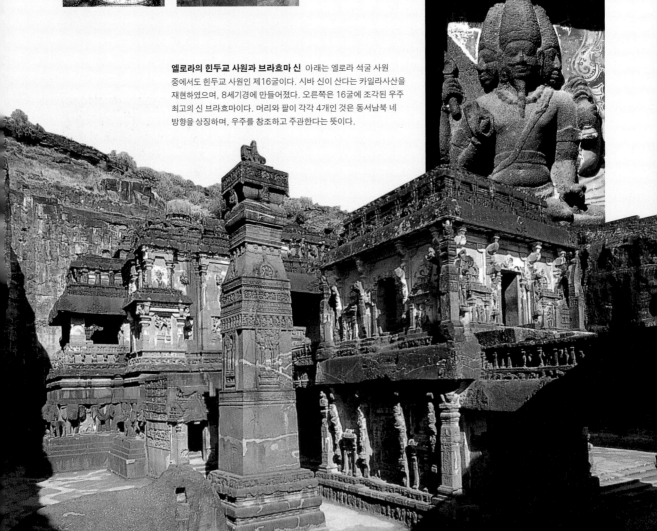

"오, 크리슈나여, 벌판 저쪽의 적들이 과연 내가 물리쳐야 할 사람들인
가? 내게 사랑스런 친구와 스승이 아닌가?"

"아르주나야, 오직 신만이 모든 걸 결정하신다. 그가 전사하더라도 신께
의무를 다하였다면 구원하실 것이니 힘껏 싸워라."

이 글은 〈마하바라타〉라는 인도 서사시에 나오는 유명한 장면이다.
주인공 아르주나가 적군이 되어 버린 혈육과 친구들을 보면서 꼭 싸
워야 하는지 크리슈나^{비슈누 신의 화신}에게 묻는다. 크리슈나는 "눈앞에
보이는 현실의 관계와 욕망에서 벗어나 오로지 신의 뜻에 따르면 해
탈의 길에 들어설 수 있다."라는 힌두 철학에 대하여 이야기하고, 무
사로서 의무를 다하도록 격려한다. 이에 아르주나는 용기를 얻어 전
쟁에 임한다.

〈마하바라타〉는 인도의 역사와 인도 사람들의 생각, 힌두교의 정
신까지 모두 담고 있는 인도 문학의 고전이다. 예부터 전해 오던 신화
적인 이야기를 굽타 왕조 때 정리한 것이다.

이 시기 인도 사람들은 자연 과학에도 매우 관심이 컸다. 천문학자
아리아바타는 원주율^π을 3.146으로 계산하여 지구 둘레를 측정하였
으며, 지구가 둥글고 스스로 돈다고 주장하였다. 세상 모든 것은 무
게에 따라 끌어당기는 힘^{인력}이 있음을 발견한 학자도 있다. 인도 고
유의 '비어 있다.^{공(空)}'는 개념을 바탕으로 '영⁰'이라는 숫자를 발명
한 사람도 있다. 더불어 무한대[∞]라는 개념을 만들어 낸 것도 이 시기
인도인들이 한 일이다.

| 넘을 수 없는 신분의 벽 | 찬드라굽타 2세는 스스로를 '데바라자<sup>신
들의 왕</sup>', '비크라마디티야^{무예와 용맹의 태양}'라고 불렀다. 굽타 왕조에 접어
들면서 대체로 왕권이 전보다 강해지는 경향을 보였다. 왕들은 신의
후계자로 불렸으며, 때로는 만물을 이끄는 신으로 치켜세워졌다.

〈마하바라타〉 인도 서사시
〈마하바라타〉의 내용을 담은 삽화. 오늘날
인도인들은 스스로를 바라타족의
후예라고 여기며, 앞에 성스러움을 뜻하는
'마하'를 붙여 '마하바라타'라고 부른다.
인도 민족 운동가 간디도 〈마하바라타〉를
즐겨 읽었다. 인도가 영국의 식민지였을
때, 인도 민족 운동가들은 신의 뜻에 따라
독립을 위하여 영국과 싸운다는 뜻에서
옆의 구절을 즐겨 암송하였다. 그림
한가운데 떠 있는 인물은 인도에서 대중의
인기를 누리고 있는 크리슈나이다.
크리슈나는 비슈누 신의 여덟 번째
화신으로 사랑과 즐거움의 상징이기도
하다.

인도	?	?	?	४	५	६	०	६	८	?
아라비아	١	٢	٣	٤	٥	٦	٧	٨	٩	٠
현대	1	2	3	4	5	6	7	8	9	10

인도 숫자 색즉시공, 공즉시색, 무량수
등은 불교(인도 철학)와 수학의 관계를
보여 준다. 공(空)은 0, 무량수(無量數)는
무한대를 의미한다. 흔히 아라비아 숫자로
알려진 숫자는 나중에 이슬람 쪽에서 인도
숫자의 모양을 손질한 것이다. 자연 과학의
세계적인 발전은 인도에서 비롯되었다고
해도 지나침이 없다.

《마누 법전》 《마누 법전》이 완성되면서 힌두교와 카스트 제도를 중심으로 인도의 사회 질서가 정비되었다. 크샤트리아 신분과 브라만 신분이 협조하여 인도를 지배하는 동안 육체 노동자인 수드라는 늘어났고, 빚을 갚지 못하였거나 전쟁에서 포로로 잡혀 가장 밑바닥 계층이 된 불가촉천민(접촉하면 안 되는 천민)도 많아졌다.

굽타 왕들이 보기에 왕의 권위를 한껏 드높여 나라를 힘있게 다스리는 데에는 불교보다 힌두교의 신이 나아 보였다. 그들은 힌두교를 지원하면서 자신도 신의 위치에 서려 하였다. 불교는 힌두교의 기세에 밀리기 시작하였으며, 이민족의 침략을 받아 주요 사원이 파괴되면서 더욱 쇠퇴하여 힌두교의 일부처럼 여겨지게 되었다.

이러한 분위기 속에 카스트 제도는 더욱 강화되었다. 여러 이민족의 침략과 이동으로 어수선해진 사회 분위기를 다잡기 위하여 신분의 구별을 엄격히 하였기 때문이다. 전통적인 신분 관념에다 직업적인 구분^{자티}을 더하여, 수많은 사람을 카스트의 틀 속에 넣고 그에 따라 움직이게 하였다. 이 때문에 카스트 제도는 더욱 폭넓고 다양하면서도, 더 강력하고 뿌리 깊게 인도 사람들의 삶을 결정하는 신분의 벽이 되었다.

카스트 제도

집마다 색깔이 다른 이유는?

인도 북서부 라자스탄 주 조드푸르 시내의 주거 지역을 보면, 집마다 색깔이 다르다. 신분에 따라 색깔에 차이를 두었기 때문이다. 신분별로 사는 동네가 다른 경우는 많이 있지만, 한 지역에서 이렇게 차이가 나는 경우는 드물다. 카스트 제도에 따른 신분 차별이 어느 정도로 심한지를 보여 준다.

불가촉천민, 그들은 누구인가?

태어나면서부터 마을의 오물 청소를 도맡아야 하는 존재, 만약 거부한다면 죽여도 죄가 되지 않는 존재가 바로 불가촉천민이다. 카스트 제도의 4신분에도 끼지 못하는 이들은 뜻밖에도 인도 인구의 25퍼센트나 된다. 수천 년 내려온 숙명을 받아들이며 비참하게 살고 있다.

남편 따라 불길 속으로 뛰어든 아내

장작더미가 차례로 쌓이고 맨 위에 남편의 주검이 놓인다. 열여덟 살 루프 칸와르는 축복하는 사람들을 뒤로 한 채 사다리를 타고 천천히 올라간다. 그리고 남편의 머리를 자기 무릎 위에 놓고 똑바로 앉는다. 아래쪽의 불이 장작더미를 태우며 그녀가 있는 곳까지 올라오자, 그녀도 남편을 따라 천천히 눈을 감는다.

사티 주변에서 나팔을 부는 가운데 한 여성이 남편의 주검 앞으로 서서히 걸어가고 있다. 하지만 이것이 진정 그녀의 의지로 행하는 일인지, 아니면 가족들의 뜻인지 알 수 없다.

힌두교에는 유명한 여신이 많다. 학문의 신인 사라스와티 신, 여성 전사 두르가 신, 풍요로운 농업의 여신 락슈미 신 등이 바로 그들이다. 이들은 다른 신들 못지않게 인도인들 사이에서 최고의 신으로 숭배받고 있다. 그런데 여기 주목할 만한 또 다른 여신이 있다. 바로 시바 신의 부인인 사티 신이다. 사티는 결혼을 반대한 아버지 때문에 뜨거운 불 속에 뛰어들어 죽었다. 남편에 대한 헌신적인 사랑을 보여 준 것이다.

이런 이유 때문일까? 인도에는 남편이 죽으면 남편을 화장할 때 아내도 같이 불 속에 뛰어드는 오랜 관습이 있다. 이를 '사티'라고 하는데, 이를 행한 여인은 성인으로 추앙받았고, 지금도 인도 곳곳에는 이 의식을 기념하여 세운 비석이 많이 남아 있다. 놀랍게도 루프 칸와르의 사티 의식은 1987년의 비교적 최근 일이다. 그녀가 살던 마을은 현재 사티의 관광 명소가 되어 짭짤한 수입을 올리고 있다.

그러나 여성들이 자발적으로 남편 따라 죽는 경우는 거의 없었다. 루프 칸와르도 자신의 의지가 아니었다는 소문이 파다하였다. 당시 사회는 여성들이 죽은 남편의 재산을 지닌 채 다른 남자와 재혼하는 것을 꺼리는 분위기였고, 이 때문에 원하지 않는 죽음으로 내몰리는 경우가 훨씬 많았다. '관습'의 이름으로 강요되어 온 폭력이 힌두교가 말하는 '관용'과 '자비'의 미덕이 될 수 있을까?

힌두 사원에 새긴 힌두교의 뜻

◎ 힌두 사원과 신

힌두 사원은 신들이 땅에 내려와서 머무는 곳이다. 사원 건축에는 통일된 규칙이 있는데, 마치 신께 다가가는
의례처럼 건축된다. 사원 중앙의 신상은 신의 중요도에 따라 자리 잡고 있고, 신이 머무는 가장 성스러운 자리
는 사원 꼭대기이다. 이것은 우주 중앙에 있는 메루산을 나타낸다. 힌두교에는 비슈누와 시바 아래 셀 수 없이
많은 신들이 있는데, 그 가운데 부처와 예수도 있어 힌두교의 포용성과 다양성을 짐작케 한다.

가테스와르 사원 라자스탄 주 바롤리에
있는 힌두교 사원. 10세기에 세운 것이다.

전사, 두르가 여신 두르가는 시바 신의 아내로 알려져 있으며, 전사의 이미지가 강하다. 팔이 모두 10개인데, 손마다 다른 무기를 들었다. 비슈누의 원반과 바다신 바루나의 포승줄, 불의 신 아그니의 창, 바람신 바그유의 활, 태양신 수리야의 화살, 황천의 신 마야의 철봉, 천둥신 인드라의 금강 방망이, 재물 신 쿠베라의 방망이, 뱀신 세사의 화환, 마지막으로 산신 히말라야의 호랑이이다. 각각의 무기는 그 신들의 상징으로, 두르가 신이 많은 신의 기대를 받고 있음을 보여 준다.

코끼리 신 가네샤 가네샤는 '군중의 지배자'라는 뜻으로, 코끼리를 닮은 가네샤 신은 지혜의 신이다. 그는 해탈에 이르는 길에 놓인 장애를 제거하며, 바이샤(상인) 계층의 보호자로서 부와 사업의 성공, 즐거운 여행을 보장한다. 집이 가난하여 하나의 신에게만 푸자(제사)를 올려야 한다면, 그 신은 당연히 가네샤이다. 중요한 일을 시작할 때 우리나라에서는 돼지머리로 고사를 지낸다면, 인도에서는 가네샤 신에게 푸자를 올린다.

◉ 힌두교도들은 왜 소를 숭배할까?

원래 힌두교 경전에는 소를 숭배하는 구절이 없을 뿐더러, 힌두교도들이 특별히 소를 보호하지도 않았다. 그런데 왜 소가 힌두교의 상징이 되었을까? 이는 차츰 인구가 늘고 농경이 확대되면서 쟁기를 끌 소의 중요성이 커진 데서 비롯되었다. 특히 암소는 농사에 필요한 황소와 고기보다도 영양가가 높은 우유를 생산한다. 게다가 소똥은 땔감이 부족한 때에 요긴하게 쓰인다. 그러다가 소의 오줌과 똥에 다섯 가지의 신성한 정화 작용이 있다고 믿는 사람들이 많아져 소를 풀어놓고 기르게 되었다. 마침내 소를 잡아먹는 것은 말도 안 된다는 금기가 확립되었다.

길을 지나던 인도인이 소에게 먹을 것을 주고 있다.

2 인도에 찾아온 이슬람 세력

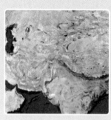

북인도

인도는 다양한 민족이 드나들며 역사를 꾸려 왔다. 그만큼 다양한 종교와 문화를 지닌 세력이 함께 살아왔다. 힌두교 중심으로 움직이던 인도 사회에 이제 이슬람 신앙을 가진 세력이 등장하였다. 처음에는 손님처럼 다녀간 그들이 노예 왕조를 통하여 인도에 자리 잡고 델리를 중심으로 뿌리를 내리면서, 인도 또한 이슬람 세계의 일부가 되기 시작하였다.

■ 가 볼 곳: 델리, 바라나시 ■ 만날 사람: 아이바크 ■ 주요 사건: 노예 왕조 건설

│ '이슬람'이라는 낯선 손님 │ 6세기 말부터 굽타 왕조가 약해지고 인도를 이끌 큰 세력이 없는 가운데, 아라비아반도를 중심으로 힘을 기른 이슬람 세력은 차츰 이웃 지역으로 손을 뻗기 시작하였다. 8세기에 접어들면서 이슬람 세력은 유럽 대륙에서 중국에 이르는 해상 무역에 나섰다. 이미 바닷길을 누비고 있던 인도인들은 어쩔 수 없이 이들과 마주치게 되어 드문드문 다툼이 벌어지곤 하였다.

이슬람 세력이 가장 번영하던 10세기 말, 인도는 이슬람이라는 손님을 제대로 맞이하였다. 당시 중앙아시아 튀르크 계통의 이슬람 세력 알프티긴이 인도 쪽으로 와서 나라를 세운 것이다. 이를 가즈니 왕조라고 한다. 아프가니스탄에 터를 잡은 이들은 틈틈이 인도를 침입하였다. 특히 마흐무드 왕^{재위 998~1030}은 열일곱 번이나 인도를 공격하여 재물을 빼앗고 힌두교 신전을 파괴하며 커다란 충격을 주었다. 하지만 영토를 늘리기보다는 이슬람교를 퍼뜨리고 노예를 확보하는 데 중점을 두었다.

│ 델리로 가는 길 │ 가즈니 왕조가 북인도의 펀자브 지역을 차지한 이후, 이슬람의 인도 침략은 더욱 잦아졌다. 그런데 인도 상인들은 중앙아시아 쪽과 무역을 하는 데 이들이 도움이 된다고 생각하여 내심 반기고 있었다. 그래서 북인도 지역에는 자연스레 이슬람의 문화와 종교가 스며들었다.

한편 가즈니 왕조의 지배를 받던 구르^{고르} 왕조는 1150년 가즈니가 약해진 틈을 타

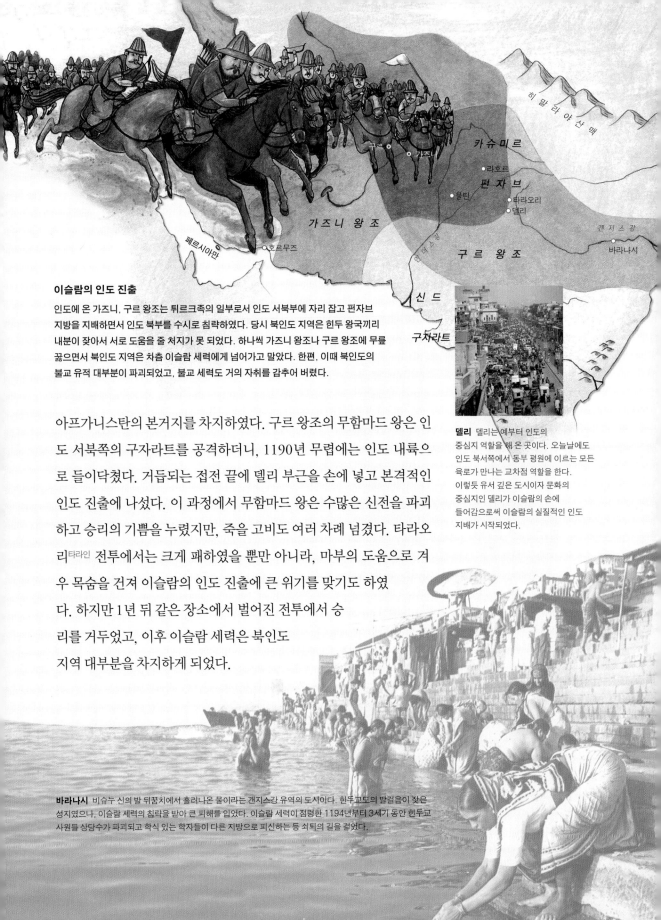

이슬람의 인도 진출

인도에 온 가즈니, 구르 왕조는 튀르크족의 일부로서 인도 서북부에 자리 잡고 펀자브 지방을 지배하면서 인도 북부를 수시로 침략하였다. 당시 북인도 지역은 힌두 왕국끼리 내분이 잦아서 서로 도움을 줄 처지가 못 되었다. 하나씩 가즈니 왕조나 구르 왕조에 무릎 꿇으면서 북인도 지역은 차츰 이슬람 세력에게 넘어가고 말았다. 한편, 이때 북인도의 불교 유적 대부분이 파괴되었고, 불교 세력도 거의 자취를 감추어 버렸다.

델리 델리는 예부터 인도의 중심지 역할을 해 온 곳이다. 오늘날에도 인도 북서쪽에서 동부 평원에 이르는 모든 육로가 만나는 교차점 역할을 한다. 이렇듯 유서 깊은 도시이자 문화의 중심지인 델리가 이슬람의 손에 들어감으로써 이슬람의 실질적인 인도 지배가 시작되었다.

아프가니스탄의 본거지를 차지하였다. 구르 왕조의 무함마드 왕은 인도 서북쪽의 구자라트를 공격하더니, 1190년 무렵에는 인도 내륙으로 들이닥쳤다. 거듭되는 접전 끝에 델리 부근을 손에 넣고 본격적인 인도 진출에 나섰다. 이 과정에서 무함마드 왕은 수많은 신전을 파괴하고 승리의 기쁨을 누렸지만, 죽을 고비도 여러 차례 넘겼다. 타라오리타라인 전투에서는 크게 패하였을 뿐만 아니라, 마부의 도움으로 겨우 목숨을 건져 이슬람의 인도 진출에 큰 위기를 맞기도 하였다. 하지만 1년 뒤 같은 장소에서 벌어진 전투에서 승리를 거두었고, 이후 이슬람 세력은 북인도 지역 대부분을 차지하게 되었다.

바라나시 비슈누 신의 발 뒤꿈치에서 흘러나온 물이라는 갠지스강 유역의 도시이다. 힌두교도의 발걸음이 잦은 성지였으나, 이슬람 세력의 침략을 받아 큰 피해를 입었다. 이슬람 세력이 점령한 1194년부터 3세기 동안 힌두교 사원들 상당수가 파괴되고 학식 있는 학자들이 다른 지방으로 피신하는 등 쇠퇴의 길을 걸었다.

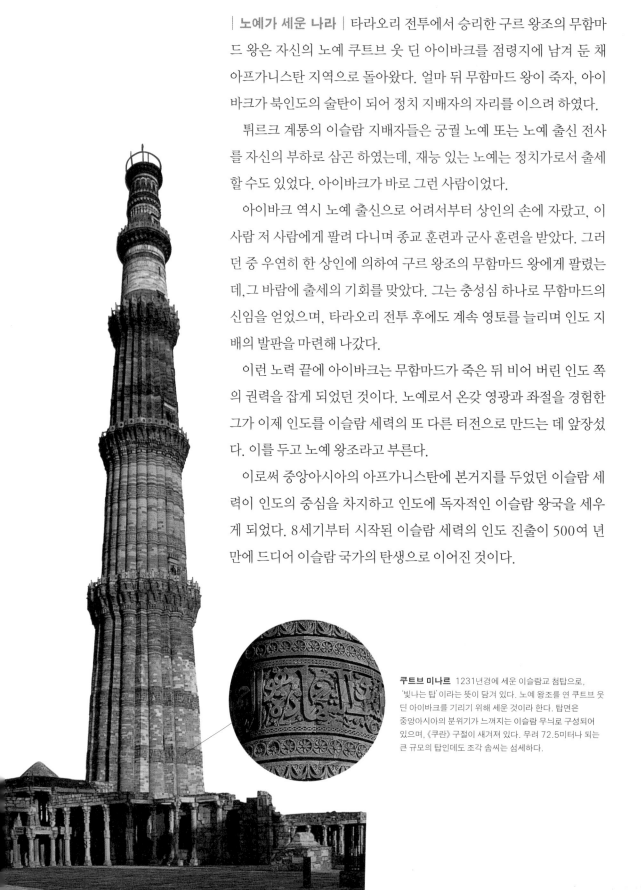

| 노예가 세운 나라 | 타라오리 전투에서 승리한 구르 왕조의 무함마드 왕은 자신의 노예 쿠트브 웃 딘 아이바크를 점령지에 남겨 둔 채 아프가니스탄 지역으로 돌아왔다. 얼마 뒤 무함마드 왕이 죽자, 아이바크가 북인도의 술탄이 되어 정치 지배자의 자리를 이으려 하였다.

튀르크 계통의 이슬람 지배자들은 궁궐 노예 또는 노예 출신 전사를 자신의 부하로 삼곤 하였는데, 재능 있는 노예는 정치가로서 출세할 수도 있었다. 아이바크가 바로 그런 사람이었다.

아이바크 역시 노예 출신으로 어려서부터 상인의 손에 자랐고, 이 사람 저 사람에게 팔려 다니며 종교 훈련과 군사 훈련을 받았다. 그러던 중 우연히 한 상인에 의하여 구르 왕조의 무함마드 왕에게 팔렸는데, 그 바람에 출세의 기회를 맞았다. 그는 충성심 하나로 무함마드의 신임을 얻었으며, 타라오리 전투 후에도 계속 영토를 늘리며 인도 지배의 발판을 마련해 나갔다.

이런 노력 끝에 아이바크는 무함마드가 죽은 뒤 비어 버린 인도 쪽의 권력을 잡게 되었던 것이다. 노예로서 온갖 영광과 좌절을 경험한 그가 이제 인도를 이슬람 세력의 또 다른 터전으로 만드는 데 앞장섰다. 이를 두고 노예 왕조라고 부른다.

이로써 중앙아시아의 아프가니스탄에 본거지를 두었던 이슬람 세력이 인도의 중심을 차지하고 인도에 독자적인 이슬람 왕국을 세우게 되었다. 8세기부터 시작된 이슬람 세력의 인도 진출이 500여 년 만에 드디어 이슬람 국가의 탄생으로 이어진 것이다.

쿠트브 미나르 1231년경에 세운 이슬람교 첨탑으로, '빛나는 탑'이라는 뜻이 담겨 있다. 노예 왕조를 연 쿠트브 웃 딘 아이바크를 기리기 위해 세운 것이라 한다. 탑면은 중앙아시아의 분위기가 느껴지는 이슬람 무늬로 구성되어 있으며, 《쿠란》 구절이 새겨져 있다. 무려 72.5미터나 되는 큰 규모의 탑인데도 조각 솜씨는 섬세하다.

| 이슬람교와 인도의 만남, 확산 | 델리를 중심으로 세력을 키워 나간 노예 왕조의 지배자들은 이슬람의 중심지 바그다드의 칼리프에게 술탄의 칭호를 받아 자신들의 지위를 굳혔다. 이후 등장한 이슬람 왕조를 델리 술탄 왕조라고 하는데, 바로 할지, 투글루크, 사이이드, 로디 왕조로서 인도에 이슬람교를 전하는 데 힘썼다.

가즈니 왕조 때만 해도 이슬람 세력은 힌두교 신전을 파괴하고 약탈을 일삼아 이슬람교를 강요하는 듯한 인상을 주었다. 더욱이 힌두교나 자이나교의 종교 의식을 금지하고, 죄를 용서하는 대신 포로나 죄인들을 이슬람교로 개종시키기도 하였다. 하지만 이는 전쟁이 한창일 때의 모습이었다. 평소에는 개종을 강요하거나 일삼아 힌두 사원을 공격하지 않았다. 자신감에 찬 델리 술탄 왕조는 힌두교 행사를 관대하게 눈감아 주기도 하였다.

이러한 종교 정책에 힘입어 힌두교와 카스트 제도의 신분 차별에 신음하던 인도의 하층민들은 이슬람 세력을 반겼다. 알라 앞에서는 모두가 평등하다는 교리에 이끌렸던 것이다. 이슬람의 '인간 평등'의 교리는 인도뿐만 아니라 다른 지역을 정복할 때에도 이슬람교의 가장 큰 힘이 되었다. 이슬람 왕조가 자리 잡으면서 중앙아시아나 서남아시아 출신 이슬람 교도의 이주도 훨씬 많아졌다. 자신의 세력을 키우려는 정치적인 목적에서 이슬람교를 받아들이는 인도인들도 많았다. 전쟁을 피하거나 좀 더 나은 위치에 서기 위하여 종족 단위로 개종하는 사람들도 늘어났다.

인도 사회의 이슬람화 인도의 이슬람화는 가즈니 왕조 때부터 진행되었다. 이후 노예 왕조에서 시작된 인도의 이슬람 왕조는 튀르크 계통이 주도권을 잡고 비튀르크 계통을 차별하는가 하면, 술탄의 자리를 놓고 내분을 벌인 끝에 할지 왕조, 투글루크 왕조로 옮아갔다. 1398년 티무르 제국의 침입을 받아 큰 타격을 입은 뒤, 사이이드 왕조를 거쳐 로디 왕조가 뒤를 이었으며, 주도권도 튀르크 계통에서 아프가니스탄 계통으로 넘어갔다. 이러한 왕조의 변천 과정에서 인도의 이슬람화는 더욱 두드러져 힌두교와 이슬람교를 융합한 문화로 드러났다.

(세기) 10	11	12	13	14	15	16	17
분열기	이슬람의 북인도 침입			델리 술탄 왕조			무굴 제국
북인도 분열	• 가즈니 왕조의 인도 침입 • 구르 왕조의 북인도 지배			• 노예 왕조(1206~1290): 인도 최초의 이슬람 왕조 • 할지 왕조(1290~1320)			1526년, 바부르가 무굴 제국(이슬람 왕조)건설
남인도 힌두 여러 왕조 난립				• 투글루크 왕조(1320~1414) • 사이이드 왕조(1414~1451) • 로디 왕조(1451~1526)			

3 더 넓은 인도를 찾아서

남인도

북인도에서 여러 나라가 활약할 즈음, 남인도에도 다양한 나라가 발전하였다. 그들은 남인도 특유의 풍습과 문화를 유지한 채 북쪽의 종교와 문화를 받아들였다. 인도양을 중심으로 하여 이슬람권과 동남아시아를 아우르며 바다를 누볐고, 이에 힘입어 드라비다족 고유의 문화를 발달시켰다.

■ 가 볼 곳: 마하발리푸람, 탄조르, 시기리야 ■ 만날 사람: 카리칼란 왕
■ 주요 사건: 촐라 왕조의 스리랑카 공격

| 남인도의 여러 나라 | 남인도에서는 드라비다족이 기원전 10세기경에 청동기 문화를 발달시켰다. 기원전 3세기경에는 철기 문화를 받아들이면서 농업을 더욱 발달시켜 기름진 땅에 벼농사를 짓고 곳곳에 도시도 건설하였다.

북인도 지역에서 쿠샨 왕조가 떠오르기 전, 데칸고원 지역에서는 안드라족의 사타바하나 왕조가 일어나 큰 세력을 이루었다. 해상 무역을 발판으로 삼아 동남아시아에 식민지를 개척하였으며, 금이나 은으로 만든 화폐를 널리 유통시켰다. 그들은 인도 남부와 북부의 문화를 서로 연결하는 역할을 하였다. 이후 이 지역에는 안드라족의 왕조가 오랫동안 이름을 남겼다.

데칸고원 아래 인도 남부에는 촐라, 체라, 판디아 왕조가 나타나 서로 힘을 겨루며 발전하였다. 촐라 왕조는 면직물을 수출하여 경제적인 풍요를 누렸으며, 강력한 해군력으로 스리랑카와 스리위자야의 해군을 무찔렀고, 해상 무역을 주도하였다. 체라, 판디아 왕조도 촐라 왕조에 질세라 후추와 상아, 진주와 보석, 면화 등을 수출하며 인도양 바닷

남인도 세계 데칸이라는 말은 '남쪽'이라는 뜻이지만, '시골, 뒤처진 곳'이라는 의미도 있다. 아리아인이 북인도를 차지하면서 인도 신주민을 깔보는 말로 썼다. 하지만 남인도 사람들은 기원전 12세기경에 메소포타미아와 이집트로 가는 바닷길을 열었고, 동으로 태평양의 여러 섬까지 교류하여 동남아시아 지역에도 인도 문화를 퍼뜨렸다.

길을 주름잡았다. 기원전 1세기 무렵에는 로마 제국과 무역을 트고, 아우구스투스 황제에게 사절을 보내기도 하였다.

| 데칸 남쪽의 삶 | 남인도 지역의 왕조는 북인도 왕조와 적당한 거리와 독립을 유지하였다. 드라비다족 고유의 정치 체제를 마련해 갔으며, 전통적인 무속 신앙을 믿고 자신들만의 장례 풍습을 유지하였다. 마우리아 왕조 이후 불교와 자이나교의 영향을 받기도 하였지만 뱀과 같은 부족의 상징물토템을 숭배하였고, 카스트 제도가 미약하여 북인도와는 사회생활의 모습이 달랐다. 상공업이 발달하여 노예제가 성행하였지만, 다른 신분과 결혼이 가능하여 새로운 신분이 탄생하기도 하였다.

특히 여성의 지위가 북인도보다 훨씬 나아서 여성이 사회·종교 행사에 자유롭게 참가할 수 있었고, 사티의 풍습도 그다지 심하지 않았다. 사타바하나 왕조 때에는 여성이 행정에 참여하기도 하였으며, 가정에서도 상당한 대우를 받았다.

뱀을 토템으로 새긴 조각 고원과 밀림이 많은 남인도 지역은 북인도와는 사뭇 다른 문화를 발달시켰다. 남인도 지역 유물은 비교적 단순하면서도 꿈틀대는 원초적 생명력이 느껴지는 장식이 특징이다. 조각된 인물상은 북인도와는 다른 느낌이며, 뱀의 몸을 한 신상, 코끼리 조각 등이 눈에 띈다. 이는 선주민인 드라비다족의 문명이 오랫동안 외부의 영향을 받지 않고 유지된 덕분이다.

남인도 지역의 부조상 남인도는 북인도의 고등 종교를 서서히 받아들여 독자적인 문화를 발달시켰다. 북인도에 힌두교가 자리 잡은 시절에는 불교와 자이나교를, 이슬람교가 널리 퍼진 시절에는 힌두교를 지켰다. 이 조각은 힌두교 서사시 〈마하바라타〉에 나오는 아르주나를 주인공으로 삼은 7세기경 작품이다. '갠지스의 낙숫물'이라고도 부르는데, 가운데 넓은 틈으로 갠지스강을 상징하는 물을 흘려보내 아르주나를 기린다. 인도 남부 타밀나두 주 마하발리푸람에 있다.

인도양 교역권 15세기 명나라 정화의 항해로를 표시한 지도이다. 당시 정화의 함대는 오래전부터 인도인이 다니던 길을 따라나섰다고 한다. 향료와 면화로 동·서 무역의 중심에 서서 활약하던 인도 무역 활동의 흔적을 엿볼 수 있다.

| 인도양을 품 안에 | 인도 앞에 펼쳐진 바다는 오래전부터 인도인의 터전이었다. 아라비아해를 거쳐 서아시아와 이집트로 가기 위하여 배를 만들었다고 하며, 인도 문명 시절의 돌 도장이 서아시아에서 발견되기도 하였다.

기원전 6세기에 인도 상인들은 금, 은 같은 보석을 찾아 미얀마^{버마}와 말레이반도, 인도네시아 지역을 누볐다. 그리고 이 지역에서 얻은 금속과 향나무, 상아 등을 가지고 페르시아나 중국 상인들과 거래하였다. 후추를 비롯한 향료 무역은 대부분 인도를 거쳤는데, 이는 인도가 자체의 물자도 풍부할 뿐만 아니라 지리적으로 동서 무역 뱃길의 중심에 있기 때문에 가능하였다. 차츰 옷감 짜는 기술이 발달하고 염색 기술도 개발되어 인디고라는 물감이 널리 알려졌다. 이를 통하여 인도의 면화는 세계적인 수출품이 되었다.

석가모니에 관한 기록에는 인도 배들이 동남아시아를 주름잡고 있다는 설명이 자주 등장한다. 2세기경 북인도의 쿠샨 왕조는 남인도 지역을 기지로 삼아 후추, 진주 등을 로마에 수출하였는데, 로마가 물건값을 치르느라고 애를 먹었다는 기록도 있다.

남인도 힌두교 사원과 시바 신
오른쪽은 촐라 왕조 때 수도 탄조르에 건설한 사원. 북인도가 사원의 지붕과 건물의 연결 부분을 둥근 탑 모양으로 구현하는 데 비하여, 남인도는 끝이 잘린 피라미드 형태로 구현한다. 시바 신이 춤추는 모습을 묘사한 왼쪽의 조각 역시 10세기 촐라 왕조 때의 작품이다. 북인도에 비슈누 신앙이 자리 잡을 무렵, 남인도에는 시바 신앙이 일어났다.

| 꽃피는 남인도 문화 | 남인도 국가들은 활발한 교역에 힘입어 농업 중심의 북인도 국가들에 비하여 경제적으로 꾸준히 성장하였으며, 이를 바탕으로 드라비다족 고유의 문화를 꽃피웠다.

인도양 무역을 이끈 촐라 왕조는 몇 차례 발전과 쇠퇴를 거듭하였지만, 여러모로 남인도 문화의 중심지 역할을 하였다. 1세기 촐라 왕조의 카리칼란 왕은 북인도의 문화를 받아들이고 학문을 두루 장려하였으며, 외국과의 문물 교류도 활발히 하였다. 훗날 촐라 왕조를 다녀간 당나라의 현장 법사가 "이곳에는 아름다운 도시가 널려 있다."라고 할 정도였다. 9세기에 다시 일어선 촐라 왕조는 10세기경 남인도 문화의 전성기를 맞아 이후 약 200년간 활발한 모습을 보였다. 특히 드라비다족 고유의 언어인 타밀어로 씌어진 타밀 문학이 함께 발전하였다.

인도양 교역의 또 다른 중심지인 스리랑카는 기원전 6세기에 북인도의 싱할라족이 실론섬으로 들어와 처음으로 왕조를 세웠다. 기원전 3세기 무렵에 불교를 받아들여 수도 아누라다푸라를 불교의 중심지로 발전시켰다. 1세기경에는 그리스 세계에 알려졌고, 중국 기록에도 '사자국, 보배로운 고을'로 소개되었다. 스리랑카는 중국, 일본, 한국, 동남아시아, 아라비아해, 지중해로 나아가는 동서 무역의 핵심 고리였다.

남인도와 이웃한 스리랑카
스리랑카는 남인도의 타밀족과 문화·인종적으로 교류가 활발하였다. 특히 스리랑카 싱할라족의 왕은 왕비를 전통적으로 타밀족에서 맞아들였다. 이후 싱할라족의 나라는 타밀족과 여러 차례 충돌하며 소국으로 분열되었지만, 싱할라족은 1815년 영국에게 멸망당할 때까지 2,300년간 명맥을 유지하며 스리랑카를 지배하였다.

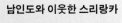

시기리야 미인도 스리랑카 북부 시기리야의 바위산에는 5세기에 건설한 궁전이 있는데, 바위산 암벽에 천상계의 여자가 그려져 있다. 체구는 실물보다 조금 작으며 구름 위로 윗몸만 드러나 있다.

폴론나루와의 불상 길이 14미터의 거대한 조각이지만 위압적이지 않다. 부드러운 옷 주름과 옅은 미소가 평온한 느낌을 풍긴다. 11세기 작품.

4 뭍과 바다를 품은 동남아시아

동남아시아

중국 문화의 영향을 받고 인도의 도움도 받았지만, 동남아시아는 독특한 문화를 발달시켰다. 베트남은 밀림과 바다에서 세력을 키웠으며, 앙코르 왕조는 기적 같은 앙코르 와트를 건설하였다. 인도네시아와 말레이반도에는 수많은 배가 드나들며 동서 무역을 재촉하였다.

■ 가 볼 곳: 앙코르 와트, 보로부두르 ■ 만날 사람: 수리아바르만 2세
■ 주요 사건: 앙코르 와트 건설

| 인도와 중국 사이 | '인도차이나', 유럽인들이 동남아시아 지역을 일컫는 또 다른 이름이다. 이곳은 지리적으로 인도와 중국 사이에 있고, 문화도 그 영향을 많이 받았다고 알려져 있기 때문이다. 하지만 이 지역은 나름대로 다양하고 풍부한 문화를 가꾸어 왔을 뿐만 아니라, 바닷길의 주요 길목에서 큰 역할을 하였다.

인도네시아에서 발견되는, 인류의 조상 가운데 하나인 자와 원인의 뼈는 그들의 오랜 역사를 증명한다. 인도차이나반도를 가로지르는 강 주변에서는 신석기 시대부터 농사가 시작되었다. 차츰 관개 시설을 만들어 논농사를 지었으며, 계단식 밭도 곳곳에 마련하였다. 항해술도 매우 발달하여 기원전 3세기 무렵 돌무덤에서는 자체적으로 만든 벽화와 유리 제품만이 아니라 지중해가 원산지인 구슬이 나오기도 하였다.

이렇게 나름의 문화적 바탕이 있었기에 동남아시아는 중국과 인도의 영향을 받으면서도 그들과 사뭇 다른 모습을 보였다. 가부장제 사회의 특징을 지닌 유교와 한자 문화가 전해졌어도 모계 중심 사회는 계속되었고, 힌두교의 영향을 받았지만 카스트 제도는 멀리하였다. 서아시아의 이슬람, 심지어 서양 세력의 침략을 받으면서도 고유의 토착 문화를 유지하였다.

청동북 북은 제사 지낼 때 분위기를 고조시킨다. 청동북은 곧 정농기 시대의 세사 용구이다. 동남아시아 여러 곳에서 발견되는 청동북은 독자적인 청동기 문화가 이 지역에 널리 퍼졌으며, 일찍부터 쇠붙이를 다루는 야금술도 발달하였음을 보여 주는 자료이다. 베트남 하남 지방 출토.

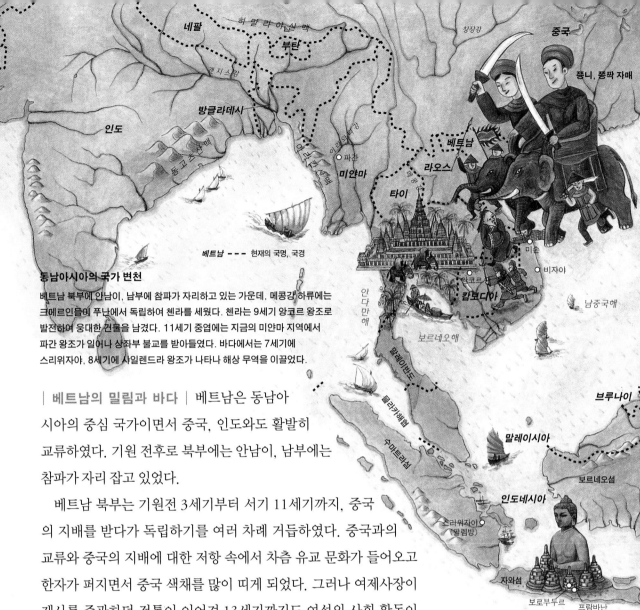

동남아시아의 국가 변천

베트남 북부에 안남이, 남부에 참파가 자리하고 있는 가운데, 메콩강 하류에는 크메르인들이 푸난에서 독립하여 첸라를 세웠다. 첸라는 9세기 앙코르 왕조로 발전하여 웅대한 건물을 남겼다. 11세기 중엽에는 지금의 미얀마 지역에서 파간 왕조가 일어나 상좌부 불교를 받아들였다. 바다에서는 7세기에 스리위자야, 8세기에 샤일렌드라 왕조가 나타나 해상 무역을 이끌었다.

베트남 --- 현재의 국명, 국경

| 베트남의 밀림과 바다 | 베트남은 동남아시아의 중심 국가이면서 중국, 인도와도 활발히 교류하였다. 기원 전후로 북부에는 안남이, 남부에는 참파가 자리 잡고 있었다.

베트남 북부는 기원전 3세기부터 서기 11세기까지, 중국의 지배를 받다가 독립하기를 여러 차례 거듭하였다. 중국과의 교류와 중국의 지배에 대한 저항 속에서 차츰 유교 문화가 들어오고 한자가 퍼지면서 중국 색채를 많이 띠게 되었다. 그러나 여제사장이 제사를 주관하던 전통이 이어져 13세기까지도 여성의 사회 활동이 활발하고 그 중요성이 매우 컸으며, 여성이 배우자를 선택하는 풍습이 있었다. 기원전 1세기에 쯩니, 쯩짝 자매가 중국에 맞서 저항 운동을 벌인 것도 이런 전통과 관련이 깊다.

베트남 남부 지역은 주로 바다를 누비며 생활하였기에 어업과 항해술이 발달하였다. 참파는 주로 배를 이용하여 중국과 인도, 페르시아를 잇는 교역의 중심지 역할을 하였다. 참파는 200년경에 등장하여 1692년에 멸망할 때까지 1,400여 년간 베트남 남부를 지배하였다.

동남아시아 국가 변천 도표

연도

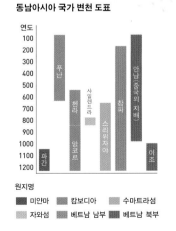

원지명

| 미얀마 | 캄보디아 | 수마트라섬 |
| 자와섬 | 베트남 남부 | 베트남 북부 |

앙코르 사람들 앙코르 왕조의 궁전 '앙코르 톰'에 있는 바욘 사원에는 당시의 시장 풍경이 조각되어 있는데, 천막 앞에서 한 여인이 물건의 무게를 재고 있고, 안에서는 생선을 다듬고 있다. 남자들은 닭싸움 같은 동물 싸움을 즐기고 있다. 이로 미루어 장사하고 흥정하는 활동은 주로 여자들이 한 것으로 짐작할 수 있다. 뒤에 보이는 건물은 앙코르 와트이다.

| 인간이 이룩한 기적, 앙코르 | 수리아바르만 2세는 완성된 건물을 보며 신에게 감격의 눈물을 바쳤다. 동서 길이 1,500미터, 남북으로 1,300미터, 전체 3층의 피라미드 구조에 중앙 탑의 높이가 65미터, 건물을 보호하기 위하여 앞에 파 놓은 물길만도 200미터. 자신이 지으라 명령한 건물이지만, 이렇게 웅장하고 아름다울 수가……. 약 300년 전 자야바르만 2세가 크메르^{앙코르} 왕조의 발전을 위하여 앙코르로 도읍을 옮겼을 때 겪었을 고통과 힘든 역사가 눈앞에 스쳐 갔다.

강력한 힘을 떨치던 푸난을 무찌르고 오늘날의 캄보디아와 베트남, 타이, 말레이반도 일부까지 지배하였던 나라, 앙코르. 기름진 논밭에 메콩강의 물길을 따라 발전하여 12세기에 인구 100만의 도시를 건설하였다. 절대 왕권으로 신에 비유할 만한 힘을 지녔던 수리아바르만 2세는 자신의 무덤이면서 '수도의 사원'이라는 뜻을 가진 앙코르 와트를 건설하였다. 힌두교 철학에 기반을 둔 설계에다가 일찍부터 전해진 불교의 조각 솜씨를 더하여 웅장함과 섬세함이 함께하는 세계 최대의 종교 유적을 탄생시킨 것이다.

| 바다를 누비는 섬 사람들 | 오늘날의 인도네시아와 말레이반도 지역은 기원전 1세기 무렵부터 인도 상인들의 발걸음이 잦아지면서 문화의 발달이 빨라졌다. 인도네시아라는 이름이 '인도인의 섬'이라는 뜻인만큼, 인도와 이 지역은 사람들 간의 교류나 결혼이 잦았다.

수마트라 지역의 스리위자야 왕국 역시 인도 상인들이 머물던 곳으로 7세기경에 큰 나라로 성장하였다. 정치의 틀을 제대로 갖추고 다스렸으며, 중국과 교류한 상업의 요충지였다. 믈라카 해협에 항구를 건설하였고, 수마트라뿐만 아니라 자와, 말레이반도까지 손을 뻗쳤다. 9세기경에는 앙코르 왕조 자야바르만 2세의 도움을 받아 1,000명의 대승 불교 승려가 이곳으로 건너와 사원을 세우기도 하였다. 13세기에는 15개의 위성국을 거느리며 발전하였으나, 14세기에 접어들면서 국력이 약해져 마자파힛 왕국에게 자리를 내주었다.

8세기경에 나타난 자와 지역의 샤일렌드라 왕국은 보로부두르 불탑으로 유명하다. 샤일렌드라 역시 활발한 무역을 바탕으로 성장하였으며, 스리위자야와 통합되면서 더욱 번성하였다.

보로부두르 불탑 772년 자와섬 중앙에 세운 대승 불교 사원으로, 탑의 집합체이면서 그 자체가 거대한 탑 모양을 하고 있다는 점에서 이채롭다. '보살의 10계단 위에 선(善)을 쌓은 탑'이라는 뜻의 대규모 탑으로, 대승 불교 경전이 아로새겨진 조각과 당시 생활 모습을 묘사한 흔적들이 인상적이다. 각 층마다 작은 탑이 72개씩 있으며, 불상이 400개에 1,460군데나 조각이 되어 있어, 세계적인 불교 유적으로 손꼽힌다.

어른 되는 방법,
암송하고 머리 깎기

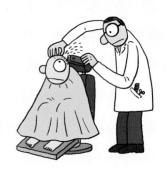

타이의 어린 승려 오늘날 타이의 어린이들이 조심스럽게 승려 과정을 밟고 있다.

여기는 12세기 인도. 오늘의 주인공 아지즈가 사람들에게 둘러싸여 긴장하고 있다. 조금 전에 정신을 집중하고 노래와 춤을 선보였지만, 과연 잘했는지 걱정이 된다. 기다란 실꾸러미를 들고 있는 손에는 땀이 솟고, 지금부터 외워야 할 시구들을 혹시 잊지는 않을까 하여 이마에도 식은땀이 난다. 그래도 씩씩하고 엄숙하게 하지 않으면 안 될 일, 다시 한번 마음을 가다듬는다. 이제 어른이 된다는 설렘과 함께.

인도는 지역과 계급에 따라 성인식의 모습이 달랐다. 그중 가장 유명한 의식은 지금 아지즈가 하고 있는 '우파나야나' 의식이다. 브라만과 크샤트리아, 바이샤 계급이 주로 하는 것이다.

한편 여자아이들은 특별한 의식 없이 결혼식으로 성인식을 대체하는 경우가 많았다. 결혼과 동시에 어른이 되었던 것이다.

이번에는 불교가 발달한 미얀마로 가 보자.

장엄한 목탁 소리와 함께 화려하게 차려입고 화장까지 한 열두 살 소년, 찐메우가 나타난다. 이제 머리카락을 한 올도 남기지 말고 깎아야 한다. 그러고 나면 며칠 동안 승려들과 함께 먹고 자며 생활한다. 이를 '신쀼' 의식이라고 하는데, 신쀼는 '승려가 된다.' 는 의미이다. 찐메우는 집 밖에서 생활하는 것이 처음이라 두려운 마음도 들었지만, 누구나 겪는 일이라며 마음을 굳게 다진다.

반면, 찐메우의 여자 친구 띠다는 엊그제 귀에 큰 구멍을 뚫어 귀걸이를 달았다. 이를 '나뜨윈' 의식이라고 하는데, 이로써 띠다는 소녀가 아닌 여성으로 인정받았다. 띠다는 달랑거리는 귀걸이도 마음에 들었지만, 무엇보다 어른으로서 찐메우를 다시 만날 생각에 왠지 모르게 설렜다.

▶ **인도의 우파나야나 의식** 화환을 목에 건 남자아이가 엄숙한 표정으로 어른이 되는 의식을 치르고 있다. 이 의식을 주관하고 있는 사람들은 브라만이다. 아이가 혹시 실수하지는 않을까 하여 어머니가 걱정스레 지켜보고 있다.

◀ **인도의 신부** 인도는 결혼할 때 신부집이 신랑집에 주어야 할 지참금의 액수가 만만치 않다. 그 때문일까? 신부의 고운 얼굴이 마냥 행복해 보이지만은 않는다.

동아시아 세계의 중심, 당의 수도 장안성의 성곽

7

장안에서 나라까지 굽이치는 동아시아

장성 너머 유목 세계가 중국 문화의
품으로 들어왔다.
그 새로운 역사는 유목민과 한족의
세계를 아우르는 수를 잉태하고 당을
낳았다.
수가 판 운하의 물길은 강남과 화북을
하나로 이어 주었고, 당으로 흐르는
비단길은 비단만큼이나 맵시 있게
비잔티움과 서역의 문화를 실어 날랐다.
이윽고 장안을 중심으로 열린 물길은
한반도로, 일본으로 흘러 동아시아
세계로 여울져 갔다.

1 통일로 가는 유목 세계와 농경 세계

중국 대륙

한 말기 이래 장성 너머에 살던 유목 민족이 점차 중국 내지로 들어와 한족 왕조를 무너뜨리고 화북 지역을 장악하였다. 화북 지역에서는 한족과 유목 민족이 서로 다투고 융합하면서 호·한의 새로운 세계를 이루었고, 이후 수 왕조는 대립하던 화북과 강남을 하나로 묶어 냈다.

- 가볼 곳: 북위의 수도 낙양(뤄양), 수의 대운하 ■ 만날 사람: 북위 효문제, 수 문제
- 주요 사건: 북위의 한화 정책, 수의 남북조 통일과 대운하 건설

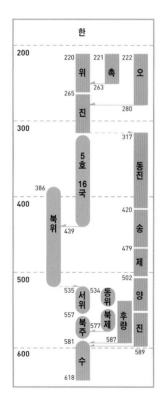

위·진·남북조의 변천 한이 멸망한 (220) 이후, 삼국 시대부터 수가 중국을 통일하기(589) 이전까지 360여 년간의 혼란기를 위·진·남북조 시대라고 한다.

│ 화북에 들이닥친 유목 민족 │ 한나라 말기에 농민들은 지나친 세금과 자연 재해, 북방 유목민의 잦은 침략으로 끼니조차 이을 수 없는 지경에 이르렀다. 농민들의 불만은 '농민이 잘사는 세상을 만들자.'는 기치를 내건 황건적의 난으로 폭발하였다.[184년] 이를 계기로 각지에서 무장 세력이 일어났는데, 대표적인 인물이 《삼국지》의 영웅 조조였다. 조조는 화북 지역을 장악하고 위나라를 세웠으나, 삼국을 통일하지는 못하였다. 삼국을 통일한 나라는 위를 이은 진晉이었다. 진나라는 농민의 생활을 안정시키기 위하여 노력하였으나, 귀족 사회 내부에 퇴폐 풍조가 유행하고 왕실 안에서 다툼이 끊이지 않았다.

불안하게 계속된 진 왕실의 다툼 속에서 세력을 키운 것은 유목민들이었다. 이들은 본래 중국 북쪽의 척박한 사막과 초원 지대에서 유목 생활을 하던 이민족들로, 한 말기 이래 남쪽으로 옮겨와 한족들과 섞여 살았다. 중국인들은 이들을 호족이라고 불렀다. 진이 허약해지자, 이 틈을 타 유목 민족들은 호족 왕조를 세웠다. 이때부터 화북 지방에는 흉노·선비·저·갈·강의 다섯 호족이 다투어 나라를 세워 대립과 혼란이 거듭되는 5호 16국 시대가 시작되었다. 한족이 다스리던 중국 땅에 유목민들이 삶의 둥지를 튼 것이다.

선 비 족

흉 노 족

갈족

강 족

저 족

선비족

고구려

라오허(요해)

국내성

라오둥(요동) 반도

보하이만

산둥반도

동 해

황 해

한성

백제

신 라

금성

가야

왜

규슈

4세기의 한반도
고구려는 한의
군현이던 낙랑군을 몰아
내면서(313) 대외
팽창을 꾀하였고,
백제는 한강을 중심으로
세력을 뻗어 중국의
요서(라오허 서쪽)와
산둥 지방, 일본의
규슈까지 진출하였다.

장안(시안)

낙양(뤄양, 진의 수도)

건강(난징, 동진의 수도)

남해(광저우)

남조 귀족의 생활 동진 이래 남조의 귀족들은 우월감 속에서
현실 정치를 외면하고 자연의 아름다움에 빠져들었다. 양쪽의
그림은 여성들의 교훈서인《여사잠》을 근거로 동진의 귀족
고개지가 그린〈여사잠도〉의 일부이다. 남자들도 느슨한
옷을 입고 얼굴에 하얗게 분칠까지 하였다.

⊙ 새로운 호·한의 세계

진의 왕족들은 서로 치열하게 싸우는 유목민을 각각 자기 편으로 끌어와서 세력을 강화
하려 하였다. 그러나 오히려 장성 이남에 자리 잡은 흉노족에게 멸망당하였고, 그 뒤
왕실의 일족이 강남으로 내려와 새로이 나라를 세웠다. 이를 동진(東晉)이라고 한
다. 화북 지방에는 5호의 호족 정권이 다툼 속에서도 한족과 융합하기 위하여 노력
하였다. 그중 화북 지방 대부분을 통일한 저족의 전진 왕 부견은 중국을 하나로 통
일하고자 동진을 침략하였으나 실패하였다. 알선 동굴에서 처음 둥지를 튼 선비족
이 이를 틈타 북위를 세우고, 이후 화북 지방을 통일하였다.

| 마주 서는 화북과 강남 |

진 왕족이 남하하여 동진을 세운 곳은 강남의 건강오늘날 난징이었다. 이로부터 강남에 들어선 왕조를 남조라 한다. 화북에서 피난 온 귀족들은 강남의 토착 세력과 손을 잡고, 유랑민이나 빈민을 모아 농토를 개간하여 거대한 장원을 소유하고 새로운 귀족 사회를 이루었다. 이들은 강남을 지키는 것은 물론, 화북 지방을 되찾기를 바랐다. 그러나 전쟁과 반란이 이어지면서 군사력을 장악하고 황제가 된 인물들은 이름 없는 가문 출신이었다. 이런 현실 때문에 귀족들은 시와 예술에 빠져들었지만, 귀족의 우월 의식만은 유지하려 하였다.

반면, 화북 지방에서는 호족과 한족의 갈등과 대립이 심하였다. 호족들은 한족을 평화적으로 다스리기 위하여 점차 중국의 역사와 문화에 관심을 갖기 시작하였다. 그럴 즈음 선비족이 세운 북위가 화북 지방을 통일하였다.439년 5세기 후반, 북위의 효문제는 호족과 한족의

윈강 석굴의 부처 북위 이래 유목 왕조들은 황제가 곧 부처라는 생각을 갖고 거대한 석굴 사원을 대규모로 조성하였는데, 북위 초기에 만든 윈강 담요 5굴이 대표적이다. 담요 5굴의 불상은 모두 북위 황제들의 모습을 본뜬 것으로, 사진의 불상은 높이가 13.7미터에 이른다.

▼ **남조의 석수** 남조에서는 낮은 가문 출신의 군인들이 황제가 되었기 때문에 귀족들의 승인을 받아야만 나라를 다스릴 수 있었다. 남조의 황제들은 황제의 권위와 존엄을 나타내려고 자기 능묘에 화려하고 거대한 석각을 만들었는데, 높이가 4미터에 이른 석수도 있다.

갈등을 누그러뜨리고 두 세력을 아우르려고 애썼다. 그는 한족의 문화를 적극적으로 받아들이고 도읍을 낙양^{뤄양}으로 옮기는 등, 중국화 정책을 시행하였다. 그의 목표는 남조를 무너뜨리고 중국을 통일하는 것이었다. 호족과 한족을 융합하려는 효문제의 노력은 어느 정도 효과를 거두었지만, 내부의 갈등을 낳기도 하였다.

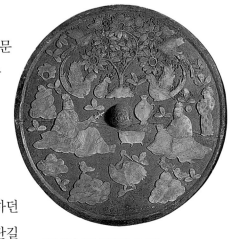

죽림 칠현 죽림 칠현은 위·진 시대 대표적인 귀족의 모습을 보여 준다. 그중에서도 혜강은 유교적 예법을 무시한 채 노장의 사상에 빠져 대나무 숲에서 술을 마시고 예법에 구애됨이 없이 친구들과 청담을 나누며 소일하였다고 한다.

| 부처를 믿고 도교를 따르니 | 거듭되는 전란 속에서 불안해하던 민중에게는 불교와 도교가 유일한 안식처가 되었다. 한 대에 비단길을 통하여 들어온 불교는 이동이 잦던 수많은 민족을 하나로 묶는 역할을 하였다. 당시의 불교는 부처의 기적이나 신비로운 경험담을 많이 지니고 있었다. 특히 호족 황제들은 부처의 힘을 빌려 자신의 권력을 강화하려고 거대한 석굴 사원을 만들었다.

한편 불교에 자극받아 도교가 성립되었다. 도교는 질병과 죽음에 대한 불안에서 벗어나기 위하여 민간에서 믿어 오던 전통 신앙과 불로장생의 신선 사상 위에 노장 사상을 결합한 것이었다. 의지할 데 없던 농민들은 이러한 사상을 쉽게 받아들였다. 한 말기에 일어난 황건적의 난도 여기에 영향을 받았다. 도교는 민중 속에 깊이 파고들었고, 불교와 마찬가지로 황제의 권력 강화에 이용되기도 하였다.

귀족 지식인들 사이에서는 유교가 침체된 반면, 도가 사상이 존중되었고 청담 사상이 유행하였다. 죽림 칠현으로 불리는 귀족들은 현실 정치를 외면한 채 정치 비판이나 철학적 논의를 일삼으며 세속을 떠난 자유로운 삶을 추구하였다.

왕희지와 〈난정서〉 동진의 명문 귀족인 왕희지는 글씨를 예술적 서체로 완성하여 서성(書聖)으로 불린다. 후세 사람들 가운데 그의 글씨를 좋아하지 않는 이가 없었다. 〈난정서〉는 그의 빼어난 행서 작품으로, 남조 사대부의 사상을 잘 드러내고 있다. 지금도 중국 어디를 가나 모사한 작품을 쉽게 볼 수 있다.

수 문제 북주 황제의 외척으로 황제의 자리를 물려받아 수를 세웠다. 그는 오랜 분열을 마무리하고 새로운 통일 왕조를 운영하고자 수도를 대흥(시안)에 정하고 율령을 정비하는 등, 황제권을 강화하였다. 그때 만든 율령과 제도는 모두 당이 계승하였다.

│운하로 이어진 화북과 강남│ 강남과 화북에서 대립하던 남북조 시대의 오랜 분열과 혼란을 통일한 사람은 수를 세운 문제 양견^{재위} _{581~604}이었다. 그는 호족과 한족의 세계를 융합하려던 북조를 계승하고 아들 광^{훗날 양제}을 보내 귀족 문화가 흐드러지게 핀 남조를 통합하였다. 이 일을 계기로 화북과 강남의 두 세계는 하나가 되었다. 농경민인 한족과 유목민인 호족이 서로 섞이는 호·한 일체의 세계가 마련된 것이다. 수는 지난 360여 년간 달리 살아온 두 체제를 하나로 묶기 위하여 통치 방식과 제도 정비에 노력하였다.

또한 수는 경제력이 풍부한 강남과 정치의 중심지인 화북을 묶는 대운하를 건설하였다. 대운하는 강남의 물자를 화북의 중앙 정부에 실어 날라 경제 교류를 촉진시키는 등, 중국의 대동맥으로서 역할을 충실히 해냈다. 하지만 공사에 동원된 백성들의 고된 노동은 이루 말할 수 없었다. 그리하여 죽거나 도망친 자가 헤아릴 수 없었다. 운하는 수가 고구려를 공격할 때 이용되기도 하였다.

대운하 역대 왕조가 뚫었던 운하를 수의 양제가 연결하여 완성하였다. 총길이 1,750킬로미터이며, 항저우에서 황허강의 탁군까지 5개의 큰 강을 남북으로 연결하여 곧바로 바다로 나갈 수 있었다. 양제는 옆의 그림처럼 용선을 타고 남쪽 지방을 순행하였는데, 백성들이 양제가 탄 배를 끌고 가는 모습이 보인다.

황제가 되기 위한 어려운 조건

'내일 아침이면 어머니가 죽는구나. 내가 황태자가 된 것이 괴롭다. 아버지께 손발이 닳도록 빌어 볼까? 아니, 그래도 소용없을 거야. 할머니도 그렇게 돌아가신걸.'

어김없이 먼동이 터 오는 것을 보며 황태자는 마냥 눈물만 흘렸다.

'자귀모사(子貴母死)'는 황제의 아들 중 하나가 황위를 이을 황태자가 되면, 그를 낳은 생모를 죽이는 북위의 제도였다. 황태자의 생모와 그 집안이 정치에 끼어드는 상황을 막으려 하였던 것이다.

중국의 여러 왕조 중 북위는 북방 유목 민족이 세운 나라였다. 유목민 여성들은 가축을 치고 젖을 짜는 등 일상생활에서 남성들만큼 많은 일을 하기 때문에 입김이 꽤 센 편이었다. 어느 기록에 "높은 사람이나 낮은 사람이나 첩을 두지 않는 것이 일반적이다. (중략) 정부의 벼슬아치들은 대개 첩을 두지 않으니, 천하가 자못 부인을 1명만 두게 되었다."라는 내용이 있는 것을 보면, 중국의 다른 왕조와 비교하면 북위는 여성의 권리가 상대적으로 높았음을 알 수 있다.

그러나 북위 황실의 입장에서는 여성들의 활약이 국가의 안정을 가로막는 큰 걸림돌이었다. 그래서 어떻게든 여성들의 활동을 막으려 애썼고, 황태자의 생모를 죽이는 제도까지 만들었던 것이다. 그러나 아들을 낳지 못하여 목숨을 이어 갈 수 있었던 문명 태후는 어린 효문제를 대신하여 정권을 잡기도 하였으니, 역사의 묘한 반전이 아닐 수 없다.

2 말 달리는 한반도, 일어서는 일본

우리나라와 일본

4세기에 백제는 한강을 발판 삼아 해상 강국으로 떠올랐다. 5세기에는 고구려가 남북조의 분열을 이용하여 동북아시아의 패자로 자리를 굳혔다. 신라는 6세기에 한강 유역을 차지하고 급성장하였다. 바다 건너 왜는 야마토 정권을 수립한 후, 대륙의 문물과 제도를 도입하여 중앙 집권 국가로 발돋움하였다.

■ 가 볼 곳: 지린성 지안, 북한산, 아스카 ■ 만날 사람: 광개토 대왕, 쇼토쿠 태자
■ 주요 사건: 광개토 대왕의 정복 사업, 아스카 문화의 발달

| **동북아시아를 누비는 고구려** | 중국 지린성 지안의 퉁거우^{국내성} 들판에 우뚝 서 있는 광개토 대왕비는 벅찬 역사의 숨결을 느끼게 한다. 굳은 단결력과 용맹으로 중국에 맞서 영토를 넓히고 커다란 정치 세력으로 성장한 고구려!

광개토 대왕^{재위 391~413} 때 고구려는 서쪽으로 거란족을 정벌하는 한편, 요동을 놓고 오랫동안 다툼을 벌여온 북조의 후연을 격파하였다. 만주 동쪽에 살던 숙신^{읍루(말갈)}과 동부여에 대한 지배권도 강화하였다. 그리하여 동북아시아를 고구려 중심의 세계로 다듬어 놓았다. 이제 동북아시아 최강국으로 떠오른 고구려는 북위로부터 강남의 제나라와 동등하게 대우받는 등 외교적으로 최상의 대접을 받았다.

또한 고구려는 백제를 적극적으로 밀어붙여 한강 너머까지 진격하였다. 이에 백제가 왜를 내세워 고구려와 친한 신라를 공격하자, 고구려는 군대를 보내 신라에서 백제와 왜를 몰아내고 가야 지역까지 추격하여 백제의 기세를 꺾어 놓았다. 그러고는 신라에 더욱 큰 영향력을 휘둘렀다.

광개토 대왕의 뒤를 이은 장수왕^{재위 413~491}은 수도를 국내성에서 평양으로 옮기고 강력하게 남하 정책을 펼쳤다. 백제의 수도인 한성을 공격하여 개로왕을 전사시켰으며, 신라를 공격하여 영토를 넓히고 지금의 충주에 고구려비를 세웠다.

졸본의 오녀산성 고구려의 발상지로서, 주몽이 고구려를 세우고 최초로 쌓은 산성이다. 국내성으로 옮길 때까지 수도 역할을 하였다. 3면이 100미터쯤 되는 절벽으로 이루어져 있는 천연의 요새이다.

유연

광개토 대왕비 광개토 대왕의 업적을 기념하기 위하여 아들 장수왕이 414년에 세운 비석, 높이 6.49미터짜리 비석 4면에 1,775자로 건국 신화, 정복전쟁 등을 기록하였는데, 고구려 왕을 천손의 자손으로, 고구려를 천하의 중심이라고 여겼음을 알 수 있다.

숙신

동부여

부여

거란

고구려

신라의 호우명 신라의 수도 금성(경주)의 한 무덤에서 나온 청동 그릇. 바닥에 국강상광개토지호태왕(國岡上廣開土地好太王)이라고 광개토 대왕비와 같은 글씨체로 새겨져 있어 당시 신라에 대한 고구려의 영향력을 짐작할 수 있다.

졸본성　○국내성

후연

　●요동성
●안시성　○서안평

평양성

왜

광개토 대왕 때
고구려 남쪽 경계

한성

신라

금성

장수왕 때
고구려 남쪽 경계

웅진성

가야

백제

북위

보하이만

⊙평성(다퉁)

⊙ 광개토 대왕과 장수왕 때 고구려의 팽창

○ 395 거란 정벌

○ 396 백제의 58성 격파

○ 398 숙신 정복

○ 400 백제·가야·왜를 공격하여 동맹 관계에 있던 신라 구원

○ 407 후연 정벌

○ 410 동부여와 동예 정벌

○ 427 국내성에서 평양으로 수도 옮김

고구려의 팽창은 남으로 백제를 긴장시켰다. 백제는 중국과의 외교를 강화하고, 가야나 왜와 더욱 긴밀한 관계를 유지하며 맞섰다. 고구려는 동북아시아의 최강국으로서 중국 대륙의 북위와 남조의 대립을 이용하면서 스스로를 천하의 중심이라고 자부하였다. 당시 동아시아는 중국의 남북조, 북아시아의 유연, 동북아시아의 고구려 등이 다원적인 세력 균형을 이루고 있었다.

| 재기를 꿈꾸는 백제, 힘차게 나는 신라 | 한강 유역에 자리 잡은 백제는 기름진 땅과 좋은 지리 조건을 바탕으로 성장하였다. 4세기 후반 근초고왕 때 한강을 중심으로 강력한 해상 왕국을 이루어 전성기를 열었다. 남쪽으로 마한을 공격하여 호남의 곡창 지대를 차지하고 서남 해안의 바닷길도 주름잡았다. 낙동강 유역의 가야 지역도 자기 편으로 끌어들였다. 또한 고구려의 평양성까지 공격하여 고국원왕을 전사시키고, 황해도 지역까지 손을 뻗어 백제 역사상 가장 넓은 영토를 차지하였다. 나아가 중국의 요서 지방과 산둥반도, 일본의 규슈까지 바닷길을 헤치고 다녔다.

그러나 5세기 들어 고구려 광개토 대왕과 장수왕의 잇따른 공격을 받아 한성이 무너졌다. 위기에 몰린 백제는 방어에 유리한 웅진 오늘날 공주으로 도읍을 옮겨 슬픔을 가누고 재기를 도모하였다.

가장 발전이 더뎠던 신라는 6세기 중엽 진흥왕 때 크게 성장하였다. 고구려를 공격하여 영토를 넓히고 전략적으로 중요한 충청도를 손에 넣었다. 고구려의 그늘에서 벗어난 신라는 이제 백제를 몰아세웠다. 고구려로부터 한강 유역을 되찾아 재기를 꿈꾸던 백제에 기습 공격을 감행하였다.

6세기 중엽, 신라는 드디어 한강의 새로운 주인이 되었다. 한강 유역을 차지함으로써 중국으로 통하는 길을 열고, 고구려와 백제의 연결을 끊을 수 있었다. 이어 가야와 고구려를 공격하여 영토를 한껏 넓히면서 힘차게 날갯짓하였다.

진흥왕 때 신라의 영토 팽창 정치적으로 가장 뒤처졌던 신라는 가야를 정복하고 한강 유역을 차지함으로써 중국과 직접 교류할 수 있는 발판을 마련하였다. 오른쪽의 북한산비는 진흥왕이 북한산 일대를 두루 돌아다니며 살핀 뒤 이를 기념하여 세운 비로, 현재는 국립 중앙 박물관에 있다.

[지도 내 표기]
백두산
고구려
국내성
마운령비 (568)
황초령비 (568)
진흥왕 때 진출하였다가 물러선 영토
진흥왕 때 확장한 영토
평양성
북한산비 (555)
신라
단양 적성비 (551)
당항성
웅진
관산성
금성
사비 (부여)
창녕비 (561)
진흥왕 즉위 초의 영토
백제

| 나라의 기틀을 다진 야마토 정권 | 일본 열도에서는 3세기 무렵에 30여 개이던 나라가 야마타이 국을 중심으로 통합되어 갔다. 히미코는 야마타이 국의 여왕으로서 최초의 왜 왕이었다. 5～6세기경에는 야마토 정권을 중심으로 통일 국가를 이루었다. 야마토 정권은 한반도와 중국 대륙의 문화를 적극적으로 받아들였다. 특히 백제의 학자나 정치 세력들이 큰 도움을 주었는데, 대표적인 인물이 왕인이었다. 왜인들은 대륙이나 한반도에서 건너와 문화를 전해 준 사람들을 도라이진^{물 건너온 사람}이라고 불렀다.

왜는 6세기 후반부터 7세기 전반에 걸쳐 유교와 불교를 받아들이고 아스카를 중심으로 발전하였다. 수나라가 중국을 통일하여 동아시아 정세가 변하자, 왜 역시 국정 개혁의 필요성을 절감하였다. 쇼토쿠 태자는 유교의 가르침을 바탕으로 정치를 바로잡고, 호류사와 같은 거대한 사원을 지어 불교를 장려함으로써 왕의 권위를 높이려 하였다. 이때 형성된 불교 문화를 '아스카 문화'라고 한다.

그러나 집권 세력이 바뀌자 권력자들은 수도를 아스카에서 나니와로 옮기고 '다이카'라는 연호를 사용하는 한편, 당에 유학생을 보내고 견당사를 파견하여 앞선 문물을 들여왔다. 이윽고 645년에는 당의 제도를 본떠 중앙 집권 국가를 세우고자 개혁을 단행하였다.^{다이카 개신} 이때에는 당 문화의 직접적인 영향을 받은 하쿠호 문화가 꽃폈다.

중앙 집권 국가로 발돋움하는 일본

○ **189년경 히미코, 야마타이 국의 여왕이 됨**

○ **239 야마타이 국, 중국의 위나라에 사신 파견**

○ **300년 전후 야마토 정권 수립, 고분 출현**

다이센 고분 길이 486미터의 일본 최대 고분. 일본 열도에 4세기 무렵부터 갑자기 거대한 고분이 나타나기 시작하였는데, 야마토 왕들의 무덤으로 짐작된다. 무덤 앞부분은 네모진 모양, 뒷부분은 둥근 모양을 하고 있어 '전방후원분'이라고 부른다.

○ **372 백제 근초고왕, 칠지도를 보냄**

○ **538 백제 성왕, 불상과 경전을 보냄**

○ **592 아스카로 수도 옮김, 아스카 시대 시작**

○ **593 쇼토쿠 태자의 섭정 시작**

○ **600 중국 수에 처음으로 사신 파견**

○ **645 다이카 개신**

호류사의 백제 관음 입상
호류사는 6세기 말에 쇼토쿠 태자의 명을 받아 지은 목조 사찰로, 아름다운 불상인 백제 관음 입상이 보관되어 있다. 길이 210.9센티미터로 고류사의 반가유상과 함께 아스카 시대 대표적인 목조 불상이다.

쇼토쿠 태자

3 백강에서 겨루는 동아시아 삼국

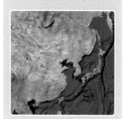

동아시아

7세기 동아시아는 격동의 시기였다. 한반도에서는 고구려가 수·당 제국의 침략을 물리쳤고, 위기에 몰린 신라는 당과 군사 동맹을 맺어 백제와 고구려를 멸망시킨 뒤, 당군마저 몰아내고 삼국을 통일하였다. 왜는 국가 체제를 정비하고 나라 이름도 '일본'으로 바꾸었다.

■ 가 볼 곳: 살수, 안시성, 백강 ■ 만날 사람: 김춘추, 당 태종
■ 주요 사건: 백강 전투, 신라의 통일

| 살수에서 안시성까지 | 동아시아에서 7세기는 격동의 시대였다. 한반도에서 삼국이 숨가쁘게 경쟁을 벌일 무렵, 대륙에서는 수에 이어 당이 중국을 통일하였다. 수·당에 동북아시아 최강자인 고구려는 커다란 위협이 되었기에 둘 사이의 충돌은 피할 수 없었다. 먼저 수는 국가의 온 힘을 기울여 고구려를 네 차례나 침공하였다. 이에 맞서 고구려는 을지문덕이 수의 30만 대군을 유인하여 대승을 거둔 것612년, 살수 대첩을 비롯하여 수의 공격을 당당히 물리쳤다. 몇 차례의 원정에 거듭 실패한 수에서는 "요동에 가서 개죽음당하지 말자."라는 내용의 노래가 유행하였고, 전국적으로 농민 봉기가 잇따랐다. 그러더니 결국 당에 멸망당하고 말았다.618년

중국을 다시 통일한 당은 한동안 고구려와 평화로운 관계를 유지하였다. 하지만

수의 고구려 원정 수는 598년부터 계속해서 고구려를 침략하였다. 특히 612년에는 군사 113만 8,000명, 보급 부대 200만 명을 12군으로 나누어 매일 1개 군단씩 출발시켰다. 출발하는 데만도 40일이 소요되었다고 한다. 그러나 이렇게 국력을 기울인 고구려 원정은 끝내 실패하였고, 그동안 쌓였던 백성들의 불만이 폭발하여 온 나라가 반란에 휩싸였다.

→ 수 양제(612)의 침입로
▪▪▪▪ 수의 대운하

이는 오래 가지 못하였다. 당은 이웃 나라를 억누르며 유목민의 세계까지 아우르더니, 고구려를 겨냥하였다.

고구려에서는 위기 의식이 높아졌다. 당에 대하여 강경한 입장을 취해 온 연개소문이 정권을 잡고 당과의 전쟁에 대비하였다. 그러던 645년, 고심 끝에 당 태종은 직접 15만 군사를 이끌고 고구려를 공격하였다. 고구려는 당의 대군을 맞아 끈질기게 맞섰다. 온갖 방법을 다 동원하던 당은 안시성에서 크게 패한 후 주춤하고 말았다.

당 태종 아버지 이연(당 고조)을 도와 당을 세운 뒤, 주변국을 차례로 정복하여 복속시켰다. 고구려가 복종하지 않자 줄기차게 고구려를 공격하였으나, 끝내 뜻을 이루지 못한 채 죽었다. 당 태종에 의한 중국 중심의 국제 질서에 고구려가 반발한 것은 고구려가 그간 동북아시아 세계의 중심이었기 때문이다. 따라서 두 나라의 충돌은 두 개의 세계를 인정하지 않으려는 당과 고구려의 세계관이 충돌한 것이기도 하였다.

| 김춘추, 당 태종을 만나다 | 6세기에 들어와 신라는 백제와 고구려를 거침없이 공격하였다. 특히 고구려가 수와 전쟁하는 틈을 타서 영토를 크게 넓혔다. 그러나 한편으로 백제의 계속적인 공격에 시달렸다. 의자왕의 반격이 드세지는 가운데 40여 성이나 백제에게 빼앗긴 적도 있었다. 게다가 고구려의 압력도 점점 심해졌다.

벼랑 끝에 몰린 신라의 김춘추는 642년 겨울, 고구려로 향하였다. 연개소문과 마주한 그는 양국이 다툼을 중단하고 백제군을 막을 지원병을 신라에 보내 달라고 요청하였다. 연개소문은 "죽령 이북 고구려의 옛 땅을 돌려 준다면 생각해 보겠다."라고 말하며, 신라가 차지한 고구려 땅을 모두 토해 내라고 도리어 으름장을 놓았다. 실망한 김춘추는 "신라에 돌아가 여왕과 상의하여 돌려 주겠소."라며 돌아섰다. 역사적으로 중요한 시점에서 협상은 깨졌고, 의지할 데 없던 김춘추는 6년 뒤인 648년에 당으로 건너갔다. 고구려 공격에 실패한 후 고구려를 꺾을 생각에 골몰하고 있던 당 태종은 신라의 김춘추를 반갑게 맞았다.

이로써 백제와 고구려의 위협에서 벗어나려던 신라와 고구려를 쓰러뜨리기 위하여 고심하던 당의 속셈이 맞아떨어졌고, 양국은 연합군을 구성하는 데 뜻을 같이하였다.

❶ 안시성 전투 645년, 안시성은 작은 산성에 불과하였으나 성주의 통솔력과 성 주민들의 용기와 투지로 당 태종의 온갖 전략을 물리치고 성을 굳건히 지켜 냈다. 당 태종은 안시성보다 높은 토성을 쌓아 공격하였으나 모두 허사로 끝나고 말았다.

❷ 나당 연합 위기에 몰린 신라의 김춘추는 당 태종으로부터 고구려와 백제를 무너뜨린 후 평양의 남쪽과 백제 땅을 약속받는 등, 대당 외교에 성공하였다. 이후 신라는 당의 연호를 쓰는 등 친당 정책을 폈고, 김춘추는 654년에 왕(태종 무열왕)이 되었다.

❸ 백강 전투 어이없게 나라를 잃은 백제에게 구원 요청을 받은 왜는, 금강 하구 백강에서 나당 연합군과 싸웠으나 대부분의 배가 불에 탄 채 크게 패하고 말았다. 이후 왜와 한반도의 긴밀한 관계도 끊어졌다.

◉ 7세기 동아시아의 격변

신라는 백제의 잇따른 공격으로 위기를 맞아 고구려에 구원을 요청하였다가 거절당하자, 당의 힘을 빌려 고구려와 백제를 멸망시켰다. 그러나 당은 한반도를 집어삼키려 하였고, 신라는 백제와 고구려 유민을 적극 활용하여 한반도에서 당군을 완전히 몰아냈다. 신라는 이후 백제와 고구려 유민을 포섭·회유하고, 하나의 백성으로 융합하는 정책을 폈다. 신라의 삼국 통일은 우리 민족 형성의 기반을 마련하는 계기가 되었다.

642 신라, 백제에게 대야성 등 40여 성을 잃음. 김춘추, 고구려 연개소문과 협상에 실패

645 고구려, 안시성에서 당군 격파

648 김춘추, 당 태종과 협상에 성공

660 나당 연합군, 백제 사비성 함락, 백제 멸망

663 왜의 백제 구원군, 백강에서 나당 연합군에 대패

665 당, 신라로부터 백제 영토 빼앗음

668 나당 연합군, 평양성 포위 공격, 고구려 멸망

671 나당 전쟁 시작

676 신라, 매소성에서 당군 격파, 나당 전쟁 종결

| **백강에서 충돌한 세 나라** | 660년 여름, 신라는 당과 손잡고 백제를 공격하였다. 백제의 의자왕은 신라와의 전쟁을 승리로 이끄는 등 초기에는 국력을 크게 떨쳤으나, 전쟁에 몰두한 나머지 국력을 지나치게 소모시켰다. 백제는 결국 나당 연합군의 공격에 허무하게 무너지고 말았다. 3년 뒤, 백제와 긴밀한 관계를 유지해 왔던 왜가 백제를 도우러 왔다. 그러나 신라와 당의 군대는 금강 하구 백강에서 왜의 구원군을 크게 무찔렀다. 백강 전투라 불리는 이 싸움은 백제 최후의 전쟁이 되었고, 삼국 통일의 최대 승부처에서 저울추가 차츰 신라 쪽으로 기울기 시작하였다.

백제를 멸망시킨 신라는 당과 연합하여 고구려를 공격하였다. 얼마 뒤, 고구려를 압박하던 나당 연합군은 뜻밖의 기회를 얻었다. 666년에 연개소문이 죽자 그의 아들들 사이에서 권력 다툼이 일어났고, 권력에서 밀려난 큰아들이 당으로 넘어가 하루 아침에 당군의 선봉장이 되어 길 안내를 하였다. 그러니 어찌 고구려가 나라를 지킬 수 있었겠는가!

고구려가 망하자 당은 노골적으로 한반도를 지배하려는 야욕을 드러내기 시작하였다. 신라는 이제 고구려 부흥군을 지원하면서 백제 유민과도 적극적으로 연합하여 당의 야욕을 막았다. 676년, 신라는 고구려와 백제 부흥군의 도움을 받아 매소성과 기벌포에서 당군을 격퇴시켰다. 이로써 삼국 통일을 마무리지었다.

고구려의 멸망과 신라의 삼국 통일 오늘날 신라의 삼국 통일에 대해 외세인 당을 끌어들이고 만주를 잃게 만든 처사라며 의의를 부정하는 의견이 많다. 그러나 당시 삼국의 관계는 서로 죽느나 사느냐의 문제였다. 신라는 동아시아 국제 정세에 능동적으로 대응한 실리 외교의 승리자였을 뿐이다. 오른쪽 신라의 기마 인물상에는 신라인의 강인한 의지가 엿보인다. 반면, 오늘날 중국 카이펑에 있는, 연개소문의 큰아들 연남생의 묘지석은 당시 고구려의 분열을 보여 준다.

☉ 남북국 시대

옛 고구려 땅에 발해가 들어서면서 발해와 신라가 공존하였다는 의미로 남북국 시대로 보는 경향이 많다. 실제로 당시 신라인들은 발해를 북국이라 부르기도 하였다. 조선 후기에 유득공이 《발해고》에서 남북국 역사를 제안한 이래, 일제 강점기에 신채호는 신라의 통일에 대하여 외세인 당군을 끌어들여 백제를 통합하는 데 그친 것으로 악평한 반면, 발해의 건국에 대해서는 고구려 계승을 실현한 쾌거로 호평하였다. 그러나 처음으로 하나의 나라로 묶어 내어 민족 형성의 기반을 마련한 신라의 통일이 가지는 의미를 결코 가벼이 보아서는 안 된다.

고구려를 이은 발해 발해는 건국 후 옛 고구려의 영역을 되찾고, 국서에도 '고(구)려 국왕'이라고 언급하며 고구려의 계승자를 자처하였다.

발해의 초기 중심지

8세기 성왕대 발해 영토(추정)

▶ **귀족의 모습인가** 경주 용강동 돌방 무덤에서 출토된 흙인형으로, 수염이 덥수룩한 서역인의 모습을 하고 있지만, 당나라식 복장을 한 신라의 진골 귀족으로 보인다.

은 국자

금 밥그릇

▲ **신라의 귀족 문화** 벌궁에 딸린 연못, 월지(아래)에서 군신들이 모여 국정을 논하고 연회를 베풀었다고 전하며, 이곳에서 발굴된 유물을 비롯하여 신라의 유물들은 화려한 귀족 문화를 엿보게 한다.

▲ **불교의 나라, 신라** 신라의 불교는 호국 불교이다. 선덕 여왕 때 짓은 황룡사에서 국가의 대규모 불교 의식을 거행하였으며, 감은사를 건설하여 나라를 지키는 용이 되기를 자처한 문무왕의 무덤(대왕암)을 지키게도 하였다. 이상적인 불국을 이루려는 염원으로 불국사를, 부처의 마음이 온 백성에게 퍼지기를 바라는 마음으로 봉덕사 신종(왼쪽)을 만들었다.

| 새롭게 변하는 동아시아 | 통일의 가파른 고빗길을 오른 후, 신라와 왜는 나라를 새롭게 정비하였고, 발해도 점차 당 중심의 동아시아 질서에 편입되었다. 이들 나라는 당이 이끄는 조공·책봉 관계를 통하여 서로 교류하였다.

신라는 통일 후 유교 정치 이념에 따라 왕권을 강화하려 하였다. 옛 고구려와 백제 땅을 아우르는 지방 제도를 정비하여 9주 5소경을 두었다. 또한 불교 이상 국가인 부처의 나라 '불국'을 건설하려 하였다. 한편 당에 넘어간 지역에 살던 옛 고구려인들은 줄기차게 당에 저항하였다. 7세기 말에 고구려 장군 출신인 대조영은 만주 지린성 동모산에서 '진震'이라는 나라를 세웠다. 진은 고구려 영토를 대부분 회복하고, 스스로 고구려를 이은 나라라고 밝혔다. 또한 빠르게 세력을 확대하여 돌궐 및 일본과 연결하고, 무왕 때에는 장수 장문휴를 보내 당의 등주덩저우를 공격하기도 하였다.732년 이에 신라는 북쪽 국경에 장성을 쌓아 대비하였고, 당은 진 왕을 발해 국왕으로 책봉하였다. 8세기 후반에는 당·발해·신라가 상호 견제하며 세력 균형을 이루었다. 발해는 당, 일본과 친선 관계를 맺고 교류하였으며, 신라와는 다소 대립하고 견제하는 가운데 틈틈이 교류하였다.

왜는 백강 전투 패배로 충격에 빠진 데다 신라와 당이 쳐들어 올까 봐 몹시 두려워하였다. 이에 국방을 강화하고 내부 개혁에 힘을 기울였다. 나라 이름을 '일본'으로 정하고 8세기에는 수도를 '나라'에 정하였으며 '왕'이 아니라 '천황텐노'이라는 명칭을 사용하는 등 중앙 집권적인 체제를 굳히려 하였다. 8세기 말에는 수도를 헤이안쿄오늘날 교토로 옮겨 헤이안 시대가 열렸다. 이때에는 귀족과 사원 세력이 커지면서 왕권이 약화되었다. 귀족들은 무사를 고용하여 점차 독자적인 세력으로 성장해 나갔다.

도다이사 대불 '다이부쓰(대불)'라는 애칭으로 불리는 높이 16.2미터, 무게 250톤의 거대한 청동제 비로자나불이다. 나라 시대인 8세기 중엽에 불교의 힘으로 국토를 번영시키려는 목적에서 조성하였다. 화재로 인하여 대불전과 함께 불에 타버리고 지금의 것은 1185년에 조성된 것으로 대불 대좌의 연화 조각만이 남아 있나.

4 비단길에 실려 온 당의 봄바람

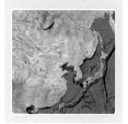

동아시아

당은 안으로 제도를 정비하고 밖으로 영토를 확장하여 세계 제국을 건설하였다. 또한 남북조의 화려하고 강건한 귀족 문화에 서역 문화를 더하여 어떠한 왕조보다 개방적이고 화려한 문화를 꽃피웠다. 동아시아 여러 나라는 당의 제도와 문물을 수용하여 동아시아 세계를 형성하였다.

■ 가 볼 곳: 장안 ■ 만날 사람: 이백, 장보고 ■ 주요 사건: 동아시아 문화권 형성

| **세계로 뻗어 나가는 당** | 당은 태종과 고종 때에 대당 제국을 완성하였다. 안으로 법률을 정비하는 등 국가의 기초를 세우고, 밖으로 영토 확장에도 힘을 기울였다. 당 태종은 티베트와 돌궐, 위구르를 무릎 꿇리고 비단길을 차지하여 유목 민족 세계까지 아울렀다. 뒤를 이은 고종에게는 무측천이란 황후가 있었는데, 시름시름 앓는 고종을 대신하여 권력을 잡고 능력 있는 인물을 두루 뽑아 쓰는가 하면, 황제권을 강화하고 국력을 크게 떨쳤다. 또한 백제와 고구려를 멸망시키는 등 당 역사상 최대의 영토를 확보하였다.

당은 점령지의 민족들을 효과적으로 다스리기 위하여 그곳 지배자를 벼슬아치로 임명하여 어느 정도 자치를 인정해 주었다. 그런 정책의 하나로 때로 당의 공주와 정략 결혼을 시켰는데, 티베트 왕과 결혼한 문성 공주가 대표적이다. 이 과정에서 티베트에 당의 문물이 흘러 들어갔다. 한편 비단길을 통한 서역과의 문물 교류도 어느 때보다 활발하여 새로운 문화가 당으로 전해졌다.

봉선사 비로자나불 뤄양 룽먼 석굴 안에 있는 봉선사의 주불. 무측천을 모델로 삼았다고 하는데, 높이만 7미터에 달하여 황제가 되기 위한 무측천의 집념이 얼마나 강렬하였는지 짐작케 한다. 그녀는 결국 황제의 자리에 올라 중국 역사에서 유일한 여황제가 되었다.

화려한 장안의 봄 영토를 확장하여 세계 제국을 이룬 당에는 북조의 강건한 문화와 남조의 화려한 문화가 섞여 있었다. 여기에 멀리 페르시아를 비롯하여 서역에서 들어온 국제적인 문화가 더해져, 당에는 풍부하고 화려한 귀족 문화가 꽃폈다.

7세기에서 10세기까지 세계의 모든 길은 당의 수도 장안^{오늘날 시안}을 향해 달렸다. 장안은 정치적인 사명을 띠고 온 각국의 사신은 물론, 동쪽의 한반도와 일본에서 온 유학생과 유학승, 북쪽의 돌궐과 위구르에서 온 부족장과 무사들로 붐볐다. 중앙아시아의 오아시스 왕국에서는 화가와 음악가들이, 사마르칸트와 인도, 페르시아, 아라비아에서는 상인들이 장안으로 몰려들었다. 당시 당은 종교나 정치적 박해를 피해 온 외국인들까지 너그럽게 받아들여 거대한 용광로나 다름없었다.

수도 장안은 인구 100만을 헤아리는 국제 도시로서, 많은 학자와 예술가가 배출되어 화려한 문화의 꽃을 피웠다. 유명한 시인 이백은 모란꽃이 흐드러지게 핀 장안의 봄을 취한 듯 노래하였다. 이 시기에는 비단길과 바닷길을 통하여 페르시아와 아라비아의 상인들이 참여하는 국제 무역도 크게 발달하였다. 장안의 상류 사회에서는 서역 지방의 취미가 유행하였는데, 당삼채의 다양한 모양에서 그 흔적을 엿볼 수 있다.

주변 나라들은 당나라의 우수한 제도와 문화를 배워 자기 나라의 발전을 꾀하였다. 특히 동아시아의 여러 나라가 유교와 불교, 한자를 수용하였고, 도읍을 만드는 데에도 장안의 형태를 본떴다. 그리하여 동아시아는 점차 하나의 문화권을 형성하게 되었다.

구름을 보면 그대 옷 생각
꽃을 보면 그대 얼굴 생각
창가에 봄바람 부니
이슬 맺힌 꽃송이 농염하구나
이백, 〈청평조(淸平調)〉

이백과 두보 〈청평조〉는 이백이 당 현종의 요청을 받고 양귀비의 아름다움을 노래한 시이다. 이백은 두보와 함께 쌍벽을 이루는 당나라의 천재 시인이다. 이백이 타고난 자유분방함과 뛰어난 감각을 갖고 인간의 기쁨을 노래하였다면, 두보는 인간의 고뇌에 깊이 침잠하여 시대의 아픔을 긴 울림으로 노래하였다.

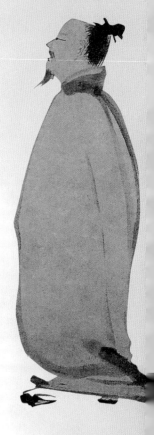

말갈

당이 지배하는 서역

바이칼호
키르기스

발하슈호

투르키스탄

중가르

위구르

장안으로 향하는 동쪽의 발길 신라와 발해의 유학생, 일본의 견당사가 장안에 파견되었다. 신라의 최치원이 관리로서 《토황소격문》을, 일본 승려 엔닌이 중국에 유학하여 《입당구법순례행기》를 썼다. 엔닌은 중국을 여행하면서 신라인의 도움을 많이 받았는데, 특히 장보고에게는 감사의 편지를 보내기도 하였다.

부하라

타슈켄트

사마르칸드

페르가나

카슈가르

투루판

발해

신라

힌두쿠시산맥

호탄

당

덩저우

호탄

인더스강

티베트

양자우

일본

델리

히
말
라
야
산
맥

○라사

갠지스강

브라마푸트라강

인 도
(힌두 왕조 난립)

파간

남중국해

피우
○페구

○수코타이

차오저우

메
콩
강

안
남

앙코르

참
파

⊙ 당의 번영

당은 최대 제국을 이룬 무측천에 이어 현종 때에 귀족적이고 세계적인 문화의 꽃을 피웠다. 서쪽의 비단길을 통하여 비잔티움 제국부터 동쪽의 신라와 바다 건너 일본까지 당을 찾아왔다. 한편 당은 주변에 6도호부를 두고 정복지의 왕이나 추장을 지방관으로 임명하여 간접적으로 다스리거나(기미 정책), 정략 결혼으로 평화를 유지하였다.

당삼채 당 대 흰색 또는 황록색 유약에 녹색을 섞어 광택이 나게 만든 도기로, 무덤에 넣는 부장품으로 쓰였다. 당시 유행의 첨단을 걸었을 법한 서역풍의 의상을 입고 화장한 귀부인, 카펫이 깔린 낙타 위에 등을 맞대고 앉아 악기를 연주하는 서역인, 페르시아에서 들어온 격구(폴로)를 하는 여인 등은 귀족들의 생활에 담긴 다양하고 이국적인 모습을 보여 준다.

| 동아시아의 세계인 | 당에서 활약한 동아시아 사람들은 무척 많다. 신라와 발해의 유학생들이 당의 과거 시험에서 치열하게 경쟁하였는가 하면, 신라의 최치원, 장보고와 혜초, 발해의 대문예가 당에서 명성을 떨쳤다. 일본 사람들도 많은 흔적을 남겼다. 그중 승려 엔닌과 관리 아베 나카마로를 대표적으로 꼽을 수 있다.

8세기에 일본의 아베 나카마로는 당의 과거 시험에 합격하여 높은 관직을 거친 후, 안남 도호의 벼슬에 임명되어 베트남을 다스렸다. 그는 50년에 걸친 생애를 이국 땅 중국에서 마쳤다.

9세기에 신라의 장보고는 당에 들어가 해안의 군중 소장이 되면서 두각을 나타냈다. 그러나 이국 땅에서 신라인들이 노비로 팔려가는 현실을 본 후, 신라에 돌아와 완도에 청해진을 설치하고 해적을 소탕하였다. 그뿐만 아니라, 당과 일본 간의 무역을 중계하여 해상 무역을 독점하였다. 당시 청해진은 오늘날의 홍콩이나 싱가폴처럼 독립적인 국제 무역의 중계지이자 자유 무역항이었다.

유학승 혜초는 동아시아의 진정한 세계인이었다. 그는 당에 유학 중이던 732년에 바닷길로 인도를 순례하고 중앙아시아의 육지 길을 통하여 돌아와 《왕오천축국전인도 다섯 나라를 다녀온 이야기》을 남겼다.

일본의 〈길상천상〉 길상천은 행복과 재산을 주는 인도의 여신으로, 둥그런 얼굴에 초승달 모양의 눈썹을 하고 있어 당의 미인도의 영향을 엿볼 수 있다. 8세기 나라 시대의 작품으로, 야쿠시사에 있다.

발해의 토기 발해에서도 당삼채의 영향을 받은 그릇을 제작하였음을 짐작할 수 있다.

신라의 사리 장치 유리는 신라인들이 사랑을 받은 서역의 명품이다. 금으로 도금한 신라 특유의 사리 장치와 페르시아 계통의 둥근 무늬가 새겨진 유리잔 안에도 녹색의 작은 유리병이 들어 있다. 8세기 작품으로 경상북도 칠곡 송림사 5층 벽돌탑에 있다.

문화유산 나들이

깨달음의 불교! 비단길을 건너다

◉ 비단길의 관문, 둔황 막고굴

비단길을 타고 들어와 중국에 가장 큰 영향을 준 불교. 중생을 구하려는 바람은 중국으로 들어오는 관문인 둔황에 거대한 천불동의 석굴 사원을 짓는 것으로 이어졌다. 5호 16국 시대부터 원나라 때까지 중국인들은 1.6킬로미터에 이르는 이 거대한 석굴을 짓는 데 정열을 쏟았다. 석굴 안에는 벽화와 채색한 불상, 엄청난 문헌이 보관된 장경동도 있다. 미술, 종교, 풍습, 무용, 건축에 이르기까지 귀중한 자료를 담고 있는 이곳은 중국 그림의 보물 창고이다.

서방 정토의 부처 둔황 217호 석굴의 부처. 당나라 때 작품.

◉ 불교 예술의 한 떨기 꽃, 석굴암 본존불

신라인이 그리던 세계는 불국, 곧 부처의 나라였다. 그들은 현실 세계를 이상적인 불국으로 만들고자 불국사와 석굴암을 세웠다.

　석굴암은 경주시 토함산에 있는 석조 건축물로 인공 석굴 사원이며, 정식 명칭은 석불사이다. 본존불은 동해에 있는 대왕암을 향하고 있는데,

이곳은 감은사 앞을 지나 동해로 흘러가는 대종천의 발원지로 호국 불교의 상징이기도 하다.

석굴암 안으로 들어가면, 먼저 지상 세계를 상징하는 네모난 방이 있고, 통로를 지나 안쪽에는 하늘 세계를 상징하는 둥근 방이 있다. 앞방에는 불법을 수호하는 힘센 장사나 용감한 무사의 모습을 한 인왕역사와 사천왕, 팔부신중 등이 지키고 있다. 둥근 방의 중앙에는 가부좌한 본존불과 11면 관음보살과 10대 제자가 다양한 모습을 하고 감싸고 있다. 이들은 모두 변화무쌍한 자세를 아름답게 조각한 신라 불교 예술의 극치이다. 특히 본존불은 불교 예술의 한 떨기 꽃이라 할 만하다.

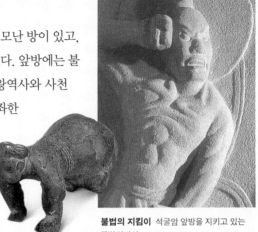

불법의 지킴이 석굴암 앞방을 지키고 있는 금강역사상.

◎ 세 계 최 대 의 목 조 건 물 , 나 라 의 도 다 이 사

8세기 일본 나라 시대에는 대규모의 절을 많이 세웠다. 나라 시대 전반기에는 천연두가 유행하고 정치 불안이 끊이지 않았는데, 독실한 불교 신자였던 쇼무 천황이 이를 극복하기 위하여 거대한 사찰과 대불을 건립하였다. 그중 도다이사를 짓는 데에는 한반도에서 건너간 백제, 신라, 고구려계의 사람들이 대거 참여하였다. 도다이사는 높이 47.5미터, 정면 너비 75미터로 현존하는 목조 건물로는 세계 최대의 규모이다. 이곳 대불전에 청동 대불이 안치되어 있다(189쪽 불상 참조).

어른 되는 방법, 관 쓰고 비녀 꽂기

화창한 봄날, 중국 당의 어느 집에서 맛있는 냄새가 진동한다. 기웃거려 보니, 큰 잔치를 하는 듯 북적거린다. 무슨 일이냐고 물어 보니, 그 집 큰아들이 어른이 되는 관례 의식을 치른다고 한다. 호기심에 구경하는 사람들 틈에 끼어들어 본다. 오늘의 주인공인 듯한 사내아이가 머리에 관을 쓰고서 제법 의젓한 몸가짐으로 조상에게 제사를 지내고 있다. 이윽고 집안 어른이 아이에게 다가가 새로운 이름을 붙여 주자, 모인 사람들이 갓어른이 된 아이에게 축복의 말을 건넨다. 그리고 이내 흥겨운 잔치 속으로 빠져든다.

이렇게 머리에 관을 씌워 준다는 의미의 '관례(冠禮)'는 중국 남자아이들의 성인식이다. 머리에 비녀를 꽂는다는 의미의 '계례(筓禮)'는 여자아이들의 성인식으로, 땋은 머리를 올려 어른이 되었음을 알린다. 원래는 하나의 의식으로서 어머니가 주관이 되어 치렀으나, 점차 결혼할 때 함께하는 경우가 많아졌다.

많은 아이들이 이런 과정을 거쳐 어른이 되었다. 이제 그들은 자신의 일에 책임지는, 사회의 정식 구성원이 되었다. 그들이 어릴 적 꾸었던 꿈들을 어떻게 펼치며 살았을지 궁금해진다.

땋은 머리와 올린 머리 당 왕족의 무덤에 그려진 벽화들이다. 왕실 궁녀들의 모습을 묘사한 것이지만, 여기서 계례 전후 모습을 추측해 볼 수 있다.

사냥 나온 귀족들 사냥에 나선 당 귀족들의 모습이다. 관을 쓴
어른들의 모습이 보인다.

8 몽골 제국

유라시아를 가로지르다

유목민들의 삶터, 몽골고원

요와 금, 송의 대립이 이어지면서
오랫동안 남북으로 나뉘었던 중국을
다시금 하나의 영역으로 틀어쥔 것은
몽골이었다. 초원에서 질풍처럼
내달려온 그들의 기세는 자못 놀라워,
몽골 제국의 힘으로 유라시아는 하나가
되었으며 새로운 세계사가 탄생하였다.
무참한 학살과 약탈 끝에 정복 전쟁이
마무리되고 평화의 기운이 감돌면서,
몽골 제국의 힘은 유라시아인에게 하나의
꿈이 되었다. 몽골이 그려 낸 평화 시대에
많은 사람이 아시안 드림을 안고
초원으로 달려왔다.

900

916 거란 건국
918 고려 건국
926 발해, 거란에 멸망
936 거란, 연운 16주 점령
고려, 후삼국 통일
960 송(宋) 건국
993 거란 고려 1차 침입,
고려 강동 6주 획득

1000

1019 거란 고려 2차 침입,
고려 귀주에서 거란에 승리
(귀주대첩)
1069 송, 왕안석의 개혁 실시

1100

1115 여진, 금 건국
1127 송 멸망, 남송 성립
1170 고려, 무신 정권 성립
1192 일본, 가마쿠라 막부 성립

1200

1206 칭기즈 칸 즉위, 몽골 통일
1231 몽골의 1차 침략,
고려 강화도로 천도
1270 고려, 무신 정권 몰락,
개경으로 환도
1271 원 제국 성립
1279 남송 멸망, 원 중국 통일

1300

1368 원 멸망, 명 건국
1392 고려 멸망, 조선 건국

1 유목 국가에서 정복 국가로

중국 대륙

당이 망하고 중국 내지로 들어온 북방 유목 민족들은 경제적인 목적만 이루면 돌아가던 예전과 달리, 중국의 일부 또는 전체를 지배하는 '정복 왕조'를 세웠다. 정복 왕조는 인구 수와 경제력이 우월한 한족은 한족의 방식대로 다스리되, 유목 왕조의 정체성을 유지하는 방향으로 중국을 지배하였다.

■ 가 볼 곳: 몽골 초원, 연운 16주 ■ 만날 사람: 거란 태종, 아구타
■ 주요 사건: 요의 연운 16주 점령, 전연의 맹, 금의 화북 지방 정복

| 초원의 삶, 초원의 힘 | 유목민에게 몽골 초원은 요람이었다. 유목민들은 드넓게 펼쳐진 초원에서 "하늘은 푸르고 들판은 끝없는데, 바람 불어 풀 누울 때 소와 양 떼 보이누나!"라며 목청껏 노래 부르곤 하였다.

유목민의 이동 생활이 농경민의 정착 생활에 비하여 수준이 낮은 것은 아니었다. 그들 사회에도 나름의 긍지와 규율이 있었다. 그러나 먹고살 곡물이 턱없이 부

몽골의 화가 세르겔렝의 1996년 작품. 왼쪽부터 목축, 가을, 겨울을 소재로 하였다. 만주에서 몽골, 러시아 대평원을 따라 유럽까지, 광활한 초원이 펼쳐져 있다. 이 지역들은 강수량이 적어 유목하기에 적합하고, 각 지역의 특성에 따라 기르는 가축도 다르다. 봄에는 눈이 많아 산기슭에서 방목하고, 여름에는 아무 곳에서나 유목한다. 겨울이 되면 바람을 피할 수 있는 따뜻한 지역을 찾아 집을 짓고 한겨울을 보낸다.

족하였고, 필요한 견직물도 만들어 낼 수 없었다. 그래서 부족한 물자를 얻으려고 말이나 모피를 가지고 농경민들과 교역하였다.

그러나 중국에 강력한 통일 제국이 들어설 때면, 유목민들은 교역에 어려움을 겪었다. 중국의 통일 제국은 유목민과의 무역을 통제하였기 때문이다. 그럴 때 유목민들은 부족들끼리 연합하여 유목 제국을 만들곤 하였다. 신속한 기동력과 뛰어난 군사력을 앞세워 중국을 압박하여 경제적인 도움을 얻거나, 변방을 침입하여 농경민들의 물자를 빼앗아 생활을 유지하였다. 유목민의 생활 모습은 흉노 이래 거의 변함이 없었다.

중국에 거대한 수·당 제국이 성립되자 유목민들 또한 강력한 유목 제국을 이루었는데, 돌궐 제국을 대표적으로 꼽을 수 있다.

톤유쿠크비 돌궐 제국을 부흥시킨 명장 톤유쿠크의 비이다. 비문에 "성을 쌓고 사는 자는 반드시 망할 것이며, 끊임없이 이동하는 자만이 살아남을 것이다."라고 경고하고 있다. 가축에게 먹일 물과 풀을 찾아 이동하며 사는 것이 유목민 본래의 모습이다.

| 두 갈래로 다스려라 | 당이 무너지고 중국 대륙이 여러 나라로 분열되자, 북방의 유목민들이 중국 땅으로 밀고 들어갔다. 이 시기에 중국을 침략한 거란족과 여진족은 필요한 물자만 챙기고 돌아가던 예전의 유목 민족들과는 달리, 중국의 일부를 차지하고 계속 지배하려 들었다. 이렇게 들어선 유목 민족의 나라를 '정복 왕조'라고 한다.

그러나 수가 적은 유목 민족이 인구도 훨씬 많고 문화 수준도 높은 한족을 지배하기란 쉽지 않았다. 거란의 태종은 화북 지역을 점령한 후 "1년 정도 지나면 반드시 태평을 이룰 수 있다."라며 큰소리 쳤지만, 얼마 안 가 "더워서 오래 머물 수 없다."라며 느닷없이 북쪽으로 돌아갔다. "중국인들을 다스리기가 이처럼 힘들 줄 몰랐다."라고 한탄하면서.

이중 체제는 정복 왕조가 고심 끝에 찾아낸 통치의 비법이었다. 유목 민족은 예전처럼 부족제로 다스리되, 농경민은 중국의 전통적인 주현제로 다스리는 것이었다. 유목 민족 고유의 전통을 지켜 자신들의 힘은 계속 유지하고, 정착해서 농사짓고 사는 한족은 한족의 방식으로 지배하는 것이었다.

몽골고원

❶ 거란(요)의 성장 926년에 발해를 멸망시킨 거란은, 10년 뒤에 화북 지방의 요지인 연운 16주를 얻었다. 이후 연운 16주를 되찾으려는 송과 여러 차례 싸움을 벌였다.

여 진

상경

거란의 발흥지

중경(다팡)

랴오허강(요하)

동경(랴오양)

압록강

함흥평야

동 해

연운16주

거란(요)

서 하

흥경(닝샤)

서경(다퉁)

남경(베이징)

고 려

동경(경주)

황허강

송

변경(카이펑)

나주

합포

❷ 강동 6주 993년, 거란의 침입을 막은 고려는 강동 6주를 획득하고 압록강까지 영토를 확장하였다. 고려의 힘 덕분에 고려, 송, 거란 3국은 세력 균형을 유지할 수 있었다.

화이허강

❸ 전연의 맹 1004년, 결국 거란이 송과의 대결에서 승리하였다. 체면을 중시하는 송은 형님, 거란은 아우가 되었으나, 실제로는 거란이 화북 지방을 차지한 채 100년 넘게 해마다 송으로부터 막대한 양의 은·비단·차를 선물로 받았다.

쑤저우

항저우

동 중 국 해

⊙ 정복 왕조와 동아시아의 세력 균형

10세기 이후 동아시아의 국제 관계는 새로운 국면을 맞았다. 이는 문치주의 정책에서 비롯된 송의 군사력 약화와 북방 민족의 강성 때문이었다. 송과 거란, 이어 남송과 금의 남북 대립 속에서 고려와 중국 서북 지방의 서하는 때로는 거란과, 때로는 송과 친선 관계를 맺으면서 국제 관계에 영향력을 행사하였다.

광저우

정복 왕조의 틀을 마련한 거란

당이 혼란에 빠지자, 유목 민족 중 거란족의 엘리아바오지가 랴오허강^{요하} 상류인 몽골고원 동쪽에서 유목과 사냥을 하며 살던 거란족을 통합하여 나라를 세웠다.^{916년} 10년 뒤에는 발해를 멸망시켰으며, 곧이어 중국의 연운 16주를 점령하고 나라 이름을 '거란'에서 중국식인 '요'로 바꾸기도 하였다. 거란의 목표는 중국 땅을 지배하는 것이었다.

거란은 송을 공격하기에 앞서 고려와 친선 관계를 다져 놓으려 하였다. 그러나 고려에게 거절당하자, 세 차례나 고려를 공격하였다. 고려는 서희와 강감찬의 활약에 힘입어 이들을 물리쳤고, 오히려 압록강 하구까지 영토를 넓혀 송, 거란과 엇비슷한 관계를 유지하게 되었다. 한편, 중국으로 쳐들어가려는 거란과 중국의 땅이던 연운 16주를 되찾으려는 송의 대립은 결국 거란의 승리로 끝났다. 거란은 유목민이 중국을 지배하는 정복 왕조의 틀을 처음 만들었다. 한편 동서 교역도 활발하게 하여 서방에 '카타이^{Cathy}'로 알려졌다.

영원히 빛나고 싶었던 금

거란의 지배에 저항하던 여진족의 아구타는 부족의 힘을 모아 만주 동쪽에서 한반도의 함흥평야까지 세력을 뻗쳤다. 그는 거란과 싸워 승리한 후, 나라 이름을 '금'이라 하였다.^{1115년} 금을 세운 여진족은 원래 발해 백성의 한 갈래인 말갈족으로, 쑹화강 유역과 만주 동부 지역에서 유목 생활을 하면서 고려와 국경을 마주 보고 있었다.

금이 강성해 가는 것을 지켜보던 송은, 거란이 차지한 연운 16주를 빼앗으려고 금과 손을 잡았다. 금은 거란을 멸망시켰지만, 송은 군사력이 약해 제대로 싸우지도 못하면서 제 욕심만 채우려고 배신을 일삼았다. 금은 이러한 송을 공격하여 수도를 점령하였다. 이로써 금이 화북 지방을 모두 차지하게 되었고, 이후 약 150년간 중국에는 화북의 금과 강남의 남송이라는 두 나라가 마주하게 되었다.

2 창장강 이남에서 다시 일어난 송

중국, 우리나라

당 말부터 계속된 혼란을 바로잡고 중국 사회를 안정시킨 송 대에는 경제가 급격히 발전하였다. 송은 새롭게 바다를 이용하여 외국과의 교역을 확대해 나갔다. 그러나 군사적인 면에서는 약세를 면치 못하여 주변 이민족 왕조에게 막대한 물자를 주면서 평화를 유지하였다.

■ 가 볼 곳: 변경(카이펑), 임안(항저우), 벽란도 ■ 만날 사람: 왕안석, 송 휘종, 왕건
■ 주요 사건: 왕안석의 개혁 정치, 고려의 건국

| **앞서가는 송의 경제** | 당나라 말기부터 계속된 어수선한 분위기 속에서 무장 출신 조광윤^{재위 960~976}이 송을 세웠다.^{960년} 그는 중국 사회를 안정시킨 것은 물론, 황제권을 강화하기 위하여 모든 관리를 과거 시험을 통하여 선발하였다.

일류 술집 '정잠'

오락장

귀부인의 행차

송 대에는 창장강 유역과 그 이남 지역이 벼농사의 중심지로 개발되었다. 지주들은 새로운 농기구와 한 해에 두 차례 이상 수확하는 농법을 개발하여 농업을 눈에 띄게 발전시켰다. 화북 지방에서는 석탄이 널리 사용되었고, 직물업이나 제철업도 발전하여 특권 계층을 위한 사치품만이 아니라 서민들을 위한 생활용품도 널리 생산되었다. 광산 개발을 위하여 화약을 사용하였으며, 차의 재배나 도자기 제조업 또한 전에 없이 크게 성장하였다.

이와 함께 상업도 발달하였다. 상거래에 화폐가 널리 사용되어, 동전뿐만 아니라 지폐도 유통되었다. 상인의 수도 많이 증가하였는데, 그들 중에는 막대한 재산을 모은 사람도 있었다. 상업 도시도 크게 성장하였다. 그중에서도 수도 변경카이펑과 창장강 유역의 임안항저우은 국제적인 규모의 대도시로 발전하였다.

경제가 발전하면서 서민의 경제력도 커졌다. 더불어 서민의 사회적 지위도 높아졌고, 도시에는 서민 문화가 발전하였다.

〈경작도〉 위쪽 중앙의 소를 이용한 땅갈기와 씨뿌리기부터 시계 방향으로 논에 물대기, 잡초 뽑기(김매기), 수확, 타작, 탈곡, 정미까지 1년 동안의 벼농사 과정이 그려져 있다. 송 대에는 이처럼 새로운 농사 방법이 개발되어 농업 생산력이 획기적으로 발전하였다.

동수문

가발소

변경(카이펑)의 하루

송 말기의 화가 장택단이 송의 수도 변경을 묘사한 두루마리 그림 〈청명상하도〉를 후대인들이 비단 자수 형태로 변모시킨 작품이다. 변경은 정치의 중심지이자 국제 교류도 활발한 인구 100만의 상업 도시였다. 이곳의 하루는 새벽 4시에 시작된다. 커다란 누각의 동수문이 열리고 시장이 서면, 짐을 잔뜩 실은 낙타가 들어온다. 넓은 도로에는 온갖 행상들이 소리 높여 물건을 팔러 다니고, 짐을 부리는 마차와 행인들의 모습이 바빠 보인다. 2층 누각의 일류 술집 정점(正店)은 화려한 실내 장식에 전망대와 온갖 풍류 시설을 갖추고 있다. 상공업의 발달로 시가지에는 그림처럼 다양한 상점과 오락 시설이 있었다. 이른 새벽에 시작된 변경의 하루는 늦은 밤까지 계속되었다.

과거장 송은 문치주의 사회로 과거 시험을 통하여 관리를 선발한 결과, 유교적 지식을 갖춘 사대부가 사회를 주도하였다. 특히 황제가 직접 주관하는 전시를 시행하면서 관리는 임금에게 더욱 충성을 맹세하게 되었다.

| 돈으로 산 평화의 그림자 | 당시 세계의 어느 곳보다 경제가 발전한 송이었지만, 군사 면에서는 약세를 면치 못하였다. 중국의 요지인 연운 16주를 되찾으려고 동북쪽의 거란과 여러 번 전쟁을 벌였지만 번번이 패하였고, 서쪽의 서하에게도 졌다. 그 결과, 송은 해마다 이웃 나라에게 막대한 양의 비단, 은, 차를 선물로 보내야 하였다. 겉모양새는 형제 또는 군신 관계였지만 실제로는 평화를 돈으로 산 셈이었다. 비록 전쟁 비용보다는 적었으나 커다란 부담이 아닐 수 없었다.

밖으로 외적의 위협과 함께, 안으로도 문제가 쌓여 풍요롭던 국가의 재정이 점점 어려워졌다. 지배층이 엄청난 토지를 소유하고도 세금을 거의 내지 않아 일반 백성들이 부담을 떠안는 일이 숱하게 벌어졌다. 당연히 백성들의 생활은 갈수록 궁핍해졌다. 신종재위 1067년경~1085년경 때에는 이러한 문제를 해결하려고 대대적인 개혁을 추진하였다. 왕안석이 이끈 개혁은 가난한 소농민과 임금 노동자, 중소 상인을 북돋아 나라 살림과 국방을 충실히 하려는 것이었다. 그러나 이러한 정책은 대지주와 대상인들의 이익을 억제하는 결과를 낳았고, 대지주나 대상인 출신이 대부분이던 고위 관리들은 왕안석의 개혁에 반기를 들었다. 개혁은 결국 이들에게 밀려 실패하고 말았다.

왕안석 가난한 농민과 상인들에게 낮은 이자로 돈을 빌려주어 이들이 잘살 수 있게 합시다. 군사 훈련도 농한기에 한다면, 군사력도 강화되고 경비도 절약할 수 있을 것이오.

사마광 개혁이란 조상 전래의 법을 파괴하는 것이오. 어찌 나라가 상인들과 이익을 다투겠소. 이는 소인배나 하는 짓이오.

개혁을 둘러싼 대립
왕안석의 신법은 중소 농민과 상인을 보호하고 국가 재정을 바로잡으려는 것이었으나, 지주와 대상인, 관료 집단의 이익에는 어긋났다. 따라서 개혁은 보수파 사마광을 중심으로 한 구법당의 맹렬한 반대에 부딪혀 중단된 채, 신·구법당의 당쟁만이 지속되었다.

강남으로 쫓겨난 송나라 왼쪽은 송의 휘종(재위 1100~1125)이 그린 그림이다. 학 떼가 궁궐로 날아든 상서로운 징조를 기린 것이라고 한다. 휘종은 그림과 서예에 조예가 깊었지만, 정치적 능력은 부족하였다. 연운 16주를 회복할 심산으로 금과 연합하였지만 결과적으로 수도까지 금에 빼앗겼고, 무거운 세금과 부역에 시달리던 농민들은 급기야 반란을 일으켰다.

개혁에 실패한 송은 또다시 유목민의 국가인 금의 공격을 받아 황제와 그 가족이 포로로 잡혀가는 신세가 되었다.^{1127년 정강의 변} 송은 어쩔 수 없이 창장강을 건너 임안(항저우)에 남송을 세웠다.

| **바다로 뻗어 가는 송** | 화북 지방을 잃어버린 송^{남송}은 바다를 통한 무역에 힘썼다. 조선술과 항해술, 나침반, 지도 제작 기술이 발전한 덕택에 무역의 중심이 점차 육지길에서 바닷길로 옮겨 갔다. 더구나 비옥한 강남이 개발되면서 농업은 물론 도시와 상공업이 성장하여 차와 비단, 도자기, 종이 등 각 지방의 특산물이 사방으로 퍼져 나갔다. 이러한 물자는 바다를 통하여 해외로도 팔려 나갔다. 송은 시박사라는 관청을 두어 세금을 걷고 해외 무역도 관리하였다.

이 무렵 중국의 남부 해안 도시는 아시아와 유럽을 연결하는 바닷길의 출발점이었다. 취안저우와 광저우를 떠난 도자기가 동남아시아의 팔렘방과 인도 남단의 여러 항구를 거쳐 페르시아만의 호르무즈에 도달하였다. 화약이나 나침반, 인쇄술도 같은 길을 따라 유럽까지 전해졌다. 한편, 이슬람 상인들이 이러한 무역로에서 크게 활약하였다. 그들은 항저우나 광저우 같은 무역항에서 차나 비단, 도자기 등을 사 갔다. 이슬람 상인들의 왕성한 활동 덕분에 송은 막대한 이익을 남길 수 있었다.

항저우 항저우는 해안 지역과 북중국을 연결하는 대운하의 끝에 있다는 지리 여건 덕분에 바다와 강을 이용한 무역의 중심지로 성장하였다. 남송의 수도가 된 이래 카이펑을 능가하는 인구 150만의 도시로 급성장하였다.

인쇄술 송 대에는 나무판에 직접 글자를 새기던 이전의 목판 인쇄술에서 한층 더 나아가, 네모난 활판에 필요한 활자를 나열한 뒤 먹을 묻히고 종이로 덮어 문지르는 활판 인쇄술이 발명되었다. 이후 한 사람이 하루에 1,000쪽, 한 판에 평균 2만 개의 사본을 만들 수 있게 되었다. 이는 화약과 함께 이슬람 상인들을 통하여 유럽으로 전해졌다.

⊙ 발전하는 국제 교역

남송 때에는 비단길이 점차 쇠퇴하고 해상 무역이 발전하여 남부 해안에 광저우나 항저우 같은 거대 무역 도시가 탄생하였다. 신라인이나 아라비아인이 주도하던 무역을 점차 중국인이 장악하기 시작하였고, 대양의 항해에는 나침반이 널리 사용되었다.

| 송과 사권 '코리아' | 신라 말기의 분열을 틈타 서해안의 해상 세력가 왕건이 고려를 세웠다. 918년 이후 고려는 후삼국을 통일하고, 고구려의 계승자를 자처하며 북진 정책을 추진하였다. 또한 요나라의 침략을 막아 내고 송 및 거란과 대등한 관계를 유지하면서 발전하였다.

사회가 점차 안정되어 가는 가운데 고려는 귀족 사회로 나아갔다. 특권을 쥔 귀족들은 여진족의 금과 갈등이 생겼을 때에도 대결보다 안정을 원하였다. 귀족들에게 불만을 터뜨린 것은 무신들이었다. 1170년, 무신들은 무력으로 정권을 장악하였다. 무신 정권이 성립된 이후, 고려는 비록 정치적으로는 안정되었지만 통치 질서는 오히려 악화되었다. 무신 지배자들은 국가의 발전이나 백성들의 삶에는 소홀하고, 권력을 장악하고 토지와 노비를 늘리는 데 골몰할 뿐이었다.

고려는 금과는 대체로 대립하였으나 송과는 친선 관계를 유지하였다. 송의 높은 문화 수준과 경제력 때문이었다. 고려와 송의 교류는 사신을 통하여 이루어지기도 하였지만, 상인과 승려들의 활약도 컸다.

예성강 어귀에 있는 벽란도는 고려의 수도인 개경에서 가까운 국제 무역항으로 이름이 높았다. 송은 물론이고, 거란과 여진, 일본, 더 멀리 이슬람의 상인들까지 고려의 벽란도를 왕래하였다. 이슬람 상인들을 통해 '코리아'라는 이름이 서아시아 너머까지 널리 알려졌다.

민족의 재통합을 이룬 나라, 고려

송악의 호족 출신으로서 고려를 세운 왕건은 중국과의 해상 무역을 통하여 성장한 호족들과 연합하고, 중국의 5대 여러 나라들과 외교 관계를 맺었다. 또한 후삼국을 통일하고 발해의 유민을 받아들여 민족의 재통합을 이루었다.

만월대 송악산 자락에 자리한 고려의 황궁. 만월대라는 이름은 이미 폐허가 된 조선 시대에 붙인 이름이다.

고려 귀족 사회의 꽃, 청자

고려는 금속 활자 인쇄술과 대장경, 청자와 같은 우수한 유산을 남겼다. 특히 귀족들은 다양한 예술 작품을 만들어 즐겼는데, 대표적으로 청자를 꼽는다. 고려청자는 신라의 전통 기술에 송의 자기 기술을 더해져 탄생한 것이다. 특히 비색의 순청자와 12세기에 탄생한 상감 청자는 새로운 경지를 열었다는 평가를 받는다.

12세기 고려의
상감 청자

11세기
고려의 순청자

송의 자기

3 몽골의 정복, 이에 맞선 항쟁

유라시아 대륙

13세기 초에 몽골 제국을 수립한 칭기즈 칸은 주변 국가를 차례로 정복하여 역사상 유례 없는 대제국을 이루었다. 통상로를 따라 진행된 서방 원정과 동아시아의 풍부한 경제력을 장악하기 위한 정복 전쟁은 유라시아를 하나의 세계로 만든 반면, 지나는 곳마다 약탈과 살육이 만연하였다.

■ 가 볼 곳: 몽골 초원　■ 만날 사람: 칭기즈 칸
■ 주요 사건: 몽골의 정복 활동

| 정복자 칭기즈 칸 | 오논강이 산 사이를 흐르는 대초원은 자못 천지창조를 자아낼 만한 성스러운 곳이다. 이곳에서 스스로를 하늘이 내린 몽골의 지도자라고 여긴 테무친이 부족장 회의인 쿠릴타이에서 칭기즈 칸으로 추대되었다.[1206년] 지난 1,000년 동안 가장 빠른 시간 내에 세계 역사상 가장 넓은 제국을 건설하고, 유라시아 세계를 하나로 묶은 인물이 탄생하는 순간이었다.

9세기 이후 동쪽의 중국에서 서아시아와 유럽에 이르기까지 분열의 시대가 지속되었다. 계속되는 분열과 대립은 초원길과 비단길을 오가며 무역하던 이슬람 상인들을 몹시 불안하게 만들었다. 1200년대 초에 몽골이 정복 활동을 시작하자, 이를 누구보다 환영한 사람은 안정과 통합을 바라던 이슬람 상인들이었다. 이들은 몽골의 사신으로, 때로는 원정군의 길라잡이로 활동하였다. 몽골 제국이 들어선 뒤에는 재

정 분야의 전문가로서 적극 협력하였다. 칭기즈 칸과 그 후계자들의 탁월한 군사 활동은 통합과 안정이라는 시대의 바람과 맞아떨어졌던 것이다. 이리하여 몽골에 의한 새로운 역사가 전개되었다.

| **말발굽은 유럽까지 휩쓸고** | 몽골족은 초원을 가로질러 서방 원정에 나섰다. 중앙아시아에 걸쳐 있는 통상로를 지배하여 상업적 이득을 얻으려는 목적이었다. 몽골은 먼저 서하를 공격하였고, 이후 통상로를 따라 서쪽으로 나아가 중앙아시아의 호라즘 왕국을 무너뜨렸다. 다시 서쪽으로 카스피해를 넘어 러시아 남쪽 들판까지 정복하여 남러시아에 킵차크 울루스킵차크한국를 두었다. 이로써 초원길과 비단길이 완전히 몽골의 손에 들어왔다. 계속되는 몽골의 정복 전쟁은 학살과 약탈로 뒤덮여 처참하기 그지없었다. 유럽은 온통 공포의 도가니였다. 유럽 사람들은 몽골군의 침략을 유럽의 도덕적 타락에 대한 경고로 받아들였다. 신이 내린 채찍이거나, 사탄의 저주가 현실로 나타난 천벌이라고 여겼다. 그래서 신에게 용서와 보호를 빌었다.

칭기즈 칸의 자손 중 하나인 훌라구는 이슬람 정복에 나섰다. 이란을 거쳐 바그다드로 들어가 아바스 왕조를 무너뜨리고 세계적으로 화려한 도시 바그다드를 불태웠다.1258년 그리고 주변의 이슬람 세계를 점령하고, 새로운 수도 타브리즈를 중심으로 일 울루스일한국를 건설하였다. 그러나 이집트 원정에는 실패하였다.

정복자 칭기즈 칸과 그의 제국 몽골 고원에는 몽골족 외에도 여러 유목 민족이 각축을 벌이고 있었다. 대표적인 부족이 타타르, 메르키트, 케레이트, 나이만 등이었다. 테무친은 성장하면서 용맹스럽게 몽골고원 일대의 부족을 통일해 나갔다. 사회를 천호·백호제로 개편하고 충성스런 전사 조직을 일사불란하게 지휘하여 정복 활동을 폈다.

―――― 오늘날 몽골의 국경
▨ 칭기즈 칸의 몽골 제국(1206)

칭기즈 칸의 고향 몽골 초원을 휘감아 도는 오논강의 델리온 볼다크. 전설에 의하면 몽골족을 하는에서 내려온 푸른 이리가 흰 사슴을 아내로 맞아 건설한 나라이다. 칭기즈 칸의 흔적이 짙게 배어 있는 곳으로 이곳에서 쿠릴타이가 열리곤 하였다.

❸ 러시아 공국 몽골의 서방 원정군은 러시아 최대의 도시 키예프를 잿더미로 만든 후, 다른 도시들도 하나씩 점령해 나갔다. 1243년에는 이 지역에 킵차크 울루스를 세웠다. 이후 250년간 러시아는 몽골의 지배를 받았다.

프랑스

신성 로마 제국

레그니차

노브고로트

폴란드

헝가리

스몰렌스크

러시아 공국들

부다페스트

로스토프

블라디미르

수즈달

체르니고프

키예프

다뉴브강

비잔티움 제국

콘스탄티노폴리스

볼가강

흑해

1222

지중해

카스피해

아랄해

셀주크 튀르크

1220

호라즘 제국

❹ 동유럽 러시아를 공략한 몽골군은 1241년에 폴란드의 레그니차에서 유럽 연합군과 싸워 이겼다(레그니차 전투). 그리고 헝가리의 부다페스트를 폐허로 만들었다. 유럽 연합군은 머리에서 발끝까지, 심지어 손끝까지 철갑으로 무장하여 몽골군의 기동력을 당해 낼 수 없었다. 그러나 갑작스럽게 칸이 사망하여 몽골군은 더 이상 전진하지 못하였고, 이 덕분에 서유럽은 몽골의 포화를 면할 수 있었다.

바그다드

발흐

헤라트

가즈니

인더스강

아라비아해

❺ 아바스 왕조 1258년 1월, 최신 병기 투석기에서 발사되는 돌들이 성벽을 무너뜨리면서 바그다드성 안은 온통 아수라장이 되었고, 도시 곳곳이 파괴되고 불에 탔다. 몽골군은 이슬람 사원을 불태우고 아바스 왕조 칼리프들의 무덤까지 파괴하였다.

인도양

칭기즈 칸 때 몽골군 원정로
1227년 칭기즈 칸 사망 당시 몽골 제국

예니세이강
오브강
티슈강

1218

카라코룸◉

발하슈호

서 요

발라사군

슈가르

1219 1209

1211

연경(베이징)

금

시안

화이허강

창장강

남 송

히 말 라 야 산 맥

갠지스강

델리 술탄 왕조

카이두강

케룰렌강

오논강

카라코룸

일본

개경

고려

항저우

❶ 서하 티베트계 탕구트족이 중국 서북 지역에 세운 나라로, 송과 대결하여 해마다 공물을 받았다. 몽골은 중앙 아시아의 상업망을 지배하기 위하여 비단길의 동쪽을 장악해 온 서하를 가장 먼저 공격하였다. 사진은 오늘날 중국 닝샤후이족(영하 회족) 자치구에 있는 서하 왕족의 무덤.

❷ 호라즘 제국 몽골의 원정은 한결같이 중요한 상업로를 따라 진행되었다. 서아시아의 호라즘 제국을 공격한 것도 교역로의 확보가 주된 목적이었다. 당시 호라즘 정복에는 길 안내에서 군수 물자 보급까지 이슬람 상인이 후원하였다. 그들도 안정적인 상업로가 절실하였기 때문이다.

◉ 몽골, 천하를 손에 넣다

9세기 이후 유라시아는 분열의 시대가 지속되었다. 아시아의 동쪽에서는 금과 남송, 서하가 대립하였고, 서쪽에서는 아바스 왕조가 약화되고 셀주크 튀르크 가 이슬람 세계의 새로운 주인공이 되었다. 유럽은 십자군 전쟁에서 거듭 실패 하면서 교회와 왕이 갈등하였다. 칭기즈 칸은 유라시아를 태풍의 회오리 속으 로 몰아넣으며 대제국을 이루었다.

| 침략에 휩싸이는 동아시아 | 말머리를 남쪽으로 돌린 몽골군은 결국 금을 무너뜨리고,^{1234년} 창장강을 방패막이로 삼아 끈질기게 버티던 남송마저 멸망시켰다.^{1279년}

그들은 고려에도 많은 공물을 요구하며 쳐들어왔다. 고려의 백성들은 처인성과 충주성에서 빛나는 승리를 거두었다. 그러나 지배층이 강화도로 피난 간 차에 공녀를 비롯한 무리한 공납까지 겹치면서 국토의 대부분이 폐허로 변해 버렸다. 고려의 저항은 30여 년 동안 처절하게 이어졌다. 백성들이 저항한 대가는 헛되지 않아, 고려는 독립을 유지하는 위에서 몽골과 강화를 맺을 수 있었다.

몽골은 이제 해상으로 나아가 일본을 침략하려 하였다. 여기에는 고려의 군사도 억지로 동원되었다. 일본인들은 몽골의 침략에 맞서 성을 쌓고 상당한 준비를 하였지만, 힘겨운 싸움을 치를 수밖에 없었다. 그러나 두 차례 이어진 몽골의 일본 침략은 갑자기 불어닥친 태풍 때문에 실패로 끝났다.

〈몽고습래회사蒙古襲來繪詞〉 일본 무사 다케자키 스에나가가 여·몽 연합군을 맞아 활약한 내용을 그린 13세기 일본의 두루마리 그림으로, 놀라울 정도로 묘사가 정확하다. 여·몽 연합군은 1274년과 1281년 두 차례에 걸쳐 일본 침략에 나섰는데, 당시 여·몽 연합군의 주력은 강제로 동원된 고려군이었다. 1차 침략에 나선 함선 900여 척 중 배 한 척의 닻과 닻돌의 무게만도 1톤이 넘었다는 300척의 대선이 모두 고려에서 만든 것이었다. 고려군은 뛰어난 조선술과 막강한 해군력으로 전쟁에서 활약하였다. 위 그림에서 화살을 맞고 달아나는 모습으로 묘사되어 있는 병사들이 고려군이다.

제국이 탄생하기까지 숨겨진 희생

뛰어난 처세술의 소유자, 소르칵타니 칭기즈 칸의 며느리 소르칵타니(오른쪽)는 종종 남편을 대신하여 국정을 돌보고 군대를 통솔하였다. 남편이 세상을 떠난 후 우여곡절 끝에 네 아들 모두 황제가 되었는데, 이는 어려운 상황 속에서도 냉철함을 잃지 않았던 그녀의 처세술 덕분이었다.

"혼란스러운 12세기 말, 아버지를 여의고 부족에서 쫓겨난 소년 테무친은 어머니의 보살핌을 받으며 힘든 시절을 보낸다. 세월이 흘러 어른이 된 테무친은 어린 날 정혼한 보르테와 결혼한다. 그 후 아버지를 배신한 자를 죽이고 부족의 칸이 되면서 정복 활동에 나선다.

그러던 어느 날, 보르테가 적에게 납치당하고 테무친은 어려움에 빠진다. 우여곡절 끝에 다시 보르테를 찾지만, 그녀는 이미 적장의 아이를 임신한 상태였다. 테무친은 보르테를 받아들이지 못한다. 그러나 테무친의 어머니는 보르테와 곧 태어날 아이를 사랑으로 받아들이라고 설득한다. 결국 그는 진심으로 자신을 사랑한 보르테와 지혜롭고 강인한 어머니 덕분에 마음을 열고, 몽골의 통일이라는 커다란 뜻을 품게 된다."

-영화 〈칭기즈 칸〉-

칭기즈 칸의 집안 역시 유목민 사회에서 흔히 볼 수 있었던 약탈과 부족 전쟁에 휘말렸다. 이 때문에 칭기즈 칸은 불우한 어린 시절을 보냈고, 그만큼 강한 사람으로 성장하였다.

유목민 여성들 또한 칭기즈 칸의 어머니처럼 남성 못지않은 강인한 생활력을 가질 수밖에 없었다. 전쟁으로 남편을 잃고 간신히 목숨을 부지하며 살아가는 여성도 많았다. 그리고 칭기즈 칸의 아내 보르테처럼 부족 간 전쟁에서 약탈의 대상이 되어 가족에게 버림받기도 하였고, 정략결혼의 희생이 되기도 하였다. 끊임없이 이어진 칭기즈 칸의 정복 전쟁과 몽골 제국의 확대 뒤에는 이렇듯 유목민 여성들의 고난이 함께하였다.

4 유라시아가 하나의 세계로 통합되다

유라시아 대륙

지구를 하나의 마을처럼 만든 것은 정보 통신 혁명이다. 그런데 800년 전에도 그에 견줄 만한 사건이 있었다. 몽골 제국은 전자(電子) 대신 말이 달리는 그물망 같은 네트워크를 꾸려 유라시아를 하나의 세계로 통합하였다. 제국은 아시안 드림을 꿈꾸는 유럽의 선교사나 이슬람의 상인, 여행가로 북적거렸다.

■ 가 볼 곳: 대도(칸발리크), 항저우 ■ 만날 사람: 쿠빌라이, 카르피니, 마르코 폴로
■ 주요 사건: 몽골의 중국 지배, 역참제 성립

| 몽골이 다스리는 세계 | 몽골 제국은 유라시아 대부분을 정복하였다. 1260년에 스스로 칸에 오른 쿠빌라이는 19년 뒤 남송을 정복하여 중국 땅 전부를 지배하였다. 그가 칸에 오른 후 4개의 울루스 분리를 선언하였다지만, 유라시아 대륙은 분명 하나의 몽골 제국이었다.

쿠빌라이는 자신이 지배하는 중국 땅과 몽골 지역을 원元이라 하고, 수도를 초원의 도시에서 오늘날의 베이징으로 옮겨 대도몽골어로 칸발리크라 하였다. 드디어 유목 민족이 처음으로 중국의 모든 지역을 지배하게 된 것이다. 원 제국은 넓은 영토를 다스리기 위하여 예부터 발달된 중국의 통치 기술과 제도를 받아들였다. 정치와 군사의 중요한 자리는 몽골인이 차지하고, 세금 걷기나 나라 살림은 이슬람 상인 등 색목인에게 맡겼다. 색목인이란 몽골과 교류하던 티베트, 위구르, 인도, 아라비아, 유럽 등에서 온 사람들이었다. 피부색이나 눈동자의 색이 다르기에 붙여진 이름이다. 또한 다스리는 데 잘 협력하는가, 저항하는가에 따라 각 민족을 차별적으로 대우하면서 제국을 유지해 나갔다.

몽골이 다스리는 세계는 넓고도 다양하였다. 다양한 민족만큼이나 종교나 문화도 가지각색이었고, 그 안으로

몽골을 찾아 나선 유럽 로마 교황과 유럽의 왕들은 무려 7,000킬로미터나 떨어진 몽골의 수도에 앞다투어 사절단을 파견하였다. 프란체스코 수도회와 도미니쿠스 수도회의 수사가 주로 파견되었는데, 몬테코르비노는 원의 수도 대도의 주교가 되기도 하였다. 북유럽이나 베네치아의 상인들도 몽골 제국을 드나들었다.

흘러드는 사람들도 각양각색이었다. 갖가지 문화가 몽골 제국 안으로 들어왔고, 다시 각 지역으로 퍼져 나가 바야흐로 하나의 울타리 속에서 움직이는 시대를 맞이하였다. 몽골 제국이 이루어 낸 평화는 동서 교류의 새로운 장을 열었고, 유라시아 세계는 하나로 통합되어 갔다.

쿠빌라이의 몽골 제국

쿠빌라이가 원 제국을 수립함으로써 4개의 울루스가 분립하였으나 완전히 다른 세계로 분열된 것은 아니었다. 오히려 중국 전체를 차지함으로써 몽골이 가진 초원의 군사력과 중국의 경제력이 결합되었고, 그 위에 이슬람의 상업권을 활용할 수 있게 되어 바야흐로 유라시아가 하나의 세계로 통합되었다. 쿠빌라이는 몽골의 칸을 겸한 중국풍의 황제이기를 바랐는데, 중국식 옷에 몽골식 모피를 걸친 그의 모습이 상징적이다.

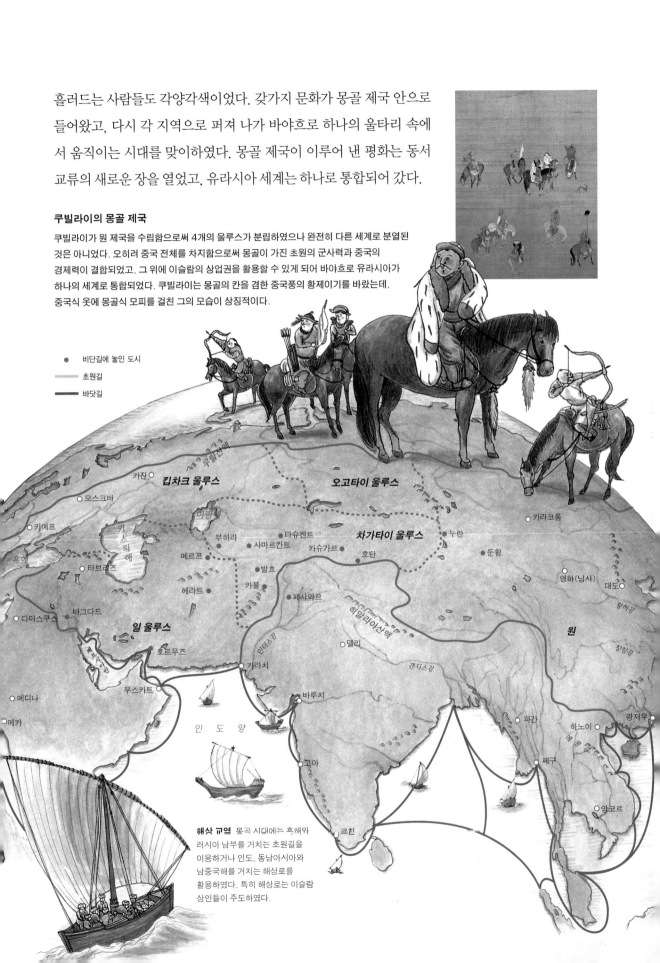

- ● 비단길에 놓인 도시
- 초원길
- 바닷길

해상 교역 몽골 시대에는 흑해와 러시아 남부를 거치는 초원길을 이용하거나 인도, 동남아시아와 남중국해를 거치는 해상로를 활용하였다. 특히 해상로는 이슬람 상인들이 주도하였다.

몽골 특유의 네트워크 몽골 제국이 지배하는 지역의 간선 도로에는 약 40킬로미터마다 역참이 설치되어 말과 식량, 숙소를 제공하였는데, 무려 1,500여 개가 있었다고 한다. 교통로를 왕래하는 관리와 사절은 통행증을 발급받아 말을 갈아타면서 하루에 450킬로미터를 달렸다. 사진의 금패와 은패, 해청패는 일종의 통행증으로 종류에 따라 대우도 달랐다.

칸의 편지 교황 인노켄티우스 4세는 수도사 카르피니를 칸의 즉위식에 사절단으로 보냈다. 그가 칸에게서 받아 온 편지는 지금도 교황청에 보관되어 있다. "영원한 하늘의 힘에 기대어 대몽골 제국의 바다와 같은 군주의 칙령, 복종하지 않는 백성들이여, 이를 경외하라!"라고 새겨진 칸의 붉은 인장이 찍혀 있다.

| 육지와 바다를 통하여 유라시아가 하나 되다 | 몽골 제국 아래 유라시아의 육지와 바다가 하나로 묶였다. 몽골 제국을 하나로 묶은 것은 강력한 군사력을 바탕으로 정비한 교통 통신망인 역참제와 거대한 경제권이었다. 몽골 제국은 남송을 무너뜨림으로써 세계에서 가장 앞서 있던 강남의 풍부한 경제력을 확보하였고, 이슬람 상업망을 두루 활용하여 새로운 경제 질서를 만들었다. 수도인 대도는 유라시아 네트워크의 중심이었다. 대도는 유라시아 대륙의 초원길과 비단길은 물론, 대운하를 통하여 남중국의 바닷길까지 연결되었다. 바닷길은 동남아시아와 인도양을 거쳐 페르시아만의 일 울루스에, 육지길은 유럽의 킵차크 울루스에 닿았다.

경제적으로 번영한 항저우나 다른 항만 도시에는 시박사를 설치하고 동남아시아와 인도양을 왕래하는 무역선을 관리하였다. 그런 곳에는 외국인 거류지도 생겼다. 마르코 폴로가 "세상에서 가장 세련되고 찬란한 도시이며, 창장강의 통행량은 유럽의 모든 강에 바다를 합친 통행량보다 많다."라고 감탄하였던 항저우는 당시 몽골 제국의 풍요로운 경제 교류를 보여 주는 예였다.

거대한 제국을 관리하고 상업 활동을 도운 것은 역참제였다. 역참이란 간단한 숙박 시설과 수레나 말, 필요한 식량을 두고 관리나 사절이 이용하도록 운영한 곳이다. 중요한 도로를 따라 일정한 간격으로 배치하였는데, 사람이 살지 않는 초원이나 사막도 예외가 아니었다.

| 아시안 드림을 꿈꾼 사람들 | 몽골 제국에는 많은 외국인이 드나들었다. 동방에 대한 유럽인들의 관심이 높아졌고, 통상로도 안전해졌기 때문이다. 그 길은 멀고 험하여 3년이 넘는 시간이 걸렸지만 상

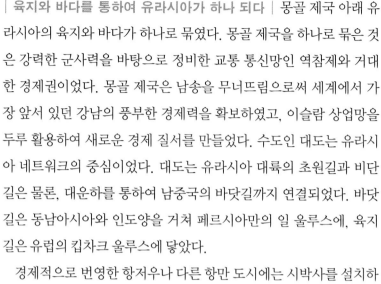

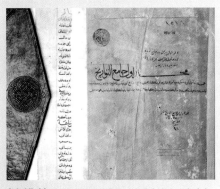

《집사集史》 14세기 초에 일 울루스의 재상 라시드 앗 딘이
칸의 명을 받아 몽골 제국의 기원부터 세계의 역사를 두루
기록한 책이다. 몽골사, 세계 민족사, 세계 지리지 등 3부로
구성되어 있고, 역사상 '최초의 세계사'로 꼽힌다.

흑사병 중국 윈난 지방의 풍토병인 페스트균을 지닌 들쥐가 중앙아시아의 교역로를 타고
서방으로 전해졌다. 이로 인하여 14세기 서아시아와 유럽은 죽음의 공포에 휩싸였고,
급격하게 인구가 감소하고 사회가 황폐해졌다.

인과 선교사의 행렬이 줄을 이었다.

몽골 제국을 처음 찾은 유럽인은 선교사인 카르피니와 루브루크의 빌렘이었다. 이들의 여행에는 절박한 사연이 있었다. 유럽인들은 공포의 대상이던 몽골인들을 가능하다면 크리스트교로 개종시켜 침략의 위협을 줄이고, 동시에 이슬람 세력을 무너뜨려 성지를 회복하기를 바랐다. 그들의 의도대로 이루어지지는 않았으나, 몽골 제국 안에서도 선교 활동은 자유롭게 할 수 있었다.

베네치아 상인인 아버지를 따라 나선 마르코 폴로는 고향으로 돌아올 때까지 17년 동안 쿠빌라이 칸의 궁정에서 관리로 봉사하였다. 그가 둘러본 몽골 제국은 유럽인들로서는 상상조차 할 수 없었던 거대한 세계였다. 베네치아로 돌아온 이후 유럽인들은 그를 허풍선이 '밀리오네'라고 불렀다. 그만큼 몽골 제국의 규모는 유럽인들이 받아들이기 어려울 만큼 컸던 것이다.

몽골의 지배가 끝난 후에도 동방의 풍족함은 여전히 유럽인들에게 다가설 수 없는 꿈이었다. 1492년에 콜럼버스가 대서양을 건너 항해한 것도 쿠빌라이가 지배하였던 대도를 찾아 나선 것임은 두말할 나위 없다.

새롭게 보는 중앙아시아의 유목 문화

스키타이, 흉노, 돌궐, 위구르, 몽골은 분명히 유목민의 문화와 삶으로 연결되어 있다. 유목민의 출현은 언제나 정주민을 정복하는 것으로 이어졌다. 그러나 그들의 에너지는 초원을 떠나면 사라졌다.

◎ 초원의 전설 - 스키타이

스키타이는 서아시아 초원에 최초로 유목 국가를 수립하였다. 그들은 신속한 기마 전술로 아케메네스 왕조 페르시아와 200여 년 동안 남북으로 대치하였다. 스키타이는 독특한 동물 의장을 가진 청동기 문화를 형성하였으며, 동쪽으로 스키타이 시베리아형 문화를 전파시켰다.

사슴 모양 방패 장식 스키타이 군대의 지휘자들은 동물의 민첩함을 얻으려는 바람에서 강하고 빠른 동물 문양으로 무기나 마구를 장식하였다. 주로 청동이나 금·은 제품이었는데, 우리나라에도 전파되었다. 사진은 흑해와 카스피해 사이 쿠반 저지대에 있는 코스트롬스카야 무덤에서 발굴된 금제품으로, 기원전 7세기 후반의 것이다.

기원전 8~기원전 7세기

◎ 흉노 제국

흉노는 기원전 3세기 말에 중국의 한과 팽팽히 맞섰다. 초기에는 흉노가 다소 우세하였으나, 기원전 1세기와 서기 1세기에 한의 대대적인 공격을 받은 뒤 분열되었다. 남흉노는 4세기 초에 중국 땅으로 내려가 5호 16국 시대를 열었으며, 북흉노는 4세기 후반에 서쪽으로 진출하여 게르만족을 로마 제국으로 대거 이동하게 만들었다. 그들이 바로 유럽을 공포에 떨게 하였던 훈족이다.

기원전 2세기 후반

흉노의 카펫에 있는
동물 문양

스키타이	흉노	유연	돌궐	위구르	요·금		몽골		몽골 제국	타타르·오이라트		
아케메네스 왕조 페르시아	진·한	위·진·남북조	수	당	5대 10국	송	남송			명	청

◎ 유연 제국

흉노 제국이 쇠퇴한 후 북아시아 지역을 제패한 것은 유연과 선비였다. 유연은 선비족이 중국의 화북 지방으로 남하한 틈을 타서 몽골 초원의 오아시스 도시를 접수하여 유목 국가를 건설하였다. 이후 선비족이 세운 북위와 대립하였다.

◎ 돌궐 제국

6세기 중엽에 유목 국가를 건설한 돌궐은 역사상 처음으로 유라시아에 걸친 거대한 세력을 이루었다. 7세기 초에 수 양제가 고구려를 공격한 데에는 고구려가 돌궐과 손을 잡지 못하게 하려는 목적도 있었다. 그러나 당 태종의 공략 이후 분열되었다.

◎ 위구르 왕국

위구르는 8세기 중엽 돌궐의 약화와 당의 내분을 틈타 나라를 세웠다. 안사의 난 때에는 군대를 파견하여 당을 지원하면서 중국으로 세력을 확대하였다. 이들은 상업 활동에도 뛰어나 동서 교통로를 이용하여 활발한 중계 무역을 추진하기도 하였다.

베네치아 항구 베네치아는 상업이 발달한 항구 도시였다. 많은 상인들이 이곳에 배를 타고 드나들었다. 마르코 폴로도 열다섯 살 때 여기서 동쪽을 향하여 출발하였다.

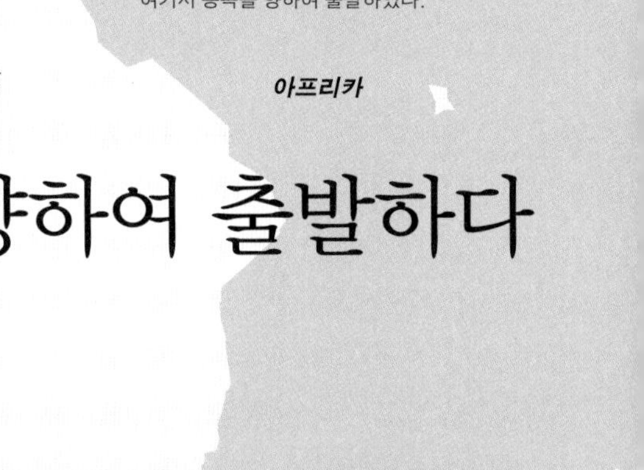

마르코 폴로, 세계를 향하여 출발하다

1269년, 내 나이 이제 열다섯 살.

난 어제야 비로소 아버지를 처음 만났어. 아버지는 내가 태어나기도 전에 삼촌과 함께 해외로 돈 벌러 나가셨기 때문이야. 불행히도 그 사이에 어머니가 돌아가셨지. 나는 정말 슬펐지만 정신 똑바로 차리고 아버지 같은 상인이 되려고 노력했지. 내가 사는 곳은 베네치아야. 이곳에는 드나드는 상인도 많고, 그만큼 상업도 발달했어. 나도 언젠가는 그런 멋진 상인이 되리라고 다짐하며 살았어.

그런데 아버지가 왜 이렇게 늦게 오셨냐구? 사실은 전쟁 때문에 오는 길이 막혔대. 아버지는 동쪽으로 멀리 돌아서 오시다가 세계 최고의 황제라는 몽골의 쿠빌라이 칸을 만나셨지. 그 몽골 황제가 아버지를 교황에게 사신으로 파견하셨대. 그렇지 않았다면, 난 아버지를 영영 못 만났을지도 몰라.

정말 신나는 건, 아버지가 다시 몽골에 가실 때 나도 같이 간다는 사실이야. 이렇게 빨리 내 꿈을 이룰 수 있을지 미처 몰랐어. 너무 가슴이 벅차

쿠빌라이를 만난 폴로 일행 마르코 폴로는 아버지, 삼촌과 함께 교황의 서신을 가지고 몽골의 황제를 만났다. 쿠빌라이를 마치 유럽인처럼 묘사한 것이 흥미롭다.

허풍선이의 책 긴 여행에서 돌아온 마르코 폴로가 자신이 보고 들은 것을 이야기할 때마다 베네치아 사람들은 '허풍'이라고 생각하였다. 사진은 그의 '허풍'을 담은 책,《밀리오네》의 일부. 이 책은 당시 유럽에서 선풍적인 인기를 끌었다.

대도

중국

유럽

흑해

카스피해

동남아시아

지중해

아시아

코끼리 가마 마르코 폴로가 동남아시아에서 목격한 코끼리 가마.

파간

호르무즈

인도

아라비아반도

말라바르의 후추 수확 돌아오는 길에 인도 서남 해안 말라바르 지방에 들른 마르코 폴로는 후추를 수확하는 인도 사람들을 보았다. 당시 후추는 유럽 상인들의 주요한 상품이었다.

인도양

서 난 지금 지도를 펼쳐 보고 있어. 아마 항구에서 배를 타고 튀르크 땅을 지날 거야. 다음에는 육지 길인 동쪽으로 가겠지? 몽골 황제가 살고 있다는 대도로 들어가려면 적어도 3년 6개월 정도는 걸리겠는걸?

그때는 내 나이 열여덟이 되겠군. 그 나이에 화려한 여행 경험까지 겸비하면 몽골 황제의 마음에 들지도 몰라. 몽골 황제는 우리 같은 서쪽 사람들을 우대해서 중요한 임무를 맡긴다고 해. 나도 꼭 중요한 사람이 되고 말겠어.

아참! 각오가 하나 더 있어. 난 앞으로 보고 들을 것들을 나중에 책으로 써 낼 거야. 책 제목은 뭐가 좋을까? 우리가 살고 있는 동네 말고, 앞으로 보게 될 넓은 세계에 대해 다 쓸 예정인데 말야. 어쩌면 내가 동쪽으로 갔다고 '동방견문록' 이라고 알려질지도 몰라.

9 넓어지는 이슬람 세계

모래바람을 뚫고 사막과 초원을 건너

단숨에 중앙아시아를 하나의 터전으로

만든 사람들, 몽골이 물러간 자리에는

이슬람 세력이 들어섰다.

이슬람의 깃발을 펄럭이며 대륙을 누빈

이들은 오스만 제국을 탄생시켰고,

무굴 제국의 문화를 빚어냈다.

바다로 나선 이들은 거침없는 항해로

바닷길을 더욱 넓혀 세계사를 하나의

무대로 만들어 놓았다.

동서양을 넘나들며 이슬람 세계는

확대되고 있었다.

1200
1238년경 타이,
수코타이 왕조 성립
1250 이집트에 맘루크 왕조 건국
1260 맘루크 왕조,
아인잘루트 전투 승리
1287 미얀마의 파간 왕조,
몽골에 멸망
1293 인도네시아 자와섬에
마자파힛 왕조 성립
1299 오스만 튀르크 건국

1300
1350 타이, 아유타야 왕조 성립
1370 중앙아시아에 티무르 제국
건국

1400
1400년경 말레이반도에
믈라카 왕국 성립
1402 티무르 제국, 앙카라에서
오스만 튀르크에 승리
1428 베트남, 대월국 수립
(레 왕조)
1453 오스만 제국, 콘스탄티노폴리
스 점령, 비잔티움 제국 멸망

1500
1501 페르시아에 사파비 왕조 수립
1511 믈라카 왕국, 포르투갈에 점령
1517 오스만 제국, 맘루크 왕조 병합
1526 인도, 무굴 제국 성립
1529 오스만 제국, 빈 포위 공격
1538 프레베자 해전, 오스만 제국이
지중해 장악

1600
1632 무굴 황제 샤 자한,
타지마할 건설

1 이슬람 세계를 누빈 나라들

유럽, 서아시아, 이집트

몽골이 물러간 후 이슬람 세계에는 다양한 세력이 활약하였다. 13세기에 이집트의 맘루크 왕조가 강자로 떠올랐고, 14세기에는 오스만 튀르크가 이슬람 세계를 주름잡았다. 15세기 중앙아시아와 동서 무역길은 티무르 제국이 지배하였다. 16세기에 일어난 사파비 왕조는 페르시아의 옛 영광을 되살리려 하였다.

■ 가 볼 곳: 카이로, 부르사, 사마르칸트, 이스파한
■ 만날 사람: 바예지드 1세, 티무르, 아바스 1세   ■ 주요 사건: 사마르칸트 건설

| 몽골을 물리친 노예들 | 1260년 9월 3일, 팔레스타인 지역의 아인잘루트에서 말 탄 병사들로 세상을 호령하던 몽골군이 이집트의 날랜 기병에게 속절없이 무너졌다. 술탄의 노예 출신 전사들이 세운 맘루크 왕조는 세계 챔피언을 꺾은 멋진 도전자처럼 이슬람 세계에 등장하였다. 이후 맘루크 왕조는 몽골에게 망한 아바스 왕조의 왕족을 이집트로 데려와 칼리프로 섬겼다. 이슬람교 성지인 메카와 메디나에 경제적인 도움을 주기도 하였다.

이러한 성장의 배경에는 국제 무역에 밝은 맘루크 왕조의 노력이 있었다. 십자군 전쟁에 이은 몽골의 원정으로 동서 무역로에서 전쟁이

맘루크의 향로(14세기)

맘루크의 외국 사절 맘루크 왕조의 수도 알카이라('승리한'이라는 뜻으로, 오늘날 카이로의 어원)는 아시아와 아프리카, 지중해와 홍해를 연결하는 요충지였으며, 당시 세계 최대의 무역 시장이 열렸다. 맘루크 왕조는 경제 성장에 힘입어 외교와 군사 면에서도 큰 성과를 낳았다. 이에 따라 외국 사신의 발길도 잦았다. 15세기의 그림.

계속되자 상인들은 몸이 달아 있었다. 이때 맘루크 왕조는 이집트를 중심으로 홍해와 지중해를 잇는 무역로를 열었다. 자연히 이집트에는 외국 상인들의 왕래가 잦아졌고, 국내의 수공업과 상업도 발달하였다. 이를 통하여 맘루크 왕조는 13세기에 이슬람을 대표하는 나라로 떠올랐다.

| 튀르크의 이름으로 | 13세기에 셀주크 튀르크가 몽골과의 싸움에서 패하면서 오늘날의 터키 지역은 작은 나라들로 나뉘었다. 비교적 세력이 약한 오스만 튀르크는 가장 서쪽에 자리 잡은 까닭에 비잔티움 제국과 좁은 바다를 사이에 두고 마주하였다.

14세기에 접어들어 오스만 튀르크는 동서 무역의 징검다리였던 비잔티움 제국이 약해진 것을 알아차리고 자주 공격을 가하였다. 나아가 비잔티움 제국 너머 발칸반도로 건너가 여러 동맹국을 물리쳤으며, 오늘날의 터키 지역을 거의 통일하였다. 그들은 손에 넣은 지역을 직접 다스리기보다는 그곳 군주의 지위와 재산을 보장하는 가운데 문화와 전통을 인정해 주면서 다스렸다. '힘보다는 포용과 통합의 정치'를 펴는 이슬람의 전통이 엿보이는 대목이다.

자신감에 찬 오스만 튀르크의 바예지드 1세는 이집트의 맘루크 왕조로 피신해 있던 칼리프에게서 술탄의 칭호를 받아, 14세기 이슬람 세계의 지도자로 이름을 날렸다. 하지만 1402년에 동쪽으로 눈길을 돌려 티무르 제국을 공격하였을 때, 티무르의 강력한 반격을 받았다.

비잔티움 제국을 에워싼 오스만 오스만 튀르크는 비잔티움 제국을 마주 보는 부르사 지역에 수도를 정하고 콘스탄티노폴리스 공략에 공을 들였다. 주변 지역을 차례로 격파한 오스만은 사실상 비잔티움 제국을 에워쌌다. 콘스탄티노폴리스는 그들의 중요한 공격 목표였으며, 훗날 이곳을 차지하면서 제국 성장의 발판을 마련하게 되었다. 그림은 오스만 튀르크의 창시자 오스만 1세이다.

오스만 제국의 영토 변화
- 1300년경
- 오스만 1세(1258~1324)
- 무라드 1세(재위 1360~1389)
- 바예지드 1세(재위 1389~1402)

다뉴브강
바르나
흑 해
비딘
니시
에디르네
(아드리아노플)
비잔티움 제국
콘스탄티노폴리스
부르사
앙카라
에 게 해
아테네
알레포
지 중 해
크레타섬
키프로스섬

지중해

티무르의 원정로

티무르의 정복 티무르는 신앙심 깊은 무슬림이었지만, 정복지 백성들에게는 매우 가혹하였다. 몽골 제국의 부흥을 꿈꾸며 대규모 정복 활동에 나선 그는 70세의 나이에 중국 정벌에 나설 정도로 의욕적이었다. 티무르는 페르시아만과 튀르크인이 사는 지역을 통합함으로써 중앙아시아와 서아시아를 하나로 연결하였고, 페르시아-이슬람 문화를 발달시켰다.

| 푸른 도시, 사마르칸트 | 일찍이 알렉산드로스가 건설한 2,500년 된 오아시스 도시, 사마르칸트. 목마른 사막과 초원을 가로지르는 무역상들에게 넉넉한 물과 풍요로운 나무 그늘을 선사한 그곳은 푸른 도시였다. 유럽과 이슬람 세계, 중국을 잇는 동서 무역로의 길목이요, 러시아에서 킵차크 초원, 인도를 연결하는 남북 교역로가 겹치는 노른자위 땅이었다. 페르시아와 시리아, 중국에서 온 공예 기술자들이 솜씨를 겨루었고, 곳곳에 시장과 상인의 숙소가 있었다. 한때 각지에서 가져온 상품을 진열할 곳이 없어, 밤낮으로 공사를 해서 20일 만에 대규모 시장을 세울 정도로 엄청난 교역의 장소였다. 그곳은 이슬람 세계의 진주, 티무르 제국의 수도였다.

티무르재위 1369~1405는 일 울루스가 무너진 뒤 옛 몽골의 터전을 누비며 차가타이 울루스와 킵차크 울루스를 휩쓸고, 북인도의 델리 술탄 왕조를 공격하면서 15세기에 중앙아시아의 강자로 떠올랐다. 비

사마르칸트 티무르는 수도 사마르칸트를 세계적인 도시로 만들어 동서 무역을 주도하였다. 이런 까닭에 유럽의 상인들은 사마르칸트를 '동방의 로마'라고 하였다. 사진에 티무르와 그의 후계자들이 누워 있는 무덤이 보인다. 왼쪽은 티무르의 유골을 바탕으로 복원한 청동제 흉상이다.

잔티움 제국을 위협하며 세력을 키우던 오스만 제국과 앙카라^{오늘날 터키의 수도}에서 격돌하여 그들을 꺾고 한껏 기세를 올렸다. 옛 페르시아 땅 정벌에 나선 그는 큰 부상을 입어 다리를 절고 다녔지만, 정복 활동을 멈추지 않았다. 사마르칸트에 드나드는 상인들에게 세금을 걷어 전쟁 비용을 마련하고, 공격할 곳의 정보도 얻어 유리하게 전쟁을 이끌었다. 인도와 오스만 제국을 공격한 것도 교역 길을 열기 위해서였다.

| 페르시아의 영광을 되살려 | 7세기에 페르시아 땅이 이슬람 세력에게 넘어간 이래, 페르시아어를 사용하는 사람들은 이슬람의 일부로 살아갔다. 그들은 학문과 예술 방면에 소질이 뛰어나 튀르크와 몽골이 지배하던 시절에도 관료로서 이름을 날렸다. 15세기 말에 티무르 제국이 무너지면서 이 지역이 튀르크인과 페르시인^{이란인} 지역으로 세력이 나뉘자, 이스마일 1세가 이 틈을 비집고 사파비 왕조를 일으켰다.^{1502년}

이스마일 1세는 이슬람교의 창시자 무함마드의 혈통을 이어받았다고 주장하면서 시아파 이슬람교를 국교로 삼고 옛 페르시아 땅을 손에 넣기 시작하였다. 유프라테스강에서 아프가니스탄에 이르는 대제국을 세워 '왕 중의 왕'을 자처하면서, 아케메네스 왕조와 파르티아, 사산 왕조의 뒤를 이어 페르시아의 영광을 되살리려 하였다.

5대 왕 아바스 1세^{재위 1588~1629}는 수도를 이스파한으로 옮기고, 관료 조직과 군대를 정비하여 강력한 중앙 집권 국가로 만들었다. 오스만 제국과 싸워 세력을 떨치는가 하면, 페르시아 특유의 문화를 발전시키기 위하여 노력하였다. 유럽의 상인과 가톨릭 선교사가 수도에 머무는 것을 허용하고 세금 특혜와 신앙의 자유를 주었다. 그리고 베네치아를 비롯한 유럽의 도시에 상인들을 파견하여 거래를 트려 하였다. 덕분에 16세기에 사파비 왕조는 국제 무역의 중심으로 떠올랐다.

마스지드의 돔(왼쪽)과 로트폴라(오른쪽) 아바스 1세는 수도 이스파한 중앙에 광대한 메이단 이 샤(왕의 광장), 마스지드 이 샤(왕의 사원), 마스지드 이 셰이크 로트폴라(로트폴라 사원)를 세웠다. 왕의 사원은 완공에 18년이 걸린 건물이다. 생명을 상징하는 푸른색 타일로 뒤덮여 있는데, 아라비아 문자와 꽃무늬 장식은 가히 환상적이다. 광장 서쪽의 로트폴라 사원은 푸른색이 아닌 황금색 둥근 지붕이 특이하다.

2 세 대륙에 걸친 나라, 오스만 제국

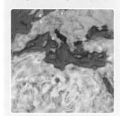

유럽, 서아시아, 북아프리카

티무르 제국에 당한 패배를 거울삼아 오스만 제국은 재기에 나섰다. 강력한 해군과 정예 군대를 길러 유럽 연합군을 누르고 바다를 장악하더니, 비잔티움 제국을 공격하여 성공의 발판을 마련하였다. 술레이만 대제 이래 오스만 제국은 북아프리카와 유럽 일부, 서아시아를 거느린 대제국으로 발돋움하였다.

■ 가 볼 곳: 콘스탄티노폴리스, 빈 ■ 만날 사람: 메흐메트 2세, 술레이만 대제
■ 주요 사건: 콘스탄티노폴리스 점령, 빈 포위 공격

| 비잔티움을 딛고 일어서라 | "가라, 이슬람의 아들이여! 보아라, 성전의 깃발은 드높이 펄럭이고 있다. 우리 병사는 하늘의 별보다 많다. 알라의 이름과 오스만 제국의 영광을 위하여 전력을 다하여 싸워라!" 메흐메트 2세의 명령과 함께 오스만 제국의 콘스탄티노폴리스 공격이 시작되었다. 이 싸움에 오스만 제국은 약 10만 명의 병사를 동원하였고, 비잔티움 제국은 7,000명이 못 되는 군사로 맞섰다.

산을 넘는 오스만 함대
마르마라해에서 골든혼에 이르는 수십 킬로미터의 산길에 통나무를 깔고 전함을 옮겼다. 하룻밤 사이에 72척의 전함이 산을 넘어 콘스탄티노폴리스 앞바다에 모습을 드러내자, 당황한 비잔티움의 병사들은 허둥거릴 수밖에 없었다.

교회에서 모스크로 콘스탄티노폴리스를 차지한 메흐메트 2세는 도시를 파괴하지 않고 국제 무역 도시로 새단장하였다. 아울러 신이 내린 건물이라고 칭송받던 성 소피아 성당을 허물지 않고, 내부의 벽에 색을 덧칠하여 크리스트교 성화를 가리고 바깥에 첨탑을 세워 이슬람 사원으로 활용하였다. 이는 이후 오스만 제국의 상징이 되었다.

메흐메트 2세의 과감한 작전으로 오스만 제국은 크리스트교 세계의 천년 역사를 품은 도시를 손에 넣었다. 메흐메트 2세는 곧바로 이런 칙서를 내렸다. "너희들의 진정한 재산, 창고, 포도밭, 제분소, 배, 그 밖의 소유물은 모두 너희 것으로 둘 것이다. 오스만의 땅에서는 통상과 여행에 아무런 간섭과 방해를 받지 않을 것이다." 오스만 튀르크가 대제국으로 발돋움하기 위하여 반드시 차지해야 할 곳, 비잔티움 제국의 수도 콘스탄티노폴리스를 향한 총공격은 이렇게 마무리되었다.

| 서아시아를 누비며 | 비잔티움 제국을 무너뜨린 오스만의 힘은 뼈 아픈 과거를 딛고 일어선 성과요, 앞날의 발전을 짐작케 하는 것이었다. 1402년에 티무르 제국과 맞섰을 때만 해도 바예지드 1세가 포로로 잡혀 죽는 처절한 패배를 당하여 거의 멸망 직전이었다. 그러나 오스만 제국은 여기서 주저앉지 않았다.

메흐메트 1세^{재위 ?~1421} 때 나라를 추스르고, 무라드 2세^{재위 1421~1451}에 이르러 재기의 날개를 펴기 시작하였다. 강력한 해군을 길러 바다 전투를 유리하게 이끌었고, '예니체리'라는 정예 군대를 가다듬었다. 이탈리아의 도시 국가 베네치아와 무역로를 놓고 벌인 싸움에서는 해군이 돋보였고, 헝가리와의 전쟁에서는 예니체리가 공을 세웠다. 1444년에는 비잔티움 제국과 헝가리, 베네치아가 중심이 된 유럽 연합군을 완전히 눌러 버렸다. 이러한 힘을 바탕으로 메흐메트 2세가 1453년에 비잔티움 제국을 삼켜 버린 것이다.

셀림 1세^{재위 1512~1520}는 메흐메트 2세의 영광을 이어 오스만 제국이 이슬람의 실질적인 지배자가 되는 길을 닦아 놓았다. 페르시아의 사파비 왕조를 꺾고, 이집트를 지배하던 맘루크 왕조를 멸망시켰다. 이로써 오스만 제국의 영토는 티무르의 공격을 받기 전보다 두 배나 늘어났다. 셀림 1세는 이후 이집트에 있던 칼리프에게 칼리프의 칭호를 물려받아 술탄-칼리프가 되었다. 이슬람 세계의 정치와 종교를 아우르는 최고의 지배자가 된 것이다.

셀림 1세의 대관식 셀림 1세는 시리아와 아라비아를 차례로 제압하고, 1517년에 이집트마저 정복하여, 아바스 왕조의 마지막 칼리프에게 칼리프 칭호를 물려받았다. 이슬람교의 종주권을 장악한 것이다. 이로써 오랫동안 분리되어 있던 술탄과 칼리프의 자리를 통합하게 되었다.

| 지중해와 유럽을 겨냥하다 | 오스만 제국의 콘스탄티노폴리스 공격은 유럽의 입장에서 보면 전쟁의 예고편이었다. 오스만 제국의 전성기를 이끈 술레이만 대제재위 1520~1566는 방향을 유럽으로 틀어 여러 차례 위협을 가하였다. 술탄이 된 이듬해에 콘스탄티노폴리스 너머 발칸반도로 나아가려 하였고, 5년 뒤에는 헝가리의 수도를 차지하고 헝가리를 속국으로 삼았다. 1529년에는 당시 유럽의 강자였던 오스트리아-합스부르크 왕가와 대결하여 수도인 빈을 포위 공격하였다.

이 소식은 전 유럽을 놀라게 만들었다. 유럽은 십자군 전쟁 이후 다시 벌어진 이슬람 세력과의 전쟁에서 과거의 패배가 되살아나는 듯

드넓은 오스만 제국 술레이만 대제 때의 영역은 오스만 제국의 위력 그 자체였다. 오스트리아-합스부르크 왕가의 수도 빈을 포위하여 전 유럽을 공포에 떨게 하고, 서아시아를 호령하는 오스만의 활약은 거침이 없었다. 유럽 사람들은 세 대륙을 거느린 술레이만 대제를 '위대한 왕'이라고 불렀다. 그러나 그는 단순한 정복자가 아니었다. '입법자'라는 별명으로 알 수 있듯, 오스만 제국의 체제를 정비하였다. 그가 다듬은 관료 조직은 이후 약 200년간 오스만 제국의 기틀이 되었다.

오스만 제국의 영토 변화
- 셀림 1세 즉위 당시(1512)
- 셀림 1세의 정복지(1512~1520)
- 술레이만 대제 정복지(1520~1566)
- 술레이만 대제 이후(1566~1639)
- 오스트리아-합스부르크 왕가의 영토
- 에스파냐-합스부르크 왕가의 영토

포르투갈
에스파냐
프랑스 신성 로마 제국
마드리드
빈
키예프
알제리
튀니스
프레베자
콘스탄티노폴리스(이스탄불)
흑해
카스피해
트리폴리
지중해
타브리즈
다마스쿠스
바그다드
카이로
사파비 왕조
이스파한
메디나
아라비아반도
메카

프레베자 해전 122척의 오스만 튀르크 함대가 오늘날 그리스의 항구인 프레베자에서 200여 척으로 구성된 크리스트교 국가의 연합 함대를 무찔렀다. 무적 함대의 명성을 드높인 것이다. 그 뒤 지중해 해상권을 바탕으로 아프리카 북부를 차지하였다. 이로써 오스만 제국은 가까이는 이탈리아에서 멀리는 대서양 입구까지 세력을 떨치게 되었다.

두려움에 빠져들었다. 3년 뒤에 또다시 오스트리아 원정길에 나선 술레이만 대제는 10만 명이 넘는 포로와 엄청난 전리품을 챙겼다. 오스만과 유럽의 싸움은 바다에서도 벌어졌다. 1538년에 지중해 동부에서 오스만 제국의 함대가 유럽 연합 함대와 싸워 크게 이긴 것이다. 프레베자 해전 바야흐로 지중해의 새 주인이 오스만 제국이라는 사실을 아무도 의심할 수 없었다.

17세기에 오스만 제국의 영토는 절정에 달하였다. 오스트리아 빈 근처에서 이란 사파비 왕조 국경 너머까지, 그리고 아라비아반도 일부와 모로코를 제외한 북아프리카 전체가 오스만의 깃발 아래 놓였다.

세계의 시장, 콘스탄티노폴리스의 바자르
콘스탄티노폴리스(오늘날 이스탄불)의 그랜드 바자르는 출입문만 20개가 넘는다. 바자르란 '덮여 있는 시장'이란 뜻으로, 벽과 지붕으로 둘러싸인 옥내 시장이다. 약 20만 제곱미터의 면적에 약 5,000여 개의 상점이 미로처럼 입주해 있어, 시장 그 자체가 볼거리이다.
이 시장은 다양한 기존 상업 지역을 통합하여 하나로 재편하려는 술탄 메흐메트 2세의 의도에 따라 1461년에 처음 건설되었다. 오스만 제국의 전성기 때에는 세계 각국에서 선박과 상인들이 이곳에 모여들어 세계 무역의 중심 노릇을 하였다. 현재의 바자르는 전통적인 상점 시설에 유리문만 단 것이다.

현재의 바자르

| 튤립 정원에서 커피를 마시며 | 17세기에 접어들어 세 번째 빈 포위 공격에 실패한 이후, 오스만 제국의 국력은 서서히 기울어 유럽 전체의 힘과 엇비슷해지기 시작하였다. 그러나 오스만 제국 사람들의 자부심은 여전하여 유럽인을 열등한 인종으로, 크리스트교 또한 열등한 종교로 보았다.

오스만 제국은 세 대륙, 20개 민족, 6,000만 명의 인구를 거느리며, 이슬람의 정신으로 페르시아의 전통과 튀르크의 기질, 아라비아의 솜씨를 버무려 거대한 문화를 발달시켰다. 그리하여 유럽 세계를 위협하는 존재일 뿐만 아니라, 유럽 세계가 부러워하는 대상이기도 하였다. 동서 무역로와 지중해를 장악한 오스만 제국의 경제력은 말할 것도 없고, 동서양 문물을 아우르면서 이슬람 향기 짙은 문화를 만들어 낸 것도 무척이나 부러웠던 모양이다.

오스만 제국 사람들은 '카웨'라고 부르는 곳에서 커피를 마시며 서로 사귀고, 터키가 원산지인 야생화 튤립을 가까이하였다. 오늘날 여유 있고 낭만적인 유럽 문화를 의미하는 카페와 네덜란드의 상징인 튤립은 이렇듯 오스만 제국에서 비롯된 것이다. 17세기에 유럽이 닮고 싶어한 나라, 그것이 오스만 제국이었다.

오스만의 향기
오른쪽은 오스만 제국 사람들이 카웨에서 커피를 끓여 나누어 마시는 모습이다. 교리상 술을 마실 수 없는 이슬람 세계에는 일찍부터 커피 등의 차 문화가 발달하였다. 혼담이 오가는 남녀 사이에서 신부가 끓여 준 커피 맛으로 결혼을 결심할 만큼 커피는 대중적으로 사랑받았다. 오늘날에도 터키 사람들은 대화하기를 좋아하여 낯선 사람과도 밤새 이야기를 나누곤 한다.

아름다운 하렘의 숨은 실력자

하렘 하렘은 이슬람 이전 서아시아에서 시작된 풍습이다. 당시 여성들은 공적인 생활에서 다양한 역할을 하였는데, 집 안에 하렘을 두고 개인적이고 안전한 거처로 사용하였다. 그러나 이슬람 시대가 시작되고 시간이 흘러 여성들의 공적인 역할이 축소되면서 여성들이 격리되어 사는 곳으로 변해 버렸다.

기다란 복도에는 고급 카펫이 깔려 있고 수많은 방들이 미로처럼 딸려 있다. 온통 황금으로 치장된 눈부신 방, 섬세한 무늬를 곱게 새긴 타일, 진귀한 보석으로 치장한 벽난로, 방 안을 부드럽게 물들이는 창문, 실내를 한층 넓게 만드는 커다란 돔, 가는 곳마다 피어나는 은은한 향기……

술탄의 여인들이 사는 은밀한 곳, 하렘의 모습이다. 이곳에서는 아름답게 치장한 이국적인 여인들을 만나 볼 수 있는데, 이들은 술탄을 위하여 여기저기서 팔려 온 사람들이었다.

그중에서도 한 여인이 유난히 돋보였다. 바로 오스만 제국의 위대한 술탄 술레이만의 여인, 록셀란이었다. 어려서 노예로 팔려 온 그녀는 뛰어난 미모와 음악적 재능을 발휘하여 술레이만의 마음을 사로잡았고, 곧 하렘의 일인자로 떠올랐다. 그녀는 자신의 아들을 후계자로 만들기 위하여 태생이 다른 왕자들 중 가장 나이 많은 왕자를 반역죄로 처형당하게 만들었다. 반대로 자신의 아들 4명 중 2명이 권력 다툼에서 목숨을 잃는 비극을 겪기도 하였다.

록셀란의 정치 개입은 오스만 제국 최고의 술탄이라는 술레이만의 실수였을까, 아니면 권력을 잡지 못하면 자신은 물론 자식들마저 죽을지도 모르는 상황에서 살아남기 위한 몸부림이었을까? 실제로 오스만 제국에는 록셀란과 비슷한 길을 간 왕비들이 더 있었으니, 당시 왕위 계승을 둘러싼 암투가 얼마나 치열하였는지를 알 수 있다.

3 인도의 새로운 전통, 무굴 제국

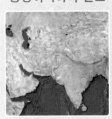

중앙아시아와 인도

중앙아시아에서 성장한 무굴 세력은 인도 중심부를 차지한 또 하나의 이슬람 왕조였다. 무굴 제국의 아크바르 대제는 화합의 정치를 내세워 인도에 다양한 문화가 공존할 수 있게 하였다. 이를 통하여 힌두-이슬람 문화가 발달하여 종교와 예술에서 융합되었고, 인도 사회 전반에 새로운 전통이 마련되기 시작하였다.

■ 가 볼 곳: 파니파트, 파테푸르시크리   ■ 만날 사람: 바부르, 아크바르 대제
■ 주요 사건: 무굴 제국 성립, 데칸 지역 원정

| **바부르, 무굴 제국을 세우다** | 1526년 봄, 파니파트 벌판에서 10배나 많은 인도군과 마주한 바부르^{재위 1526~1530}의 사기는 결코 꺾이지 않았다. 수많은 경쟁자와 겨루며 중앙아시아에서 성장한 그였기에 조금도 흔들림이 없었다. 티무르의 5대손이며, 몽골의 후손이라고 자처해 온 그가 아니던가. 과연 그의 군대는 인도 군대를 단 3시간 만에 무찔러 버렸다. 초원을 뒤로 하고 풍요로운 땅을 찾아 나선 바부르는 이 싸움을 고비로 인도의 새 주인이 되었다.

코끼리를 앞세워 적을 겁주고 가끔씩 대포를 쏘는 인도군에 비하여, 바부르의 군대는 빠른 말과 정확한 대포 솜씨로 상대를 압도하였다. 작은 나라로 분열된 델리 술탄 왕조가 제대로 대응하지 못하는 가운데, 바부르의 세력은 거침없이 인도로 밀고 들어갔다.

중앙아시아와 북인도 지역을 확보하면서 동서 무역의 핵심 길목을 차지하게 된 바부르는 엄청난 경제적 이익을 함께 거머쥐었다. 1526년, 북인도의 중심지 델리와 아그라를 차지하고서 스스로 '인도 황제^{파드샤}'라고 선언하였다.

파니파트 전투 바부르는 1526년 4월, 로디 왕조의 술탄 이브라힘과 델리 근교의 파니파트에서 접전을 벌여 수적으로 훨씬 우세한 이브라힘의 군대를 격파하였다. 얼마 뒤 무굴 제국을 세웠는데, 무굴이 몽골의 인도식 표현인 데서 알 수 있듯, 바부르는 몽골의 후손이라는 자부심이 강하였다.

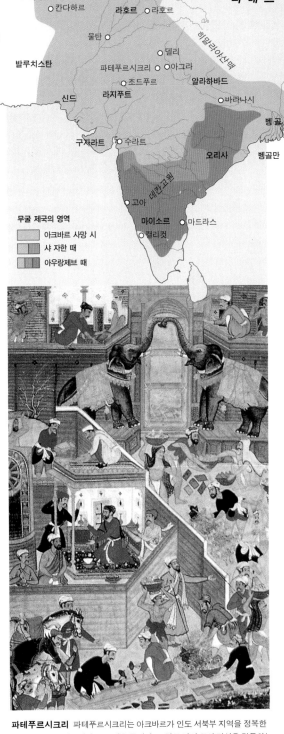

니사푸르

사파비 왕조

카불　카슈미르

헤라트　페샤와르

칸다하르　　라호르　라호르

물탄

티 베 트

케르만

발루치스탄

델리

파테푸르시크리　아그라

조드푸르

알라하바드

신드　라지푸트

히말라야산맥

바라나시

구자라트　수라트

벵골

오리사

벵골만

데칸고원

고아

마이소르　　마드라스

캘리컷

무굴 제국의 영역
아크바르 사망 시
샤 자한 때
아우랑제브 때

| 제국의 틀을 잡은 아크바르 | 할아버지 바부르의 총애 속에 아버지 후마윤의 용맹함을 물려받은 아크바르재위 1556~1605는 열세 살의 어린 나이에 왕위에 올랐다. 하지만 그로부터 50년 뒤, 아크바르는 무굴 제국을 오늘날 인도를 대표하는 왕조로 만들어 놓았다.

초반에는 이민족의 침략과 북인도 지역의 반발로 어려움을 겪었지만, 조심스럽게 극복하고 국력을 키워 나갔다. 특히 서쪽의 구자라트 지역은 수공업이 일찍부터 발달하였는데, 1573년에 그 중심지인 수라트 항구를 차지함으로써 첫 번째 목표를 이루었다. 곧이어 아크바르는 동쪽으로 말머리를 돌렸다. 아프가니스탄 계통의 사람들이 살고 있는 벵골 지역도 무역과 상공업이 발전한 곳이었기 때문이다.

공격을 거듭하여 기어이 인도의 동쪽을 차지한 아크바르는 이제 남쪽으로 데칸고원을 넘어 인도를 통일하려는 야망을 가졌다. 남인도는 일찍부터 인도양 무역을 주름잡아 온 곳이기에 그곳에 무굴의 깃발을 꽂고 바다를 누비고 싶었다. 이를 통하여 무굴 제국이 국제 무역의 중심으로 떠올라 경제 대국으로 나아가게 하고 싶었다. 이러한 노력은 어느 정도 성과를 거두어 영토를 조금 더 남쪽으로 넓힐 수 있었다.

파테푸르시크리 파테푸르시크리는 아크바르가 인도 서북부 지역을 정복한 뒤, 1569년에 제국의 수도로 삼은 곳이다. 그림도 당시 도시 건설을 감독하는 아크바르의 모습을 담았는데, 페르시아 회화의 영향을 많이 받았다.

241

정복에서 화합으로 왼쪽은 아크바르가 라지푸트 출신 공주와의 사이에서 아들 자한기르를 얻고 잔치를 베푸는 모습. 오른쪽은 아크바르의 손자 샤 자한이 무굴 제국의 여러 학자들을 모셔 놓고 잔치를 베풀며 토론하는 장면으로, 학자들을 우대하려는 노력이 엿보인다.

아크바르의 원정 아크바르가 라지푸트 지방 란탐부르를 점령하고 그곳 술탄에게서 선물을 받는 모습. 제국을 합리적으로 운영하기 위하여 노력한 아크바르는 훌륭한 군주이자 전략가였지만, 그의 개혁은 강력한 왕권이 뒷받침된 것이었다. 아크바르는 굽타 왕조 시절 왕들이 힌두 신을 흉내 냈던 것처럼, 자신이 절대자인 신의 뜻을 받들어 땅 위에서 활동하는 '신의 대리자'라고 강조하였다.

| **화합을 추구하는 정치** | 아크바르는 단지 정복 전쟁에만 몰두한 사람이 아니었다. 그는 정치, 경제, 사회 여러 분야에서 무굴 제국의 기틀을 마련하였다. 먼저 전통적으로 인도 정치·경제의 중심지였던 북서부의 라지푸트와 구자라트 사람들을 잘 다독여 가장 충성스런 집단으로 만들어 놓았다. 이것은 힘으로 가능한 일이 아니었다.

아크바르 자신은 이슬람교도였지만, 힌두교도와 비이슬람인을 억압하지 않았다. 힌두교도에게 물리던 인두세를 없애고 벼슬도 능력껏 할 수 있도록 기회를 주었다. 모두에게 고르게 기회를 주어 출신이나 종교에 관계없이 제국을 위하여 일할 사람을 뽑기로 한 것이다. 나아가 제국 최대의 반대 세력이자 힌두교도가 많았던 라지푸트족의 공주와 결혼하여 몸소 화합의 정치를 선보였다.

아크바르의 탁월함은 지배층의 폭을 넓힌 데에만 있지 않다. 그는 농민들에게 공평하고 효과적인 토지 개혁을 하기 위하여 애썼다. 때로는 이웃 나라의 제도를 거울삼아 땅의 질을 분석하여 합리적인 토지 활용법을 찾고, 그에 따라 생산량을 따져 세금을 걷었다. 또한 어떻게 땅을 개간할 것인지 궁리하게 하고, 농사를 마음껏 지을 수 있도록 농민들에게 돈을 빌려주는 제도도 마련하였다.

| 다양한 문화, 새로운 전통 | 16세기 무굴 제국의 등장으로 이슬람 세력의 인도 진출은 더욱 확대되었다. 이슬람교가 전파된 길을 따라 아라비아의 전통과 페르시아의 문화, 튀르크인의 풍습이 함께 실려 왔다. 이러한 모습은 중앙아시아에서 활약하던 세력이 인도를 차지하면서 더욱 두드러졌다. 차츰 문화 면에서도 기존의 힌두교와 외부에서 온 이슬람교가 융합되어 갔는데, 종교와 건축, 언어에서 그 모습을 엿볼 수 있다.

나나크^{1469~1539}는 힌두교와 이슬람교가 가진 장점을 살려 두 종교의 통합을 시도하였다. 그는 이슬람교처럼 유일신을 믿고 헌신적으로 살면, 힌두교의 믿음대로 깨달음을 얻어 해탈에 이를 수 있다고 하였다. 또한 계급 차별을 없애자고 주장하여 눈길을 끌었고, 출가보다는 일상생활에 충실하기를 권하였다.

우르두어 또한 힌두–이슬람 문화의 대표적인 예였다. 우르두어는 원래 튀르크 계통 이슬람 지배자들이 인도 용병을 부리기 위하여 만든 언어인데, 민족과 종교 구성이 한층 다양해진 무굴 시대에는 일상용어로 널리 사용되었다. 건축에서도 이슬람의 아라베스크 무늬에 인도의 연꽃 무늬나 만(卍)자 무늬를 곁들인 양식이 발달하였다.

무굴 시대의 건축 샤 자한 시대에 인도 북부 라호르 지역에 조성한 살리마르 정원의 별채들이다. 바깥은 페르시아 풍의 정원과 함께 첨탑이 있는 이슬람 양식으로 표현하였으나, 내부는 힌두식 기둥 배치와 장식으로 꾸민 곳도 있다.

힌두교와 이슬람교의 만남 왼쪽은 무슬림인 자한기르가 동굴 속에서 수행하는 힌두교 고행자를 만나 이야기를 나누는 장면이다. 아크바르 시대에 관대한 종교 정책이 시행되면서 힌두교와 이슬람교를 결합한 시크교가 탄생하였다. 아크바르는 시크교에 관심이 많아, 펀자브 지방 암리차르 시에 대한 통치권을 시크교도에게 넘겨주었다. 이곳의 황금 사원(아래)은 시크교도들이 평생에 한 번은 가 보고 싶어하는 성지가 되었다.

힌두와 이슬람의 만남, 타지마할

어느 날 흘러내린 눈물은 영원히 마르지 않을 것이며,

시간이 흐를수록 더욱더 맑고 투명하게 빛나리라.

그것이 타지마할이리네.

오, 황제여! 그대는 타지마할의 아름다움으로 시간에 마술을 걸려 하였다네.

그대는 경이로운 꽃다발을 짜서 우아하지 않은 주검을 죽음을 모르는 우아함으로 덮어 버렸다네.

- 라빈드라나트 타고르 -

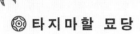 타지마할 묘당

무굴 제국의 5대 황제 샤 자한(재위 1627~1656)은 사랑하는 왕비 뭄타즈 마할이 죽자, 그녀를 기리기 위하여 무덤을 짓기 시작하였다. '왕궁의 꽃'이란 뜻의 이름처럼 아름다웠던 왕비를 잃은 슬픔에, 샤 자한은 세금을 한꺼번에 50퍼센트나 올려 가면서 22년 동안 무덤을 짓는 데 열중하였다. 평소에도 멋진 건물 짓기에 관심이 많았던 그는, 인도는 물론 동남아시아와 페르시아, 멀리 유럽의 솜씨 있는 장인들을 불러모아 공사에 투입하였다. 주재료로 사용한 백색의 대리석 외에도 화려한 보석들이 동원되었다. 튀르크 지역의 연옥과 티베트의 수정, 미얀마 북부의 옥, 아프가니스탄과 이집트의 진주, 사파이어, 다이아몬드 등이 수입되어 타지마할을 짓는 데 사용되었다.

정면에서 본 다양한 무늬

타지마할은 한쪽 벽의 길이가 56미터, 중앙에 있는 큰 돔의 높이만도 58미터에 이르는 거대한 건물이지만, 공중에 떠 있는 듯 아스라한 느낌을 준다. 그래서인지 세계에서 가장 아름다운 무덤이라는 칭찬이 마르지 않는다. 한편 타지마할에는 황제의 애절함이 배어 있기도 하다. 아름다운 백색의 대리석 돔은 부드럽고 풍만한 왕비를, 사방에 세운 뾰족탑은 황제를 상징하는데, 죽은 왕비를 지켜 주려는 황제의 마음이 서려 있다.

역대 이슬람 황제들은 성을 짓는 데 붉은 사암을 즐겨 사용하였다. 타지마할은 그런 전통에서 벗어나 백색 대리석을 주재료로 삼았다. 이는 힌두 전통에서 비롯되었다. 그뿐만 아니라 힌두교 사원에서 볼 수 있는 섬세한 대리석 격자 세공에 이슬람풍의 아치를 걸었다. 문에 새긴 연꽃도 힌두교와 관계가 깊다. 바깥 면의 아라베스크와 갈매기 무늬는 전형적인 이슬람풍인데, 대리석에 홈을 파고 거기에 갖가지 보석을 덧붙였다. 이탈리아에서 수입한 것을 힌두교 기술자가 마무리하였다.

샤 자한 그는 아들 아우랑제브가 반란을 일으키면서 왕위에서 밀려나 감옥에 갇혔다. 창살 너머로 사랑하는 아내의 무덤이 보름달에 우윳빛으로 빛나던 어느 날, 그는 '대리석으로 빚어낸 환상'이라고 감탄하며 조용히 눈을 감았다.

4 다양하게 굽이치는 동남아시아

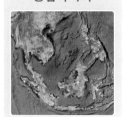

동남아시아

베트남은 15세기에 중국의 지배에서 벗어나 남부를 통합하여 세력을 떨쳤다. 비슷한 시기 타이에는 수코타이 왕조와 아유타야 왕조가 연이어 들어섰고, 13세기에 자와섬에서 일어난 마자파힛 왕국은 인도네시아의 뿌리가 되었다. 믈라카 해협에는 믈라카 왕국이 이슬람 해상 왕국으로 자리 잡았다.

■ 가 볼 곳: 수코타이, 자와, 믈라카   ■ 만날 사람: 레로이
■ 주요 사건: 베트남의 독립

| 끈기의 나라, 베트남 | 베트남인들은 《대월사기》라는 역사책을 읽으면서 무척이나 자랑스러워한다. 13세기에 세계를 뒤흔든 몽골군이 베트남에 쳐들어왔을 때 세 번씩이나 보기 좋게 꺾어 버렸기 때문이다. 쩐흥다오가 이끄는 베트남군의 끈질긴 저항은 몽골도 꺾을 수 없었다. 그가 "항복하려면 먼저 저의 목을 베어 주소서!"라고 외치며 전장에 나서는 대목은 매우 인상적이다. 일찍부터 베트남은 국왕을 황제라 높여 부르고 쯔놈 문자로 나름의 문화를 발달시켰던만큼, 안으로 다부진 힘을 지녔다. 15세기에 또다시 이어진 명의 침략, 베트남을 신하의 나라로 삼아 온갖 재물을 빼앗아 가려는 중국의 거만한 지배에 맞서 베트남인들은 끈질기게 싸웠다. 레로이는 저항한 지 10년 만에 명의 군대를 내쫓고 베트남 발전의 기틀을 마련하였다.

베트남은 이제 남쪽으로 눈을 돌려 참파를 공격하였다. 17세기에 마침내 참파를 손에 넣음으로써 육지와 바다를 아우르는 인도차이나의 강국으로 떠올랐다.

쩐흥다오 13세기에 몽골의 침략을 물리친 장군으로, 오늘날에도 베트남에서 국민 영웅으로 존경받고 있다. 베트남은 고려와 함께 몽골의 침략을 여러 차례 받고도 버텨 낸 몇 안 되는 나라 중 하나이다. 왼쪽은 베트남에 있는 쩐흥다오 동상.

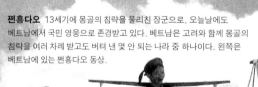

| 새로 일어선 큰 나라, 타이 | 오늘날 타이 지역에 제대로 모습을 갖춘 나라가 등장한 것은 13세기였다. 시암족이 메남강 상류에 터를 잡고 수코타이 왕국을 세웠다. 중국의 법률, 제도 등을 많이 본받았지만, 타이 문자를 만들어 쓸 만큼 문화 능력을 지녔다. 이들은 가까이에 있는 라오스를 비롯하여 말레이반도, 미얀마까지 손길을 뻗쳤다.

14세기에는 메남강 하류 오늘날 방콕 부근에 아유타야 왕국이 들어섰다. 아유타야는 수코타이를 끌어들이는가 하면, 인도네시아 쪽으로 해군을 보내 군사력을 떨쳤고, 중국과도 당당히 교류하였다. 미얀마와 말레이반도 대부분을 손에 넣었으며, 앙코르 왕조를 무너뜨리면서 대국으로 발전하여 약 400년간 번영을 누렸다.

무너진 앙코르 왕조나 새롭게 일어선 베트남, 아유타야는 모두 강력한 왕권으로 이룩된 나라들이었다. 지배층인 왕실과 귀족의 호사스런 생활이 이어졌고, 이를 떠받치는 평민들은 강제 노동과 전쟁에 시달려야 하였다. 가장 밑바닥에는 노예와 산간 부족들이 온갖 관습

동남아시아 국가의 흥망(4~16세기)
동남아시아에서는 다양한 문화가 발달하였다. 유교의 영향을 받은 베트남과 독실한 불교 국가인 타이가 그렇고, 마자파힛, 믈라카는 이슬람의 터전이었다. 이들은 모두 동서 무역의 중심지에서 경제력을 성장시켰으며, 향료를 비롯한 특산물을 자랑하였다. 그러나 정치적으로 강력한 권력이 없는 경우가 많아, 16세기 이후 대부분의 나라가 유럽 침략자들의 식민지로 전락하였다.

수코타이의 와트 마하타트와 승려 상좌부 불교의 나라인 타이는 이미 6세기 무렵부터 남자라면 일생에 한 번 승려 생활을 경험하는 관습이 생겼을 정도로 독실한 나라이다. 11세기 수코타이 왕조 때 불교를 국교로 정하면서 많은 불상을 조각하였다.

과 규율에 얽매여 살고 있었다. 나라에서는 이들을 대규모 관개 농사에 끌어들여 엄청난 양의 쌀을 생산하였으며, 군사를 기르고 바닷길로도 눈을 돌려 세력을 키웠다.

| **인도네시아의 뿌리, 마자파힛** | 13세기 말, 자와섬에 마자파힛 왕국이 등장하였다. 마자파힛은 옛 스리위자야 영토에서 오늘날의 인도네시아 대부분과 말레이반도까지 거느린 대제국이었다. 이곳 사람들은 자와섬의 쌀을 주요 수출품으로 삼아 상아와 보석, 면직물 등을 중국이나 이슬람 상인들과 흥정하였다. 또 후추, 정향 등의 향료 무역을 독점하여 빠르게 번영의 길로 들어섰다.

이 시기 마자파힛 왕국은 3만 명의 군사와 1,000척의 군선을 지녔을 만큼 강대국이었다. 여러 문화와 개방적으로 만났던 마자파힛 사람들은 비록 힌두교를 믿었지만, 샤일렌드라 왕국 시절의 불교나 거래 관계에 있던 이슬람 상인들의 신앙도 두루 존중해 주었다.

15세기 말부터 세력이 약해진 마자파힛 왕국은 아유타야 왕국의 침략과 중국의 세력 확대로 위협을 받았다. 그리고 서서히 영역을 키우던 이슬람 세력에 의하여 무너졌다. 하지만 오늘날 인도네시아 인구의 70퍼센트가 자와섬에 살게 된 것도, 그들 스스로 하나의 겨레라고 생각하게 된 것도 다 마자파힛 왕국 덕분이다.

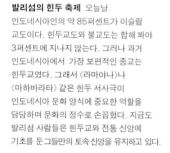

발리섬의 힌두 축제 오늘날 인도네시아인의 약 85퍼센트가 이슬람교도이다. 힌두교도와 불교도는 합해 봐야 3퍼센트에 지나지 않는다. 그러나 과거 인도네시아에서 가장 보편적인 종교는 힌두교였다. 그래서 〈라마야나〉나 〈마하바라타〉 같은 힌두 서사극이 인도네시아 문화 양식에 중요한 역할을 담당하며 문화의 정수로 손꼽혔다. 지금도 발리섬 사람들은 힌두교와 전통 신앙에 기초를 둔 그들만의 토속신앙을 유지하고 있다.

발리의 계단식 논밭 산간 지대를 개간하여 벼를 재배하는 슬기로움이 엿보인다.

| **이슬람 해상 왕국, 믈라카** | 세계 지도를 펼쳐 놓고 동서 무역로를 바닷길로 따라가다 보면, 지름길이 믈라카 해협을 통과하게 되어 있다. 믈라카 해협에는 무역풍이라는 바람까지 불어 뱃길을 활짝 열어 준다. 이곳에 스리위자야에 이어 다시 최대의 무역 국가가 등장하였다.

믈라카는 원래 인도 출신 이주민들이 사는 작은 마을에 지나지 않았다. 그러나 13세기에 이슬람 상인의 공동체로 발돋움하면서 마르코 폴로의 기행을 담은 《밀리오네동방견문록》에 기록될 정도로 규모가 커졌다. 15세기 초에는 수마트라 출신 지배층이 건너와 터를 닦고 무역으로 세력을 키웠다.

믈라카는 바닷길을 주름잡던 이슬람 상인들과 손잡고 번영을 이어가려 하였다. 이를 위하여 왕 스스로가 이슬람교로 개종하고 이슬람 국가를 선포하였다. 그러자 믈라카의 영향을 받으며 무역에 의존하던 이웃 동남아시아 국가들도 차례차례 이슬람교를 받아들였다. 그도 그럴 것이, 믈라카 항구는 중국과 베트남, 자와, 아유타야, 인도, 페르시아, 아라비아의 상인들이 북적거리는 인종 전시장이요, 문화를 뽐내는 마당이었다. 이곳에 제대로 된 터전을 마련한 것도, 활기를 불어넣은 것도 이슬람 상인이었기에, 그들의 영향력은 대단하였다.

하지만 바다의 왕자, 믈라카의 지위는 오래 가지 않았다. 유럽인들이 무역의 길목인 이곳에 가장 먼저 총칼을 겨누었기 때문이다.

믈라카의 번영과 쇠퇴 믈라카는 국제 무역의 길목이면서 사람이 살기 좋은 곳이었다. 무역상들은 양식을 보급받고 언덕의 샘에서 맑은 물을 얻기 위하여 자주 이곳에 머물렀다. 믈라카는 전성기 때 인구가 5만에서 10만 명에 이르렀을 것이나, 포르투갈의 침략을 받으면서 무너지기 시작하였다. 아직도 믈라카에는 인도인이 운영하는 향료 가게(위)가 제법 남아 있어 화려하던 시절을 증언하여 준다. 또한 전성기의 모습을 보여 주는 믈라카 왕족의 의상(아래)도 거리에서 관광객의 눈길을 끌고 있다.

싱가포르 항구 옛 믈라카 인근에 자리 잡은 싱가포르가 오늘날 세계적인 무역과 금융의 중심지로 떠오른 것도 결코 우연이 아니다.

술탄의 막강한 친위 부대

'미흐라드……, 지금부터 이것이 내 이름이다.'

잔뜩 긴장한 표정으로 꼿꼿하게 서 있는 한 소년이 보인다. 누가 봐도 10대의 앳된 나이이지만, 체격도 좋고 얼굴도 잘생겼다. 옆에도 그와 비슷한 소년들이 줄지어 서 있다. 이들은 오늘 오스만의 최고 정예 군대인 예니체리의 일원이 되었다. 술탄의 부하로서 오직 술탄에게만 충성을 다하고 복종하여야 한다.

미흐라드는 원래 크리스트교 집안의 막내아들로 태어났다. 하지만 살림이 넉넉지 않아 공부는커녕 밥을 굶을 때도 많았다. 그래서 부모님은 유독 키가 크고 잘생긴 미흐라드를 예니체리에 지원하게 하였다. 일단 예니체리가 되면 가족과 인연을 모두 끊고 이슬람으로 개종하여야 한다. 결혼도 못 한다. 그러나 월급도 많고 능력만 있으면 고위 관리가 될 수도 있기 때문에 망설임 끝에 부모님은 아들을 보낸 것이다. 아들이 예니체리에 뽑혔다는 소식을 듣고 부모님은 한숨 반, 기대 반이 섞인 목소리로 말하였다.

"제발 훌륭한 군인이 되어 행복하게 살기를."

예니체리. 예니는 '새로운[新]', 체리는 '군인[軍]'이라는 뜻으로, 오스만 제국에 정복당한 지역 내 크리스트교 집안의 소년들을 뽑아 술탄의 친위 부대로 만든 것이다. 이들은 궁성 학교에서 엄격한 훈련과 교육을 받았는데, 오스만 제국의 요직은 주로 이들 궁성 학교 출신자들이 차지하였다. 나중에는 이들의 권력이 너무 커져 술탄을 내쫓기도 하였고, 부정부패가 심하여 오스만 제국의 개혁에 걸림돌이 되기도 하였다.

어린 나이에 집을 떠나 완벽하게 다른 삶을 살아야 하였던 청소년들. 그들은 과연 제국이 부여한 최고의 대우에 기뻐하였을까, 아니면 지저분한 권력의 수렁에서 벗어나지 못하고 후회하였을까?

▼ **예니체리 행렬** 말 탄 장교들 뒤로, 병사들이 진귀한 장식을 들고 줄지어 행진하고 있다.

▶ **데브시르메** 크리스트교 집안의 소년들을 예니체리로 선발하는 모습. 이 제도를 '데브시르메'라고 하였는데, 뽑힌 소년들은 사회와 격리된 채 엄격한 훈련을 받았다.

251

10 대서양을 헤쳐 나가는 유럽

대서양 진출의 전초 기지, 에스파냐의 세비야

금과 향료를 찾아 모험에 나선 유럽인들은
더 넓은 세계를 만났다. 새로운 문명과
다양한 인종, 뜻하지 않은 행운 등.
그러나 이것이 서로를 알고 함께 누리는
지혜를 가져다준 것은 아니었다.
유럽인들은 새로운 세계를 만나면서
부유함을 얻었고, 세계를 주름잡을 기회를
잡았다.
하지만 여기에는 수많은 아프리카와
아메리카 사람의 희생이 뒤따랐다.

1400

1418 포르투갈의 엔히크,
인도 항로 탐험 시작
1453 비잔티움 제국 멸망
1485 영국, 장미 전쟁 이후 중앙
집권 국가로 발전
1488 포르투갈, 희망봉 도착
1492 에스파냐, 콜럼버스 아메리
카 항로 발견
1498 포르투갈, 바스쿠 다 가마 캘
리컷 도착

1500

1517 루터, 종교 개혁 시작
1519 에스파냐, 라틴아메리카
정복 개시(~1533)
마젤란 일행, 세계 일주 항해(~1522)
1545 에스파냐, 포토시 은광 개발
1566 네덜란드, 독립 전쟁 시작
1588 에스파냐, 무적 함대가
영국-네덜란드 연합 함대에 대패

1600

1618 30년 전쟁(~1648)
1642 영국, 청교도 혁명
1643 프랑스, 루이 14세 즉위
1648 네덜란드 독립
1682 러시아, 표트르 대제 즉위
1688 영국, 명예 혁명

1700

1740 오스트리아 왕위 계승
전쟁(~1748), 프로이센이
슐레지엔 획득
1756 7년 전쟁(~1763)

1 바다로 나서는 에스파냐와 포르투갈

이베리아반도

15세기 말에 포르투갈과 에스파냐는 인도와 아메리카로 가는 새로운 뱃길을 찾았다. 이들은 그동안 닦아 놓은 무력을 바탕으로 인도양의 향료 무역을 장악하고, 아메리카의 아스테카, 잉카 등 발달된 문명을 정복하여 번영의 기초를 다졌다.

■ 가 볼 곳: 고아, 마추픽추 ■ 만날 사람: 엔히크, 코르테스
■ 주요 사건: 포르투갈의 인도양 무역 참여, 아스테카 제국과 잉카 제국의 멸망

| 금과 향료를 찾아서 | '이슬람 상인을 거치지 않고 직접 인도에 가서 값진 향료를 사올 수 없을까? 그러면 이익도 엄청나고 이슬람의 경제력도 꺾을 수 있을 텐데…….' 포르투갈의 왕자 엔히크는 이런 생각을 행동으로 옮겼다. 아프리카를 돌아 인도로 가는 길을 찾으려 한 것이다. 지중해 서쪽 끝에 치우쳐 있어 향료 무역에서 재미를 보지 못하던 포르투갈에게 이것은 매력적인 사업이었다. 엔히크는 나라의 지원을 얻어 배 만드는 기술자와 항해 기술자, 천문·지리학자, 탐험가를 모아 연구와 탐험을 거듭하였다. 포르투갈은 아프리카 서해안 곳곳을 침략하고 그곳 사람들을 잡아다가 노예로 팔아서 탐험 비용을 마련하였다.

인도양으로 나아가는 포르투갈
15세기 말 포르투갈은 오랜 노력 끝에 아프리카를 돌아 인도로 가는 뱃길을 찾아냈다. 줄곧 눈독들였던 인도양의 향료 무역에 끼어들 수 있게 된 것이다.

대양 항해와 카라벨선 포르투갈인들이 사용한 카라벨선은 길이 30미터 안팎의 작은 배이지만, 선창이 있어 꽤 많은 식량을 실을 수 있었고, 삼각돛을 달아 역풍아 불 때도 항해할 수 있었다. 뱃머리의 선원이 들고 있는 천체 관측 기구는 이슬람 세계에서 전해진 것이다. 포르투갈인들은 나침반과 이런 도구를 이용하여 대양에서도 자기 배의 위치를 확인할 수 있었다. 원 안의 인물은 엔히크 왕자.

1418 마데이라 제도
1488 희망봉
보트
1498 캘리컷
선장실
닻
선창

마침내 포르투갈은 아프리카의 남쪽 끝에 도달하였고,[1488년] 곧 이를 넘어 인도로 가는 뱃길을 찾아냈다. 그리고 이슬람 세력과 전쟁을 치르느라 한발 뒤져 있던 이웃의 에스파냐는 "서쪽으로 항해하면 더 빨리 인도에 갈 수 있다."라고 주장한 콜럼버스를 지원하여 오늘날 아메리카 대륙의 서인도 제도에 도착하였다.[1492년]

일본의 포르투갈인 16세기 중반
포르투갈인들은 인도양을 넘어 중국과 일본에까지 발을 디뎠다. 그들은 믈라카와 중국, 일본을 연결하는 삼각 무역을 통하여 이익을 얻었다. 일본이 임진왜란 때 사용한 조총도 이들을 통하여 일본에 전해진 것이다. 배에서 막 내린 포르투갈인들을 묘사한 일본의 병풍 그림.

│ **인도양의 포르투갈 요새** │ 1498년, 포르투갈의 바스쿠 다 가마 함대는 아프리카를 돌아 향료 무역의 거점인 인도 서남 해안의 캘리컷에 도착하였다. 그들은 값비싼 향료를 가득 싣고 돌아가 큰 이익을 남겼다. 그러나 향료와 비단, 면직물 무역으로 번영한 인도양의 도시에서 포르투갈인들은 낯선 촌뜨기에 불과하였다. 인도양 무역의 터줏대감이던 이슬람과 인도 상인들의 견제도 만만치 않았고, 내세울 만한 상품도 변변치 않았다. 캘리컷의 군주는 바스쿠 다 가마가 선물한 '산호와 두건, 허리띠' 등을 하찮은 물건이라며 비웃었다.

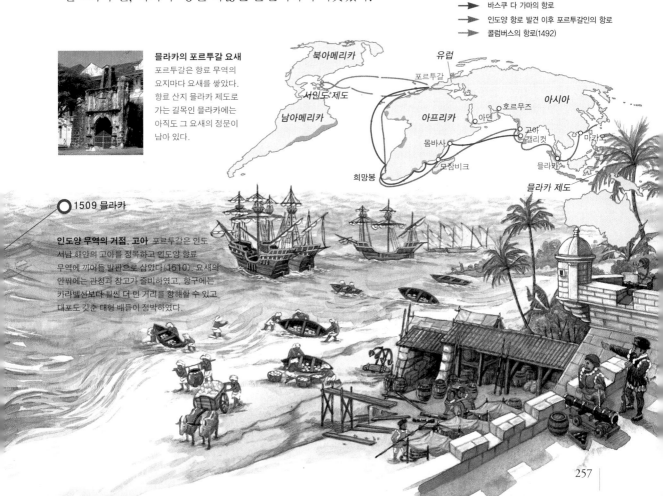

믈라카의 포르투갈 요새
포르투갈은 향료 무역의 요지마다 요새를 쌓았다. 향료 산지 믈라카 제도로 가는 길목인 믈라카에는 아직도 그 요새의 정문이 남아 있다.

■ 포르투갈의 무역 거점
→ 바스쿠 다 가마의 항로
→ 인도양 항로 발견 이후 포르투갈인의 항로
→ 콜럼버스의 항로(1492)

북아메리카　유럽
서인도 제도　포르투갈
남아메리카　아시아
아프리카　호르무즈
아덴
고아
몸바사　캘리컷
마카오
모잠비크　믈라카
희망봉
믈라카 제도

◯ **1509 믈라카**

인도양 무역의 거점, 고아 포르투갈은 인도 서남 해안의 고아를 정복하고 인도양 향료 무역에 끼어들 발판으로 삼았다(1510). 요새의 안팎에는 관청과 창고가 즐비하였고, 항구에는 카라벨선보다 훨씬 더 먼 거리를 항해할 수 있고 대포도 갖춘 대형 배들이 정박하였다.

포르투갈이 이런 어려움을 이겨 낼 수 있었던 것은 무력 덕분이었다. 많은 대포를 싣도록 개량한 배를 내세워 다른 상인들을 제압하였던 것이다. 바스쿠 다 가마의 첫 항해가 있은 지 10여 년 뒤, 포르투갈은 동남아시아에서 인도를 거쳐 서아시아와 이집트에 이르는 무역로를 장악하고, 주요 길목에 요새를 세웠다. 유럽으로 들어가는 향료를 독점하려 애쓰고, 다른 상인들에게 통행세를 걷는가 하면, 인도양 주변의 무역에도 끼어들어 단단히 한몫을 챙길 수 있게 된 것이다.

| 고원과 산지에 꽃핀 문명 | '하얀 얼굴에 수염을 기른 저들은 어디에서 왔을까? 왜 우리 땅에 나타났을까?' 15세기 말 에스파냐인들이 도달한 서인도 제도와 아메리카 대륙은 '신대륙'이 아니었다. 이미 그곳에는 수천만의 사람들이 살고 있었다. 2~3만 년 전 아시아에서 건너와 삶을 일구어 온 그 땅의 주인들이었다.

특히 멕시코 고원과 안데스 산지에는 2,000만 이상에서 수백만에 달하는 인구를 다스리는 아스테카와 잉카 제국이 자리 잡고 있었다. 이들은 지금도 감탄할 만한 치밀한 관개 시설을 만들어 농업을 발전시켰고, 상업도 발전하여 하루에 수만 명이 드나드는 시장도 있었다.

아스테카인들은 거대한 호수 가운데 섬들을 연결하여 장대한 규모의 수도 테노치티틀란을 건설하였고, 잉카인들은 3만 킬로미터가 넘는 도로와 발달된 행정 기구를 통하여 광대한 지역을 지배하였다.

안 데 스 문 명 의 역 사

차빈 금속 공예와 직조술 등이 발달하였고, 이후의 문명들에 큰 영향을 미쳤다.

모체와 나스카 해안의 건조 지대에서 등장한 문명들로, 관개 시설을 이용한 집약 농업을 발전시켰다. 특히 나스카인들은 땅 위에 거미, 원숭이 등 거대한 동물 그림을 남겼다.

티아우아나코와 와리 안데스 산지에 등장한 최초의 제국들이다. 특히 사진에 보이는 와리인들의 도로 체계와 행정망은 잉카인들에게 큰 영향을 주었다.

치무 제국 모체의 폐허에서 성장하여 북부 해안 대부분의 지역을 다스렸으나, 남쪽에서 일어난 잉카인들에게 굴복하고 말았다.

잉카 제국 쿠스코 중심의 연합 세력에서 출발하였다. 15세기에 국력을 크게 강화한 뒤 100여 간 대대적인 정복 활동을 벌여 동서로 320킬로미터, 남북으로 4,000킬로미터에 이르는 거대한 제국으로 성장하였다.

| 기원전 900 | 기원전 200 | 600 | 1000 | 1438 |

| 정복자, 에스파냐 | 콜럼버스의 항해 이후 황금에 눈이 먼 에스파냐인들은 서인도 제도와 아메리카 대륙을 휘젓고 다녔다. 에스파냐 왕실도 20퍼센트의 세금을 받기로 하고 이들의 활동을 허락하였다. 마침내 1519년 하급 귀족 코르테스가 불과 수백 명을 이끌고 아스테카 제국을 정복하였고, 10여 년 후에는 피사로가 역시 소수의 병력으로 잉카 제국을 멸망시켰다. 이들은 수만 킬로그램의 금과 은을 약탈하였다. 수준 높은 문화를 자랑하였지만, 철기를 사용할 줄 몰랐던 원주민들은 총과 칼, 말로 무장한 침략자들을 당해 낼 수 없었다. 게다가 침략자들이 원주민 내부의 갈등을 이용하면서 두 제국은 허망하게 무너져 버렸다.

정복의 결과는 참혹하였다. 에스파냐인들은 원주민들을 이교도로 몰아 대량으로 학살하는가 하면, 그들의 문화를 파괴하고 크리스트교로 개종할 것을 강요하였다. 침략자들과 함께 온 홍역, 천연두, 티푸스 같은 전염병은 더욱 무서웠다. 오랫동안 다른 대륙과 단절되어 살아온 그들에게는 이러한 전염병에 대한 면역이 전혀 없었고, 수많은 사람이 죽어 갔다.

▲ **에스파냐의 라틴아메리카 정복** 아스테카와 잉카 제국을 멸망시킨 에스파냐는 멕시코에서 안데스산맥에 달하는 넓은 땅을 손에 넣었다. 포르투갈이 차지한 브라질까지 생각하면, 중·남부 아메리카 대부분의 지역이 에스파냐와 포르투갈의 손에 들어간 셈이다. 이 지역을 통틀어 현재 '이베로아메리카' 또는 '라틴아메리카'라 부르는 것도 이 때문이다.

▼ **전염병의 유입과 내분** 1525년경 에스파냐 침략자들에 앞서 천연두를 비롯한 유럽의 질병이 잉카 제국을 강타하였고, 제국은 연이어 황제와 계승자를 잃었다. 이후 왕위를 둘러싼 내분이 일어나 에스파냐 침략자들에게 효과적으로 저항하지 못한 채 몰락의 길을 걸었다. 한편 정복 과정에서 에스파냐인들의 학살과 전염병으로 인해 100여 년 사이에 원주민 인구의 90퍼센트 이상이 사망하였다.

마추픽추 잉카인들이 건설한 도시로 험한 지형 덕택에 잉카 제국이 멸망한 뒤에도 수백 년간 사람들의 눈을 피할 수 있었다. 거대한 돌을 정교하게 쌓아 만든 성벽과 계단식 밭은 잉카인들의 뛰어난 건축술을 보여 준다. 건설 시기와 목적에 대해서는 종교 중심지나 군사 기지, 피난처 등 다양한 해석이 나오고 있다.

16세기 에스파냐인들의 침입로
16세기 에스파냐 식민지 경계

887만 명
100%
7.55%
67만 명

남문
창고
왕궁
신전
수로
계단식 밭

중앙아메리카의 사라진 문명들

◎ 우주의 조화를 꿈꾼 사람들

중앙아메리카의 멕시코에서 온두라스에 이르는 지역에서는 유럽인들의 침략 이전에 수준 높은 정착 농경 문화가 발전하였다. 높은 생산성을 자랑하는 옥수수 재배를 토대로 기원전 1000년을 전후한 때부터 도시 문명이 등장하여 기원 전후부터 1,000여 년 동안 절정의 번영을 누렸다. 유카탄반도에서 엘살바도르에 이르는 남쪽 지역에서는 정연한 문자 체계를 만들고 종교적인 관심에서 고도의 천문학과 수학을 발전시켰던 마야 문명이, 북쪽에 위치한 멕시코 중부 고원에서는 대도시 테오티우아칸 등이 있었다. 이 문명들은 서로 교역하면서 예술 양식과 신화, 종교까지 주고받았다. 그래서인지 많은 유적지에서 공통으로 피라미드 모양의 신전을 볼 수 있으며, 이를 통하여 비슷한 종교 의식이 행하여졌을 것으로 추정되기도 한다.

아스테카 제국은 이러한 중앙아메리카 문명의 계승자였다. 그들은 자신들의 시대에 앞서 네 번의 제각기 다른 태양의 시대가 멸망하였고, 자신들의 시대는 신들의 희생으로 만들어진 다섯 번째 태양의 시대라고 생각하였다. 그들은 우주의 조화가 좀 더 오래 유지되기를 바라며 신들에게 많은 제물을 바치는 종교 의례를 거행하였다.

쿠쿨칸의 피라미드 유카탄반도의 치첸이트사에 있는 후기 마야 문명의 신전으로 마야인들의 천문학 지식을 반영하고 있다. 즉 네 면의 계단과 꼭대기 제단의 수를 합하면 1년의 일수인 365개, 한 면의 테라스의 수는 1년의 달수인 18개이다. 마야인들은 여러 가지 달력을 함께 사용하였지만, 그중 태양력은 한 달 20일, 1년 18개월로 하고 여기에 5일을 더하였다. 한편 마야인들이 관측한 지구의 공전 주기는 365.2420일로 현대 천문학과 0.0002일밖에 차이 나지 않는다.

신들의 도시, 테오티우아칸 "네 번째 세계가 멸망하였을 때, 신들은 테오티우아칸에 모여 누가 다음 태양이 될 것인지를 고민하였다. 암흑 속에서 보이는 것은 대혼란에 충격받아 흔들리고 있는 성스러운 불꽃뿐이었다. '누군가 불꽃 속으로 몸을 던져 희생해야 한다. 그래야 태양이 생길 것이다!'라고 신들은 외쳤다. 결국 2명의 신이 불 속으로 뛰어들어 태양과 달이 되었다."
                                                    ―중앙아메리카의 신화―

위 사진은 멕시코시티에서 약 50킬로미터 떨어진 신전 도시의 유적이다. 400～650년경에는 인구가 10～20만 명에 달할 정도로 번영을 누렸다. 길이 4킬로미터, 너비 45미터에 이르는 중심 대로('죽은 자의 거리'라고 부른다.) 양쪽으로 거대한 격자형 도시가 있었다고 추정된다. 아스테카인들은 수백 년 전에 멸망한 이 도시를 신화 속의 테오티우아칸으로, 가장 큰 두 개의 건조물을 '태양의 제단'과 '달의 제단'으로 불렀다.

신성한 공놀이 마야 문명에서 행해졌던 종교적 성격을 지닌 경기이다. 선수들은 엉덩이, 무릎, 발꿈치로 공을 튀겨 양쪽 벽에 달려 있는 돌고리에 넣었다. 경기장은 우주, 공은 태양이나 달, 별을 상징하였고, 패배한 쪽은 희생 제물로 바쳐졌다. 아마도 신들의 희색으로 이루어지는 자연의 순환, 낮과 밤의 순환을 기념하는 의미였을 것이다.

태양의 돌 또는 아스테카 캘린더 자신들의 시대가 다섯 번째의 태양의 시대라는 아스테카인의 우주관을 담고 있는 유물이다. 가운데에 혀를 내밀고 있는 다섯 번째 태양이 있고, 그 주변의 네모 칸에 이전에 탄생하였다가 멸망하였던 네 개의 태양이 보인다.

2 유럽의 새 강자, 영국과 프랑스

영국과 프랑스

새로운 뱃길이 열린 뒤, 유럽 각국은 해상 무역의 패권과 식민지 지배권을 놓고 치열한 각축전을 벌였다. 이 과정에서 중앙 집권화를 추구하는 국왕과 더 많은 이익을 노리는 부르주아지들은 서로 협력하고 갈등하면서 유럽 사회를 크게 변화시켰다.

■ 가 볼 곳: 암스테르담, 런던, 베르사유 ■ 만날 사람: 펠리페 2세, 엘리자베스 1세, 루이 14세 ■ 주요 사건: 네덜란드의 독립, 영국 혁명, 루이 14세의 절대 왕정 수립

| 은에 취한 에스파냐 | 16세기 후반에 유럽 각국은 대외 팽창과 내부 정비에 힘을 쏟았다. 먼저 두각을 나타낸 나라는 펠리페 2세^{재위 1556~1598}가 다스리는 에스파냐였다. 당시 에스파냐는 유럽 각지와 라틴아메리카, 필리핀 등 넓은 영토를 지배하였다. 더욱이 라틴아메리카에서 포토시를 비롯한 대규모 은광이 잇달아 발견되면서, 에스파냐는 막대한 부를 얻었다. 에스파냐의 부르주아지들은 은 무역을 독점하여 큰 이익을 얻었고, 정부는 많은 세금을 걷을 수 있었다.

그러나 번영은 오래 가지 못하였다. 은 무역으로 쉽게 이익을 얻게 되자, 부르주아지나 정부 모두 국내의 공업 발전에는 주의를 기울이지 않았기 때문이다. 에스파냐로 들어온 은은 곧바로 영국과 프랑스, 네덜란드에서 만든 공산품을 사는 데 쓰였다. 에스파냐는 은이 지나가는 통로가 되었고, 실제 이익은 영국을 비롯한 다른 나라에게 돌아갔다. 게다가 종교 개혁 이후 가톨릭교와 신교가 대립하는 가운데, 펠리페 2세는

펠리페 2세와 무적 함대 왼쪽의 인물은 16세기 에스파냐의 전성기를 이끈 펠리페 2세. 당시 에스파냐는 라틴아메리카의 은광과 무적 함대를 기반으로 하여 번영을 누렸다. 펠리페 2세는 1580년에 후계가 끊어진 포르투갈의 왕위마저 차지하였다.

가톨릭교의 수호자를 자처하며 유럽에서 벌어지는 온갖 전쟁에 끼어들었다. 에스파냐는 막대한 군사비 때문에 늘 파산의 위험을 안아야 하였고, 지방에서는 무거운 세금에 대한 불만이 쌓여 갔다.

| 네덜란드의 대변신 | 1566년, 에스파냐의 지배를 받던 네덜란드에서 칼뱅을 따르는 수천 명의 신교도들이 가톨릭 교회를 습격하였다. 펠리페 2세가 군대를 동원하여 잔혹하게 진압하자, 이 사건은 네덜란드 독립 전쟁으로 확대되었다. 이미 에스파냐는 무거운 세금 때문에 많은 네덜란드인들의 반감을 사고 있었다. 네덜란드는 에스파냐의 세력 확대를 꺼리던 프랑스와 영국, 심지어 오스만 제국과도 손을 잡고 끈질기게 저항하여 마침내 독립을 이루었다.

수십 년에 걸친 저항의 중심에는 대상인을 비롯한 부르주아지들이 있었다. 이들은 에스파냐 상선을 공격하고, 아프리카와 인도, 동남아시아의 에스파냐 세력권을 빼앗아 막대한 전쟁 비용을 댔다. 그리고 에스파냐 육군의 위협을 받으면서도 해상 무역의 바탕이 되는 해군에 더 많이 투자하였다. 이 결과, 독립이 거의 달성된 1634년 무렵 네덜란드는 전체 유럽 상선의 4분의 3을 가진 유럽 최대의 해운국으로 성장하였다.

네덜란드의 성장 네덜란드는 에스파냐에 맞서 독립 전쟁을 벌이면서 해상 무역의 패권을 차지하였다. 사진은 당시 네덜란드의 수도 암스테르담의 붐비는 증권 거래소와 화가 렘브란트가 그린 직물 조합 간부들의 집단 초상화이다. 17세기 유럽 제일의 상업과 금융의 중심지였던 암스테르담의 번영과 이를 이끈 네덜란드 부르주아지들의 자부심을 엿볼 수 있다.

종교 개혁과 네덜란드의 독립 1517년에 루터가 교회의 부패를 정면으로 비판한 뒤, 루터파와 영국 국교회, 칼뱅파 등 새로운 교회가 등장하여 로마 가톨릭 교회와 대립하였다. 에스파냐의 가톨릭교 강요는 네덜란드 독립 전쟁의 한 원인이 되기도 하였다. 독립 전쟁 중에도 가톨릭 교도가 많은 남부(젤란트)는 에스파냐와 타협하였지만, 칼뱅파가 우세한 북부(홀란트)는 끝내 독립을 얻어 냈다.

루터파
칼뱅파
영국 국교회
로마 가톨릭 교회

북 해
홀란트
암스테르담
젤란트
브뤼셀
북 해
함부르크
런던
암스테르담
바르샤바
브뤼셀
파리
대 서 양
빈
제네바
베네치아
리스본
로마
세비야

⊙ 해상권의 변화

16세기 이후 유럽 각국은 해상 무역의 주도권과 식민지 지배권을 놓고 치열한 싸움을 벌였다. 에스파냐와 포르투갈은 곧 네덜란드에 추월당하였고, 17세기 말 이후에는 네덜란드를 밀어낸 영국이 새로이 해군을 키운 프랑스와 다투었다. 인도와 북아메리카를 둘러싼 두 나라의 경쟁은 18세기 중반에 산업 수준과 해군력이 우세하였던 영국의 승리로 끝났다.

몬트리올 퀘벡
보스턴
필라델피아 뉴욕

엑시코시티

캘커타 마카오
뭄바이
고아 마드라스
퐁디셰리

바타비아
(자카르타)

리우데자네이루

※ 1700년경의 상황임

- 포르투갈과 식민지
- 에스파냐와 식민지
- 네덜란드와 식민지
- 프랑스와 식민지
- 영국과 식민지

중상주의 아시아와 아프리카, 아메리카라는 거대한 시장과 만나게 된 서유럽의 부르주아지들은 '동인도 회사'와 같은 거대 회사를 만들어 대외 무역과 침략에 나섰다. 각국 정부 역시 이들에게 독점권을 주는 등 여러 방법으로 지원하였다. 자신들의 힘만으로 새로운 시장을 지배하기에는 아직 힘에 부쳤던 부르주아지와 재정을 확보하려던 정부의 협력 속에, 서유럽은 아프리카와 아메리카 각지를 침략하며 빠르게 상공업을 발전시킬 수 있었다. 그림은 인도 무역을 독점한 영국 '동인도 회사'의 창고.

1498
포르투갈, 인도 항로 발견, 이후 인도양 무역 장악

1519
에스파냐, 라틴아메리카 침략 시작

1566 네덜란드, 독립 전쟁 시작,
에스파냐의 해상권에 도전

1580
포르투갈, 에스파냐에 합병(~1640)

1588
에스파냐, 영국-네덜란드 연합 함대에 패배

1618
30년 전쟁(~1648), 이후 에스파냐 몰락,
네덜란드가 해상 무역 장악

1651 영국은 항해법 발표, 프랑스는 해군 육성
→영국과 프랑스의 부상, 네덜란드 위축

1756
식민지 7년 전쟁(~1763),
영국이 북아메리카와 인도에서 프랑스 제압

| **대서양의 파도를 넘는 영국** | 엘리자베스 1세^{재위 1558~1603} 가 다스리던 16세기 중반부터 눈부신 경제 성장을 이룬 영국 역시 에스파냐의 주요한 적수였다. 엘리자베스는 에스파냐 상선을 습격하는 해적들을 보호하고, 네덜란드의 독립을 지원하였다. 분노한 에스파냐는 무적 함대를 동원하였지만, 영국은 이를 물리쳐 에스파냐의 기세를 크게 꺾어 놓았다.^{1588년}

17세기에 영국은 계속해서 해외로 뻗어 나갔다. 상인들은 서로의 자본을 합쳐서 거대한 회사를 만들고 국가의 지원을 받아 북아메리카와 인도의 해안에 많은 식민지를 건설하였다. 나아가 17세기 중반에는 영국과 식민지 간 무역에서 외국 배가 물건을 나르지 못하게 하였다.^{항해법} 이는 유럽 최대의 해운국 네덜란드를 견제하려는 조치였다. 에스파냐에 맞서 공동 전선을 펼쳤던 영국과 네덜란드 두 나라는 이후 몇 차례 전쟁을 벌였고, 유럽의 국제 정치와 맞물리면서 영국이 점차 우위를 차지하게 되었다.

무역으로 세력이 강해진 지주와 부르주아지는 의회^{하원}를 통하여 발언권을 강화하였다. 의회를 무시하던 2명의 국왕이 거푸 쫓겨났고, 의회는 세금을 걷고 군대를 통솔할 권한을 갖게 되었다. 이후 의회는 지주와 부르주아지의 이익을 최대한 보장하는 정책을 펴 나갔다. 가난한 민중과 식민지의 희생 속에 상공업을 발전시킨 것이다.

| **절대주의의 본보기, 프랑스** | 대서양과 인도양 무역의 주도권을 둘러싸고 유럽 국가들이 벌인 오랜 각축전은 17세기 후반에 영국과 프랑스의 다툼으로 좁혀졌다. 태양왕을 자처한 프랑스의 루이 14세^{재위 1643~1715}는 왕권을 강화하고 국력을 증진시키는 데 온 힘을 기울였다. 그는 귀족과 성직자들의 세력을 억누르고, 자신이 임명한 관리들을 각 지방으로 보내 그곳을 다스리며 세금을 걷게 하였다.

엘리자베스 1세 영국 국교회를 중심으로 종교 갈등을 수습하였고, 강대국 에스파냐의 위협에서 영국의 이익을 지켜 냈으며, 상공업과 무역을 장려하여 해외 팽창의 기반을 닦았다. 이런 가운데 지주층과 부르주아지가 성장하였는데, 훗날 멋대로 세금을 걷으려는 국왕과 대결한 의회의 구성원이 바로 이들이었다.

또한 루이 14세는 성장하는 부르주아지를 적극적으로 지원하였다. 그들에게 높은 관직을 주기도 하고, 국가가 나서서 수공업 공장과 무역 회사를 만들어 해외 진출을 도왔다. 이에 힘입어 프랑스인들은 인도와 북아메리카에 식민지를 건설하였다.

늘어난 세금과 해외 팽창에서 얻은 이익은 막강한 군대의 육성으로 이어졌다. 루이 14세가 직접 정치를 챙기게 된 1661년에는 2만여 명에 지나지 않았던 군대가 1694년에는 40만 명을 헤아릴 정도였다. 프랑스는 '국왕 중심의 강력한 중앙 집권화, 상공업 보호와 군대 육성'을 특징으로 하는 절대주의의 모범이 되었다. 그러나 무리한 전쟁을 계속하면서 정부의 재정은 점차 바닥을 드러냈고, 프랑스의 위세도 기울어 갔다.

절대주의 16~18세기 유럽에는 관료와 상비군을 거느린 국왕이 강력한 권한을 행사하는 국가가 등장하였다. 이때 국왕은 귀족과 성직자의 세력을 눌러 국가의 통합을 강화하고, 부르주아지를 지원하여 산업을 발전시키고 재정을 확보하려 하였다. 이를 '절대주의 국가'라고 한다. 그러나 여러 가지 발전에도 불구하고, 귀족과 성직자의 특권과 신분 차별이 여전히 존재하여, 부르주아지와 농민의 불만은 점점 커져 갔다.

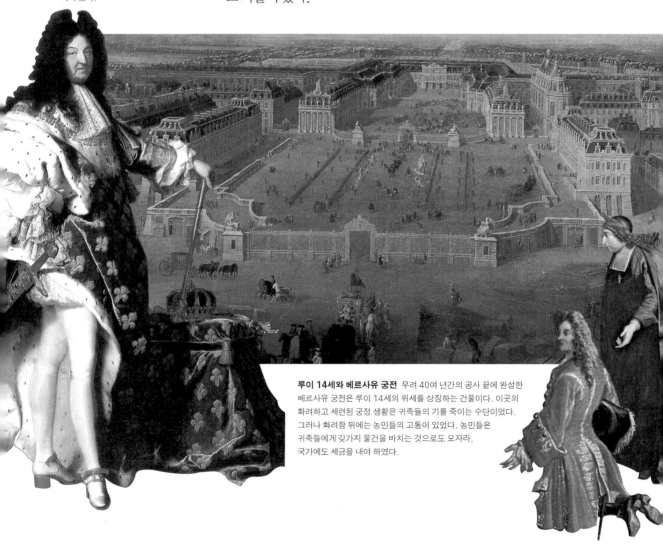

루이 14세와 베르사유 궁전 무려 40여 년간의 공사 끝에 완성한 베르사유 궁전은 루이 14세의 위세를 상징하는 건물이다. 이곳의 화려하고 세련된 궁정 생활은 귀족들의 기를 죽이는 수단이었다. 그러나 화려함 뒤에는 농민들의 고통이 있었다. 농민들은 귀족들에게 갖가지 물건을 바치는 것으로도 모자라, 국가에도 세금을 내야 하였다.

베르트랑드의 결심

농촌의 풍요 16세기 프랑스의 농촌 마을, 사람들이 창고에 가득 쌓아 둔 곡식을 내다 팔기 위하여 수레에 싣고 있다. 그러나 이런 풍요를 누린 사람은 많지 않았다.

"프랑스 어느 농촌 마을, 베르트랑드는 남편 마르탱에게 버림받은 후 혼자서 가정을 꾸려 간다. 그러나 8년 뒤 남편이 다시 그녀 앞에 나타난다. 놀랍게도 마르탱은 예전과 달리 그녀에게 너무도 친절하고 따뜻하다. 그러나 몇 년 후 마르탱이 숙부에게 자기 몫의 재산을 나누어 달라고 요구하면서 분쟁이 시작된다. 숙부는 마르탱이 가짜라며 재판을 요구한다. 이 재판에서 마르탱은 누구도 의심하기 힘들 만큼 자신을 증명한다. 그러나 판결 직전, 또 한 사람의 마르탱이 다리를 절며 재판정에 나타난다. 그가 진짜 마르탱이다. 이로써 가짜 마르탱은 처형당한다."

– 나탈리 제먼 데이비스, 《마르탱 게르의 귀향》–

베르트랑드는 돌아온 마르탱이 가짜인 줄 몰랐을까? 알면서도 모르는 체 살았을 것이라는 생각이 든다. 크리스트교 관습에서 보면, 베르트랑드는 지조 없는 여성이다. 그러나 한편으로 그녀의 선택은 교회의 울타리에서 벗어나 자신의 삶을 스스로 결정한 것이었다. 이와 같이 당시 유럽 곳곳에서는 기존 교회의 가치관을 부인하는 사람들이 늘어나고 있었다.

가짜 마르탱 또한 정체가 탄로날지도 모를 위험을 무릅쓰고 자기 몫의 재산을 요구하였다. 그는 재산을 처분한 돈으로 새 땅을 구입하여 생산성이 높은 작물을 경작하려 하였다. 바깥 세상에서 다른 농민들이 어떻게 재산을 늘려 가는지를 보았기 때문이다. 이것이 중세 말의 변화하던 경제관이었고, 베르트랑드 역시 가짜 남편과 함께 변화에 적극적으로 동참하려던 것이었다.

또 하나의 진실 먹을 것이 없어 구걸하고 있는 프랑스의 어떤 가족. 농촌의 풍요는 대부분 귀족이나 성직자에게 돌아가게 마련이었다.

3 서유럽을 따르는 중·동부 유럽

중·동부 유럽

중·동부 유럽 나라들은 프랑스를 본떠 강력한 군대를 가진 중앙 집권 국가를 건설하는 데 힘을 쏟았다. 그러나 귀족과의 타협 속에 이루어진 개혁은 수많은 농민의 희생을 낳았다.

■ 가 볼 곳: 베를린, 상트페테르부르크　■ 만날 사람: 표트르 대제, 프리드리히 대왕
■ 주요 사건: 러시아의 서유럽화, 프로이센의 성장

| **유럽을 향하여 창을 연 러시아** | 1703년, 네바강이 발트해와 만나 만들어 낸 뻘밭. 도저히 도시가 들어설 수 없을 것 같던 이곳에 대규모 토목 공사가 벌어졌다. 홍수와 열병, 이리 떼에 시달리는 가운데 3만 명이 넘는 희생자가 발생할 정도로 어려운 공사였다. 그러나 서유럽의 문화를 배울 거점을 만들겠다는 표트르 대제^{재위 1682~1725}의 의지는 흔들리지 않았다. 국왕으로 즉위한 후 둘러본 서유럽의 정치·경제·군사의 힘은 그만큼 인상적이었다. 그는 새로운 도시에 자신의 이름을 따서 '상트페테르부르크'라는 이름을 붙이고, 새로운 수도로 삼았다. 오랫동안 서유럽과 다른 길을 걸어온 러시아가 서유럽을 향하여 창을 여는 순간이었다.

한편 표트르 대제는 서유럽에서 배운 대로 농민들에게 많은 세금을 거두어 대규모 상비군을 만들었고, 이들에게 무기를 지급하기 위하여 철강 산업과 군수 산업을 장려하였다. 또한 귀족들에게 농민을 농노로 지배할 권한을 떼어 주면서, 자신에게 충성하는 관리들에게 정치 운영의 권한을 몰아주었다.

러시아는 그의 개혁을 통하여 큰 덩치에 어울리는 실력을 갖춘 강대국으로 변모하였다. 표트르 대제와 그를 계승하였다고 자처한 예카테리나 여제^{재위 1762~1796}를 거치면서, 러시아는 동으로 시베리아, 남으로 흑해 연안까지 진출하였으며, 서쪽으로 폴란드를 분할하고 계속해서 동유럽으로 세력을 뻗어 나갔다.

성 바실리 대성당 러시아가 몽골의 지배에서 벗어난 것을 기념하여 이반 4세가 모스크바에 세운 교회이다. 러시아 문화에 비잔티움 양식이 어우러져, 러시아가 비잔티움 제국의 계승자를 자처한 사실을 떠올리게 한다.

러시아의 영토 변화

이반 3세 즉위 시(1462)	표트르 대제 사망 시(1725)
이반 3세 사망 시(1505)	예카테리나 여제 사망 시(1796)
이반 4세 사망 시(1584)	현재 러시아 국경선

러시아의 팽창 몽골의 지배에서 벗어난 이후 러시아는 남쪽으로 이슬람 국가들과 싸움을 벌였고, 서쪽으로 폴란드나 스웨덴 등과 겨루며 발트해로 쳐들어갔다. 16세기 말부터는 모피 산지로 각광받던 시베리아로 세력을 넓혀 나갔다.

⊙ 러시아, 유럽의 일원이 되다

키예프를 중심으로 하여 그리스 정교와 비잔티움 문화를 수용하며 발전하던 러시아는 1240년대 이후 약 200여 년간 몽골의 지배를 받았다. 15세기 후반에 모스크바 공국을 중심으로 독립하였지만, 여전히 비잔티움 제국의 계승자를 자처하며 유럽과는 일정한 거리를 두었다. 이런 러시아가 본격적으로 유럽의 일원으로 등장한 것은 표트르 대제 때부터였다. 직접 두 차례에 걸쳐 유럽을 여행하며 그 힘을 목격한 표트르는 유럽의 정치 체제와 기술, 군사 제도를 따르는 데 많은 노력을 기울였다.

상트페테르부르크 표트르 대제가 스웨덴과의 전쟁에서 빼앗은 네바강 하구에 건설한 항구 도시로, 그의 서유럽화 노력을 보여 준다. 표트르는 내륙의 모스크바에서 유럽의 문화를 배우기 쉬운 이곳으로 수도를 옮겼다. 베르사유를 모방한 표트르의 궁궐이 들어선 뒤, 유럽의 건축 양식을 본뜬 건물들이 연이어 건설되었다. 오른쪽은 1717년에 두 번째로 유럽 여행에 나선 표트르 대제가 파리에서 프랑스의 소년 국왕, 루이 15세를 만나는 장면이다. 그는 당시 프랑스의 공장과 학술원을 둘러보았는데, 서유럽에 대한 안목을 기를 좋은 기회였다.

7년 전쟁 이후 각국의 영토

- 오스트리아-합스부르크 왕가
- 에스파냐-합스부르크 왕가
- 프로이센
- 신성 로마 제국의 경계

▶ 프리드리히 대왕

오스트리아와 프로이센의 각축 18세기 중엽, 오스트리아와 프로이센은 중·동부 유럽의 패권을 놓고 치열한 대결을 벌였다. 오스트리아 왕위 계승 전쟁(1740~1748)과 7년 전쟁(1756~1763)을 연이어 벌인 것이다. 영국과 프랑스, 러시아까지 참전한 두 차례의 전쟁에서 프로이센은 섬유 공업이 발달하고 철과 석탄이 풍부한 슐레지엔을 차지하여 국력을 강화할 수 있었다. 그림은 당시 두 나라를 다스렸던 마리아 테레지아(왼쪽)와 프리드리히 대왕.

| 동유럽의 강자, 오스트리아와 프로이센 | 신성 로마 제국이라는 이름 아래 실제로는 수많은 국가로 나뉘어 있던 중·동부 유럽도 절대 주의를 이룬 프랑스를 닮으려 하였다. 여기서 두각을 나타낸 나라가 오스트리아와 프로이센이다.

18세기 전반, 신성 로마 제국의 황제 자리를 차지하고 있던 오스트리아는 오늘날의 오스트리아와 체코, 헝가리, 독일, 이탈리아에 많은 영토를 갖고 있었다. 그러나 이 지역들은 지리적으로 분산되어 있고, 종족과 언어도 제각각이었다. 18세기 중엽에 황제의 자리에 오른 마리아 테레지아재위 1740~1780는 강력한 중앙 집권화를 추진하여 이런 약점을 극복하려 하였다. 그녀는 전국을 새로운 행정 구역으로 재편하고, 재정의 확보와 군대의 강화에 힘을 쏟았다.

한편 베를린을 중심으로 일어난 프로이센도 빠르게 발전하였다. 17세기 이후 귀족들의 협조 속에 효율적인 관료제와 강력한 군대를 길러, 작지만 단단한 국가가 되었다. 프로이센이 유럽의 강대국으로 떠오른 것은 18세기 중엽 프리드리히 대왕재위 1740~1786 때였다. 그는 오스트리아와 두 차례의 전쟁을 벌여 승리하고, 폴란드를 분할 점령하여 영토와 인구를 크게 늘렸다.

| 동유럽 발전의 뒤안길 | 표트르 대제나 예카테리나 여제, 프리드리히 대왕이 나라를 다스린 18세기 이후, 러시아나 프로이센, 오스트리아 같은 중·동부 유럽 나라들은 영국이나 프랑스에 못지않은 강대국으로 성장한 듯 보였다. 그러나 빨리 먹는 밥이 쉽게 체하는 법, 강화된 왕권과 강력한 군대 같은 번지르르한 겉모습 뒤에는 많은 문제점이 도사리고 있었다.

대표적으로 서유럽에서는 점차 사라져 가고 있던 농노제가 이들 나라에서는 오히려 기승을 부렸다. 국왕이 권력을 차지하는 대가로 귀족들에게 농민을 농노로 지배할 수 있게 하면서, 농노의 수가 더욱 늘어난 것이다. 국왕이 아끼는 신하들에게 4~5만 명의 농노를 내려 주기도 하였다는 러시아에서는 2,000만 국민의 절대 다수가 농노였고, 다른 나라도 사정은 비슷하였다.

농노로 전락한 사람들의 처지는 너무나 열악하였다. 적어도 일주일에 3일 이상을 영주의 밭에서 일해야 하였고, 노예처럼 사고팔리는가 하면, 심한 매질을 당하기도 하였다. 여전히 귀족과 국가에 대하여 무거운 부담을 졌지만, 부역이나 신체적 억압에서 점차 벗어나고 있던 서유럽의 농민들에 비하면, 훨씬 비참한 처지였다.

이들 위에 군림한 국왕은 막강한 권력을 지닌 채, 높은 관직과 군 고위직을 차지한 귀족들과 함께 나라를 다스렸다. 비록 프리드리히 대왕이나 예카테리나 여제처럼 국민 교육과 국왕의 봉사를 강조한 사람들도 있었지만, 이마저도 공염불에 지나지 않았다.

농노의 삶 오른쪽은 허름한 방 한 칸에 모든 식구가 같이 자야 하였던 러시아 농노의 통나무집 내부 광경이다. 아래는 18세기의 유명한 동유럽 여행가가 쓴 책에 실린 삽화로, 영주의 가혹한 매질에 쓰러진 폴란드 농노들을 그렸다. 극도로 처지가 나빠진 당시 이 지역 농민들의 실상을 엿볼 수 있다.

4 유럽을 살찌운 대서양 무역

대서양 주변

16세기 이후 유럽의 경제는 아메리카와 아프리카의 희생 위에 눈부시게 발전하였다. 16세기에는 라틴아메리카에서 빼앗은 은을 젖줄로 삼아, 17~18세기에는 흑인 노예와 설탕 등의 삼각 무역을 통하여 막대한 이익을 얻었다. 18세기 후반 영국의 산업 혁명은 수많은 희생 위에서 이루어진 것이다.

■ 가 볼 곳: 아프리카 서남 해안, 카리브해의 사탕수수 농장, 리버풀
■ 만날 사람: 노예선 선장, 사탕수수밭의 흑인 노예 ■ 주요 사건: 은 약탈, 노예 무역

| 은이 살려 준 유럽 경제 | 유럽의 경제는 새로운 항로의 발견으로 큰 변화를 맞았다. 유럽인은 인도나 중국에서 수입된 향료와 면직물, 비단, 도자기, 차와 같은 새로운 상품에 매혹되었다. 인도양 항로의 주역으로 떠올랐던 포르투갈, 이를 가로챈 네덜란드 상인들과 여기에 돈줄을 대던 유럽의 금융업자들은 막대한 이익을 얻을 수 있었다.

하지만 유럽인에게 더욱 소중한 것은 아메리카였다. 아직 이들은 발달된 경제와 잘 짜여진 국가 체제를 갖춘, 인도나 중국 같은 아시아의 나라들을 당해 낼 수 없었기 때문이다. 인도와 중국의 물품에 견줄 만한 상품이 없었던 유럽은 은을 수출하여 이 상품들을 수입하였다. 상인들은 제법 이익을 보았지만, 유럽 전체로 보면 적자 무역이었다.

이러한 상황에서 유럽인들이 숨을 돌릴 수 있었던 것은 에스파냐가 라틴아메리카에서 얻은 엄청난 양의 은 덕분이었다. 1500년에서 1650년 사이에 유럽은 1만 6,000톤의 은을 가져갔다. 그러나 그중 3분의 2가 오스만 제국과 인도, 중국으로 흘

포토시 은광 1545년 이후 약 100여 년간 세계 은 생산량의 절반 이상을 쏟아 냈다. 에스파냐는 1573년부터 18세에서 50세에 이르는 1,350명가량의 원주민 남성을 촌락별로 할당하여 포토시 은광에서 강제로 일을 시켰다. 게다가 수은을 이용하여 질 낮은 광석에서도 순도가 높은 은을 뽑아내는 기술이 발견되었기 때문에 포토시 은광은 더욱 이익을 보았다.

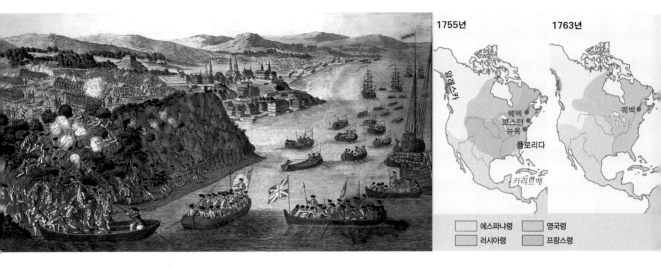

1755년 1763년

퀘벡
보스턴
뉴욕
플로리다

카리브해

퀘벡

에스파냐령   영국령
러시아령   프랑스령

러 나갔고, 유럽에 머문 것은 3분의 1에 불과하였다. 유럽은 아메리카의 은으로 아시아 무역의 적자를 메웠던 것이다.

| 손님이 주인으로 | 유럽인에게 아메리카는 기회와 축복의 땅이었다. 16세기에 에스파냐와 포르투갈인이 라틴아메리카를 정복한 데이어, 17세기에는 영국과 프랑스, 네덜란드인이 아메리카로 몰려들었다. 이들은 카리브해의 에스파냐 세력권을 빼앗는가 하면, 에스파냐의 손길이 닿지 않은 북아메리카 동부 해안을 기웃거렸다.

이 가운데 식민지 건설에 가장 적극적으로 나선 것은 영국인이었다. 1607년에 최초로 북아메리카에 버지니아 식민지를 만든 영국인은 곧 보스턴과 뉴욕 일대까지 세력을 넓혀 나갔다. 이주 초기에는 질병과 추위, 배고픔으로 인하여 수백 명이 희생되기도 하였지만, 본국의 지원을 받으며 점차 새로운 땅에 뿌리를 내렸다.

17세기 말에는 북아메리카에 이주한 영국인의 수가 이미 30만 명에 이르렀다. 그들은 원주민의 땅을 빼앗는 것으로도 모자라 원주민을 서쪽으로 쫓아냈다. 이제 그들의 적수는 모피 무역을 하며 캐나다에 자리 잡은 프랑스인뿐이었다. 말 그대로 손님이 주인이 된 셈이었다.

영국인의 손에 넘어간 북아메리카 대륙
오스트리아와 프로이센의 7년 전쟁에 끼어든 영국과 프랑스는 인도와 북아메리카에서도 싸웠다. 승리는 영국의 것이었다. 그림은 프랑스의 아메리카 식민 거점이던 퀘벡이 영국군에게 점령당하는 모습(1759)이다. 승리한 영국은 북아메리카에서 프랑스령 캐나다와 그 동맹국이었던 에스파냐의 플로리다를 빼앗았다.

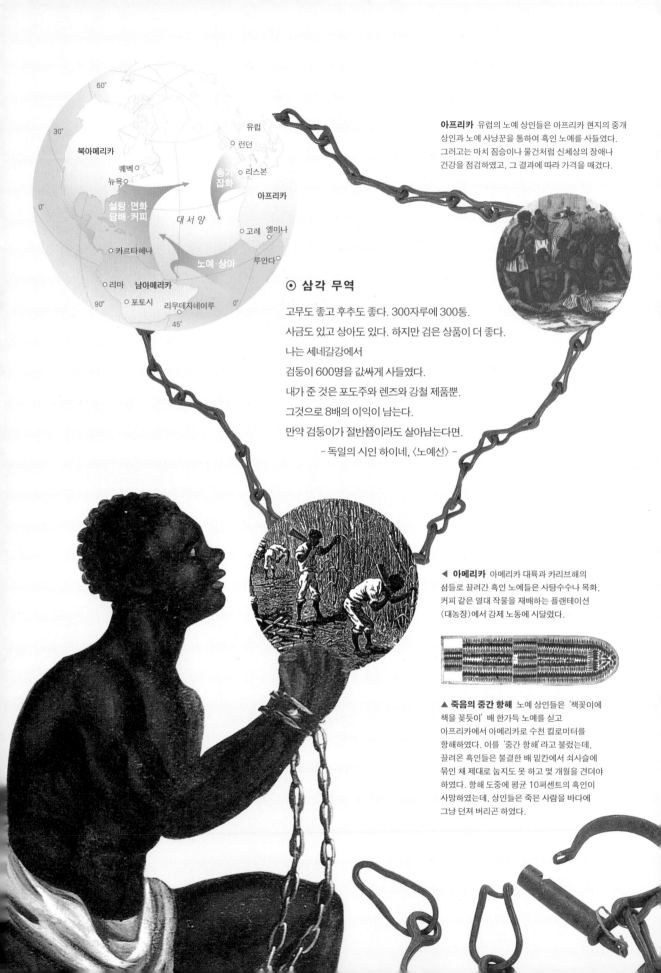

아프리카 유럽의 노예 상인들은 아프리카 현지의 중개 상인과 노예 사냥꾼을 통하여 흑인 노예를 사들였다. 그러고는 마치 짐승이나 물건처럼 신체상의 장애나 건강을 점검하였고, 그 결과에 따라 가격을 매겼다.

⊙ 삼각 무역

고무도 좋고 후추도 좋다. 300자루에 300통.

사금도 있고 상아도 있다. 하지만 검은 상품이 더 좋다.

나는 세네갈강에서

검둥이 600명을 값싸게 사들였다.

내가 준 것은 포도주와 렌즈와 강철 제품뿐.

그것으로 8배의 이익이 남는다.

만약 검둥이가 절반쯤이라도 살아남는다면.

– 독일의 시인 하이네, 〈노예선〉 –

◀ **아메리카** 아메리카 대륙과 카리브해의 섬들로 끌려간 흑인 노예들은 사탕수수나 목화, 커피 같은 열대 작물을 재배하는 플랜테이션 (대농장)에서 강제 노동에 시달렸다.

▲ **죽음의 중간 항해** 노예 상인들은 '책꽂이에 책을 꽂듯이' 배 한가득 노예를 싣고 아프리카에서 아메리카로 수천 킬로미터를 항해하였다. 이를 '중간 항해'라고 불렀는데, 끌려온 흑인들은 불결한 배 밑칸에서 쇠사슬에 묶인 채 제대로 눕지도 못 하고 몇 개월을 견뎌야 하였다. 항해 도중에 평균 10퍼센트의 흑인이 사망하였는데, 상인들은 죽은 사람을 바다에 그냥 던져 버리곤 하였다.

| **하얀 설탕에 배인 눈물** | 대규모 은광 개발 시대가 지난 이후, 유럽은 아메리카에서 열대 기후에 알맞은 담배와 커피, 면화, 사탕수수 같은 상품 작물을 재배하여 큰 이익을 얻었다. 영국인들이 건설한 버지니아 식민지는 유럽인들의 인기를 끌게 된 담배를 재배하였고, 브라질 연안과 서인도 제도에서는 설탕의 원료인 사탕수수를 심었다.

특히 설탕의 단맛에 길들여진 유럽의 설탕 수요가 급격히 늘었다. 영국은 17세기 말에 서인도 제도에서 생산된 설탕으로 막대한 수익을 올렸는데, 영국의 나머지 대서양 무역 전체에서 얻은 이익과 맞먹을 정도였다.

설탕 생산은 많은 노동력이 들어가는 고역이었다. 게다가 강제 노동에 동원된 원주민들이 유럽에서 온 전염병으로 하나 둘씩 쓰러지자, 노동력이 턱없이 부족하였다. 유럽인들은 이제 아프리카 서남 해안에서 흑인들을 사냥하여 왔다. 그 자체로 상품성이 높은 설탕이 노예라는 새로운 '상품'을 만들어 낸 것이다. 포르투갈에 이어 영국과 네덜란드, 프랑스가 본격적으로 노예 무역에 뛰어들었다. 이제 아메리카 식민지와 유럽의 상인들은 설탕과 노예를 핵심으로 하는 무역 구조 속에서 확실한 '성장'의 발판을 마련하게 되었다.

| **삼각 무역의 주도자, 유럽** | 1750년대 서남아프리카의 황금 해안, 영국 돛단배 한 척이 서서히 육지로 다가가며 물의 깊이를 재고 있었다. 육지에 배를 대려는 모양이었다. 다음 날, 영국인 선장은 그곳 해안을 다스리는 아프리카 국왕을 만나 직물과 구슬, 총과 탄약, 브랜디 등을 건네며 가격을 흥정하고 무역을 허락받았다. 이 배는 짧게는 두세 달에서 길게는 1년까지 해안에 머물면서 배 가득히 상품이 들어차기를 기다렸다가, 다시 아메리카를 향하여 돛을 올릴 예정이었다. 상품이란 다름 아닌 '노예'였다.

아메리카에 도착한 배는 카리브해 연안이나 영국령 북아메리카 식민지의 사탕수수 농장에 노예를 판 뒤, 설

설탕 생산 흑인 노예들이 가장 많이 동원된 곳은 사탕수수 재배와 설탕 생산 공정이었다.
수확한 사탕수수대를 풍력이나 수력을 이용한 롤러로 짓이겨 사탕수수즙을 짜내고, 이를 가마솥에 끓인 뒤 불순물을 제거하여 설탕 결정을 얻었다. 특히 가마솥 작업은 50~60도가 넘는 고열 속에서 하기 때문에 견디기 힘들었다. 결정을 분리해 낸 뒤 남은 당밀은 증류시켜 럼주로 만들었다.

농장 생활 항상 반란의 공포에 시달렸던 농장주들은 노예들을 끊임없이 감시하고 억압하였다. 외부와 접촉하거나 특별한 이유 없이 농장을 비웠다는 갖가지 이유로 노예들을 채찍질하였고, 도망치려는 노예를 잡아다가 며칠에서 몇 달 동안 사슬에 묶어 두었다.

탕과 당밀, 럼주를 가득 싣고 처음 떠나온 유럽의 항구로 돌아갔다. 이렇게 유럽의 공업 제품과 아프리카의 노예, 아메리카의 설탕을 엮는 삼각 무역을 무사히 마쳤을 때, 노예 상인들은 최대 300퍼센트의 수익을 올릴 수 있었다. 5척에 1척 꼴로 조난을 당하였다고는 하지만, 실로 엄청난 수익률이 아닐 수 없었다.

삼각 무역으로 가장 덕을 본 나라는 18세기 이후 대서양의 주인으로 성장한 영국이었다. 영국은 17세기 후반부터 150년 동안 340만 명의 흑인 노예를 실어 날랐다. 또한 이렇게 하여 얻은 이익을 바탕으로 공업을 발전시켰다. 예를 들어, 작은 어촌에 불과하였던 리버풀은 18세기에 대규모 노예 무역항으로 성장하였는데, 인근의 맨체스터와 버밍엄, 셰필드 등이 공업 도시로서 대호황을 누렸다. 리버풀은 인근 공업 도시에서 생산하는 렌즈와 강철 제품, 총, 모직물 같은 제품을 삼각 무역에 연결하였고, 여기서 얻은 이익을 다시 이들 도시의 공장에 투자하였다.

드디어 맨체스터에서 기계를 돌려 면직물을 대량으로 생산하였을 때, 영국은 산업 혁명의 휘파람을 불 수 있었다. 눈부신 산업 혁명의 종자돈은 바로 대서양을 수놓은 아프리카 흑인들의 희생 위에서 쌓인 것이었다.

영국의 산업 성장 영국의 산업 혁명을 이끈 맨체스터의 면직 공업은 삼각 무역을 통해 얻은 자본을 밑천으로 하였다. 아래 오른쪽은 18세기에 건립된 랭커셔의 면직 공장. 이런 근대적인 공장의 밑바탕에 수많은 아프리카인들의 희생이 깔려 있는 셈이다.

18세기 영국의 공업 도시

글래스고
에든버러
칼라일
뉴캐슬
랭커셔 · 맨체스터
리버풀 · 셰필드
버밍엄
카디프
런던◉
포츠머스

포카혼타스의 진실

만화 영화 〈포카혼타스〉의 포스터

포카혼타스, 1995년에 개봉한 월트 디즈니의 만화 영화의 제목이다. 줄거리를 보면, 아메리카 원주민 여자아이 포카혼타스는 정복자로 원주민 땅에 들어온 백인 청년 존 스미스와 사랑에 빠진다. 그녀는 부족의 추장이던 아버지를 눈물로 설득하여 백인과 원주민 간의 전쟁을 막고 평화를 지켜 낸다.

실제 이야기를 소재로 구성하였다고 하지만, 사실과 많이 다르다. 포카혼타스는 존 스미스를 사랑한 적도 없고, 원주민이 백인과 평화롭게 지내지도 못하였다.

　1613년, 10대 소녀 포카혼타스는 어느 영국인에게 납치되었다. 그녀는 추장의 딸이었기 때문에 영국인들이 원주민과 협상할 때 인질로서 안성맞춤이었다. 포카혼타스는 이듬해에 영국인 존 롤프를 만나 결혼하여 아들까지 낳았다. 얼마 안 가 크리스트교로 개종하고 이름도 '레베카'라는 영국식 이름으로 바꾸었다. 한마디로, '백인화'하는 데 성공하였던 것이다.

　그러나 백인과 원주민 사이는 결코 평화롭지 않았다. 백인들은 정복한 땅에서 원주민이 사라질 때까지 공격하였고, 여자와 아이들까지 죽였다. 물론 포카혼타스도 끝까지 행복할 수 없었다. 그녀는 스물두 살의 나이에 천연두를 앓다가 죽었다. 그녀만이 아니라 엄청난 수의 원주민이 유럽에서 온 천연두에 걸려 목숨을 잃었다. 그들 몸에는 천연두에 대한 면역체가 없었기 때문이다.

　백인들이 아메리카 대륙을 침략하지 않았다면 포카혼타스는 어떻게 살았을까? 추장의 딸로 귀여움을 받으며 평범한 어린 시절을 보내지 않았을까? 사람의 운명이야 알 수 없는 것이지만, 적어도 자신의 인생이 왜곡된 채로 우리에게 알려지지는 않았을 것이다.

원주민 전사, 시팅 불

원주민의 칼과 화살통 원주민들이 항상 몸에 지니고 다니던 물건들이다. 사냥한 짐승의 가죽에 단순하면서도 섬세한 무늬를 그려 넣었다.

버펄로 사냥 아메리카 원주민들은 아주 어렸을 때부터 말을 타고 활을 쏘면서 사냥하는 기술을 익혔다.

말 달리기 시합

1845년, 북아메리카 라코타족 '시팅 불(앉아 있는 황소)'은 용맹한 전사를 꿈꾸는 열네 살 소년이었다. 어느 날 아침, 시팅 불은 전투에 나서는 전사들 뒤를 몰래 따라갔다. 적과 싸워 공을 세우고 싶은 마음이 간절하였던 것이다. 그러나 전사들은 어리다며 시팅 불을 놀려댔다. 시팅 불은 아랑곳하지 않고 온몸을 노란색으로 칠한 뒤, 용감하게 적진으로 뛰어들었다. 전투 도중에 도망치는 적을 따라잡아 세게 내리쳤다. 그리고 이렇게 소리쳤다.

"어이! 난 너를 이겼어!"

백인들이 원주민의 땅을 침입하기 전, 원주민들은 부족끼리 자주 전쟁을 하였다. 하지만 그 전쟁은 무조건 남의 땅을 빼앗거나 노예를 얻기 위한 것이 아니었다. 부족의 명예를 높이고 전사로서 자신의 용맹을 증명하기 위하여 싸우는 경우도 많았다. 이런 전투에서는 적을 쓰러뜨린 뒤, "나는 너와 싸워 이겼다!"라고 외치면 승리자가 되었다.

시팅 불은 어려서부터 빨리 달리기, 창던지기, 활쏘기, 망아지 타기 같은 훈련을 받았다. 그는 훌륭한 전사로 자랐고, 전사 집단 '스트롱 하트'의 지도자가 되었다. 그리고 어렸을 때부터 꿈꾸어 왔던 대로 주위 사람들에게 용맹함을 인정받아 부족을 이끄는 추장이 되었다.

그러던 1863년, 시팅 불은 처음으로 백인들과 싸우게 되었다. 백인들이 그들 땅에 들어와 원주민을 쫓아내고 수많은 땅과 자원을 가로챘기 때문이다. 몇 년 후에는 리틀 빅 혼 전투에서 백인 군대를 전멸시키는 전과를 올리기도 하였다. 결국은 백인들을 몰아내지 못하고 전투 중에 총에 맞아 죽었지만, 그의 이름은 원주민을 위하여 목숨 걸고 싸운 위대한 전사의 상징으로 남았다.

시팅 불 자신들의 땅을 침략한 백인들과 끝까지 맞서 싸워더 워주미 전사. 매서운 눈매와 꼭 다문 입술에서 강인한 정신을 느낄 수 있다.

명·청 제국의 심장부, 베이징의 자금성

11

명·청 제국 그리고 동아시아

몽골을 밀어낸 한족이 다시금 세운 명은
황제가 이끄는 정치를 앞세워 나라의
기틀을 다지고 동아시아를 거느리려
하였다.

조선은 중국의 그늘을 넘나들며 꾸준히
성장하였고, 일본은 내란을 겪으며
비수를 품었다.

이어 전쟁의 먹구름이 몰려오니,
임진년의 칼바람에 세 나라가 엉키면서
요란한 쇳소리를 내었다.

이 틈을 타 만주에 새로운 실력자가
떠오르고 있었으니, 다시금 중국을 노린
청은 조선을 억누르고 한족을 타이르며
오늘날의 중국을 건설하였다.

1100

1192 일본, 가마쿠라 막부 등장

1200

1300

1336 일본, 무로마치 막부 등장
1368 중국, 명 건국
1388 고려, 이성계의 위화도 회군
1392 일본, 무로마치 막부의
주도로 남북조 통일
조선 건국

1400

1405 명, 정화의 항해(~1433)
1492 일본, 조선 통신사 방문

1500

1543 일본, 총포(조총) 전래
1590 도요토미 히데요시,
센카쿠 시대 통일
1592 임진왜란(~1598)
1598 조선, 노량 해전에서 이순신 사망
일본, 도요토미 히데요시 사망

1600

1603 일본, 에도 막부 등장
1636 조선, 병자호란
1644 밍 멸밍, 힝, 중국 지배 시파

1 명이 이끄는 동아시아

동아시아

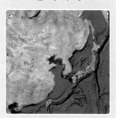

몽골 제국의 붕괴로 14세기 동아시아는 커다란 정치적 변혁을 맞았다. 중국에는 한족의 명이 들어서고, 한반도에는 조선이 일어났다. 일본에는 무로마치 막부가 등장하여 남북조의 혼란을 수습하였다. 각 지역 통일의 흐름 속에서 동아시아는 명이 이끄는 조공·책봉 체제가 자리 잡아 갔다.

■ 가 볼 곳: 베이징, 경주 양동 마을, 긴카쿠사 ■ 만날 사람: 명 태조 주원장, 영락제, 아시카가 요시미쓰 ■ 주요 사건: 명 건국, 조선 건국, 무로마치 막부 성립

| 한족 국가를 다시 세운 주원장 | 14세기 중엽, 중국은 몽골족의 지배에 신음하던 농민들의 봉기로 소용돌이쳤다. 봉기군 가운데 한 사람이었던 주원장 재위 1368~1398은 "오랑캐를 쫓아내고 중화를 회복한다."라는 기치를 내걸고 봉기군을 통합하는 데 성공하였다. 그리고 몽골족의 원을 북쪽으로 쫓아내고 난징을 수도로 삼아 새로운 왕조 명을 세웠다. 이때가 1368년, 한반도에 조선이 건국되기 직전이었다.

황폐한 농촌 실정을 잘 알고 있던 주원장은 농민을 보호하고 농업을 적극적으로 장려하는 정책을 폈다. 토지 대장과 인구 대장을 새롭게 정비하여 안정된 농촌 사회에 기반을 두는 국가를 건설하려 하였다.

주원장은 한, 당, 송과 같은 이전 한족 왕조의 유교 전통도 되살렸다. 국

명 대의 신사와 농촌 명 대에 들어와 학교가 늘고 과거의 문이 넓어지자, 유교 소양을 갖춘 신사들이 배출되었다. 이들은 형벌이나 세금 등에서 특권을 누리며 대토지를 소유하고, 돈을 빌려주고 높은 이자를 받는 고리대를 하는 등 백성을 수탈하여 원성을 사기도 하였다. 그림은 수확기에 농민들을 감독하는 신사의 모습.

가가 앞장서서 교육 기관을 설립하는 한편, 유교 경전과 역사에 밝은 사람들을 관리로 선발하는 과거 제도를 새롭게 정비하였다. 이에 따라 유교 교육을 받고 과거에 합격한 자들이 관리로 활동하게 되었으며, 과거를 준비하는 학생이나 퇴직 관리들도 출신 지역에서 지방 통치의 일부를 담당하였다. 이들을 신사紳士라고 하는데, 대부분 지주로서 농민을 지배하면서 나라의 세금 걷는 일에 협조하고 폭넓은 자치권을 누렸다.

➡ 정화의 남해 원정로

▲ **명 중심의 국제 질서, 조공·책봉 체제**
영락제는 명 중심의 국제 질서를 확립하고자 환관들을 각지에 파견하였다. 이흥을 시암으로, 이달을 서역으로 파견하고, 티베트에는 후현을, 동북 지방에는 이시하를, 남해에는 그 유명한 정화를 보냈다. 이는 정복 왕조의 등장을 우려한 명이 사전에 조공·책봉 체제를 형성하여 이민족의 위협에 대처하려는 방편이기도 하였다.

▼ **영락제와 천단 기년전** 영락제는 안으로 황제 권력을 강화하여 나라의 기초를 다졌다. 영락제 때 지은 천단은 황제가 인간을 대표하여 하늘에 풍작을 비는 제사를 지내는 곳이다. 따라서 황제의 나라가 아닌 제후국에는 만들 수 없는 건물이었다.

| **명 중심의 국제 질서** | 중국을 다시 통일한 명은 중화사상을 바탕으로 국제 질서를 새롭게 꾸리려 하였다. 세계의 중심이자 최고의 문명국을 자처하며, 이웃 나라와 조공·책봉 관계를 맺으려 한 것이다. 명은 이웃 나라의 내정에 간섭하지 않는 대신, 형식적으로 그 나라 왕이 명 황제의 승인을 받는 절차를 거치도록 하였다. 이웃 국가의 입장에선 명의 요구를 들어주는 대신, 평화와 경제·문화 교류를 보장받는 형식이었다.

조공·책봉 체제는 명나라의 요구를 받아들이는 국가만 명과 교역할 수 있게 만든 해금 정책에 의하여 뒷받침되었다. 주원장은 "한 척의 조각배도 바다에 띄울 수 없다."라며 민간의 무역 활동을 금지하였고, 중국과 교류를 원하는 나라들을 길들이려 하였다. 이 같은 정책은 영락제 재위 1402~1424 때 더욱 강화되었다. 그는 베이징으로 수도를 옮긴 뒤, 거대한 궁성을 짓고 여러 차례 몽골과 대결하였으며, 환관 정화가 이끄는 대함대를 동남아시아와 인도, 아프리카 해안으로 보냈다. 국가 주도의 무역 활동을 전개하면서 이웃 국가들을 조공국으로 편입하려 한 것이다.

| 한양에 터를 잡은 조선 | 중국이 원에서 명으로 바뀔 무렵, 고려에서도 큰 변화가 일어났다. 원의 간섭에서 벗어나려고 노력하는 가운데, 원의 지배로 나타난 폐단을 없애려는 변혁을 준비하고 있었다. 그 선두에 이성계를 비롯한 무인 세력과 정도전 등의 신진 사대부들이 있었다. 1388년, 이들은 군대를 동원하여 권력을 잡는 데 성공하였다. _{위화도 회군} 그리고 오랫동안 권력과 경제력을 독점해 온 권문 세족을 제거하고, 토지 개혁을 실시하였다. 이내 지속적인 개혁을 주장하면서 새 왕조 조선을 열고^{1392년} 한양을 수도로 삼았다.

조선은 명과 친선 관계를 유지하여 대외 관계를 안정시키는 한편, 유교 이념에 기초를 둔 새로운 국가 질서를 만들어 갔다. 왕도 정치의 이념을 바탕으로 하여 왕권을 안정시키고 신하들의 권리도 배려하였다. 이를 통하여 중앙 집권 체제를 확립하면서도 신하들의 언론 활동을 보장하고 백성들의 생활 향상에도 힘을 기울였다. 교육과 과거 제도도 더욱 정비하였다. 이 과정에서 지주로서 교육의 기회를 독점한 양반들이 관직을 차지하였고, 유교 이념이 정치의 이상이자 생활의 윤리로 자리 잡았다. 유교 이념에 따라 조공·책봉이란 국제 질서도, 명나라가 조선의 내정에 간섭하지 않는 한, 자연스런 관계로 받아들여졌다.

유교 이념이 지배하는 조선 사회

조선 시대에는 신분의 상하 관계를 중시하는 성리학이 사회 체제를 유지하는 지배 원리로 자리 잡으면서 양반 중심의 사회 체제가 확립되어 나갔다. 조선은 법률과 제도로써 양반의 신분적 특권을 뒷받침하였다. 무엇보다도 양반은 국가에서 부과하는 역과 세금을 면제받았고, 토지와 노비를 소유한 지주로서 직접 생산 활동에 참여하지 않은 채 관료가 되기 위해 과거를 준비하거나 유학자로서 소양과 자질을 닦는 데 힘썼다. 양반을 먹여 살리기 위해 백성들은 무거운 부담을 져야 하였다.

양동 마을 조선 전기에 형성되기 시작한 경상북도 경주의 양동 마을 전경이다. 양반가의 기와집은 비교적 높은 위치에 자리 잡았고, 양반집에 딸린 머슴이나 농민이 사는 초가집들이 그 아래에 위치하고 있다. 그림은 조선 후기 풍속화가 김홍도의 〈노상알현도〉인데, 길거리에서 평민 남녀가 행차 중인 양반을 만나 머리를 조아리며 절하는 모습이다. 당시 양반의 위상을 짐작할 수 있다.

왜구의 침략 중국과 한반도는 왕조 교체기, 일본은 남북조 시대라는 동아시아 혼란기에 왜구가 출현하였다. 당시 일본 백성들은 도탄에 빠졌는데, 이키섬, 쓰시마섬 같은 서남 해안 지역의 어민과 무사, 상인들이 왜구가 되어 한반도와 중국의 해안을 약탈하였다. 그림은 〈왜구도권〉의 한 장면. 왜구가 명의 해안 지역에 들어와 약탈하는 모습을 담았다.

■→ □ 왜구의 침략

| 왜구의 침략과 동아시아 | 14세기에 한반도와 중국은 일본에서 온 왜구들 때문에 어려움을 겪었다. 고려와 그 뒤를 이은 조선에서는 일본에 사신을 보내 왜구 진압을 요구하는 한편, 그들의 활동 근거지를 공격하기도 하였다. 왜구의 기세는 삼국 사이에 공식적인 외교 관계가 수립되면서 점차 수그러들었다. 1401년, 명은 아시카가 요시미쓰를 '일본 국왕'에 책봉하여 명 중심의 동아시아 질서 속에 일본을 포함시키고 조공 무역을 시작하였다. 조선도 3개의 항구를 열어 일본과 공적인 무역 활동을 시작하였다.

이후 삼국 사이에 외교 사절들이 왕래하였으며, 교역도 활발해졌다. 조선은 일본과 국교를 재개한 이후 무로마치 막부가 무너질 때까지 일본에 사신을 파견하였고, 일본 역시 160년 동안 60여 차례나 조선으로 사신을 보냈다. 이 기간 동안 일본은 명에도 견명사를 보내 조공 관계를 유지하였는데, 그 횟수는 19회에 지나지 않았다. 당시 일본은 명보다 조선과의 외교를 더 중시하였던 것이다. 기록에 따르면, 15세기 중엽에 조선의 삼포를 드나드는 일본 배가 1년에 200척을 넘었다고 한다.

요시미쓰와 긴카쿠사 무로마치 막부의 3대 쇼군 아시카가 요시미쓰는 명과 조선에서 동아시아 해역의 왜구 단속을 요구해 오자, 사절을 보내 무역을 요청하고 영락제로부터 일본 국왕에 봉해졌다. 이를 통하여 막부의 재정을 안정시키고, 영주들 사이에서 정치적 권위를 세워 지위를 공고히 할 수 있었다. 긴카쿠사는 출가한 요시미쓰가 정무를 보던 곳이다.

제국의 우람한 모습, 자금성

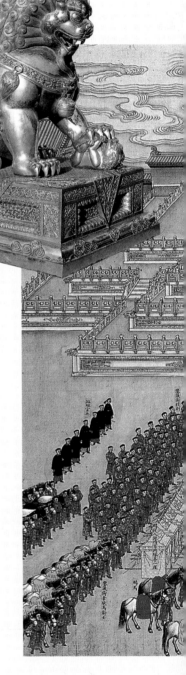

건청문 암사자상 태화전의 태화문과 건청궁의 건청문 앞에는 사자 한 쌍이 양쪽에 서 있다. 동쪽의 숫사자는 권력과 천하 통일을, 왼발로 어린 사자를 쓰다듬고 있는 서쪽의 암사자는 자손의 번성을 상징한다.

◎ 자금성

세계에서 가장 큰 궁궐, 명·청 대에 하늘의 아들 '천자(天子)'라고 부르던 24명의 황제가 살던 궁궐이다. '자금(紫禁)'이라는 이름은 북두성(北斗星) 북쪽에 위치한 자금성이 천자가 사는 곳이라는 데서 비롯되었다.

1406년에 명 영락제의 명령으로 짓기 시작하였는데, 전국에서 건축 재료를 모아 오는 데만도 12년이 걸렸고, 3년에 걸쳐 약 50만 명의 인부가 공을 들였다고 한다. 동서로 753미터, 남북으로 961미터 길이에 총면적이 72만 평방미터에 달한다. 또한 10미터 높이의 성곽과 깊이 6미터, 너비 52미터의 해자가 있어 성을 보호하고 있다.

자금성에는 8,704개의 방과 908채의 건물이 있다고 하니, 규모의 방대함을 충분히 짐작할 만하다. 자금성은 현재 명·청 시대의 수십만 점의 유물을 간직한 고궁박물원(故宮博物院)으로 바뀌어 누구나 방문할 수 있는 곳이 되었다.

오문 자금성의 정문인 오문은 궁궐 문으로서는 세계 최대 크기이다. 가운데 누각에 황제의 옥좌가 마련되어 있는데, 전쟁에서 승리할 때마다 황제는 이 누각에 올라 포로를 받는 의식을 행하였다. 또한 해마다 이곳에서 새 역법을 알리고, 군대의 사열식을 지켜보기도 하였다.

태화전 자금성의 상징으로, 궁궐의 중심 건물이다. 황제의 즉위식이 이곳에서 거행되었으며, 생일잔치나 중요한 명령 발표, 외국 사신과의 만남도 이곳에서 이루어졌다. 12개의 기둥이 떠받치는 2층 건물로, 지붕의 기와도 내부도 온통 황금색으로 치장하여 화려하기 짝이 없다. 오른쪽 사진은 태화전의 금으로 입힌 옥좌이다. 새로 황제의 자리에 오르면 이곳에 앉아 신하들의 인사를 받았고, 최고의 정치 명령을 내리는 의식도 모두 이 옥좌에 올라서 행하였다.

2 임진년, 전쟁에 휩싸이고

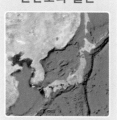
한반도와 일본

200여 년간 평화롭던 동아시아 삼국은 1592년 도요토미 히데요시의 조선 침략으로 전쟁의 소용돌이에 휩싸였다. 이후 일본과 여진이 새로운 강자로 부상하고, 중화 문화의 정통을 자부해 온 명과 조선은 상대적으로 쇠약해져, 17세기 이후에는 청 중심의 동아시아 질서가 자리 잡게 되었다.

■ 가 볼 곳: 가마쿠라, 한산도 앞바다, 에도 ■ 만날 사람: 도요토미 히데요시, 이순신
■ 주요 사건: 가마쿠라 막부의 등장, 임진왜란

│ 무사가 다스리는 일본 │ 조선과 명에서 도덕 정치를 이상으로 여기는 학자적 관리들이 나라를 다스린 것과 달리, 일본에서는 사무라이라 부르는 무사들이 권력을 잡고 국가를 통치하였다. 11세기 중엽부터 전례 없는 대개간의 시대를 맞아 일본 각지에 넓은 장원이 생겨났다. 장원의 소유자인 귀족들은 장원을 지키기 위하여 저마다 무사를 고용하였고, 농민을 실질적으로 지배하는 지방의 영주들 역시 무사를 고용하여 다른 영주들과 대립하였다. 이 과정에서 전투를 직업으로 하는 무장 집단인 무사단이 등장하였다. 그들은 점차 독자 세력으로 성장하였는데, 12세기에 중앙 귀족의 요청으로 권력 투쟁에 개입하면서 마침내 정치의 주도권을 쥐었다.

1192년에 미나모토 요리토모가 무사 집단의 주도권을 차지한 뒤, 가마쿠라에 막부를 설치하고 천황으로부터 쇼군^{무사의 통솔자}에 임명되었다. 쇼군은 자신을 따르는 무사들을 각지의 군사와 토지 관리 책임자로 임명하였고, 이로써 천황의 통치권은 사실상 무너지고 무사들이 정치의 전면에 나섰다. 무사들의 우두머리가 실질적인 권력을 쥐면서도, 천황의 존재를 완전히 부인하지는 않는 막부 정치가 시작된 것이다.

일본 무사 무사에게 두 자루의 칼은 무기이자 지위의 상징이었다. 하나는 영주를 해치려는 자와 자신들의 지배에 저항하는 자를 공격하기 위한 것이고, 다른 하나는 죽어야 할 때 자기 자신을 찌르기 위한 것이다. 그들은 영주를 위하여 언제라도 죽을 준비가 되어 있어야 하였다.

| 전국 시대 일본의 세 영웅 | 1543년, 다네가시마에 거대한 중국 배가 떠내려왔다. 이 지역 영주는 그 배에 탄 포르투갈 상인에게 일본의 전쟁 역사를 뒤바꿀 조총 두 자루를 구입하였다. 막부의 권위가 크게 떨어지고, 각지의 무사들이 또 다른 쇼군이 되려고 치열하게 경쟁하던 무렵이었다. 그리고 그해에, 훗날 에도 막부를 건설할 도쿠가와 이에야스가 태어났다.

이에야스는 어린 나이에 세력이 더 큰 영주의 집안에 볼모로 가야 하였다. 15세가 되자 무사의 상징인 두 자루의 칼을 차고 다닐 수 있는 권리를 갖게 되었다. 이에야스는 크고 작은 전투를 치르며 무사로서 기술을 갈고 닦았다. 20세가 되던 해, '천하를 품는다.'는 원대한 꿈을 갖고 통일의 기초를 닦은 오다 노부나가를 주군으로 섬기게 되었다. 그런데 노부나가가 통일을 이룩한 것은 아니었다. 통일의 주인공은 노부나가의 심부름꾼이었다가 탁월한 전쟁 지도자로 성장한 도요토미 히데요시였다. 히데요시의 강력한 경쟁자였던 이에야스는 또다시 많은 것을 잃고 복종을 맹세해야 하였다. 그러나 기회는 머지않아 찾아왔다. 히데요시가 조선을 침략하는 동안 자신은 온전히 세력을 유지한 채 일본에 남아 있었던 것이다.

무사의 나라, 일본

794 헤이안 시대	헤이안쿄(오늘날 교토)로 수도 옮김. 이후 귀족 세력이 확대되면서 왕권 약화
1192 가마쿠라 막부	헤이지의 난(1159)으로 무사들이 중앙 정계에 진출한 이래, 1192년 미나모토 요리토모가 조정으로부터 쇼군에 임명되어 가마쿠라에 막부를 열고 무가 정치 시작
1336 무로마치 막부	아시카가 다카우지가 새롭게 천황을 옹립하고 쇼군이 되어 무로마치 막부 설립, 1392년 아시카가 요시미쓰가 60년에 걸친 남북조 통일
1469 전국 시대	강력한 영주들 사이에서 치열한 전쟁 시작, 1568년 오다 노부나가가 무로마치 막부를 멸망시킬 때까지 약 100여 년 동안 전란 지속
1590 전국 통일	도요토미 히데요시가 각 지방 영주들을 복속시켜 전국 통일

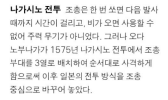

도요토미 히데요시

나가시노 전투 조총은 한 번 쏘면 다음 발사 때까지 시간이 걸리고, 비가 오면 사용할 수 없어 주력 무기가 아니었다. 그러나 오다 노부나가가 1575년 나가시노 전투에서 조총 부대를 3열로 배치하여 순서대로 사격하게 함으로써 이후 일본의 전투 방식을 조총 중심으로 바꾸어 놓았다.

명

조선

압록강

두만강

종성

청진

심수

북청

함흥

안변

서 해

동 해

해주

개성

간성

춘천

원주

삼척

충주

청주

상주

금산

계령

경주

영산

부산

부산포

옥포

당포 한산도

사천

노량

명량

→ 왜군의 진로
☆ 주요 해전

1592. 6.
평양 함락

1592. 5.
한양 함락

1592. 4. 13.
왜군 16만 상륙

| 전쟁의 폭풍이 몰아치니 | 1590년에 일본을 통일한 히데요시는 조선을 침략하기로 결정하였다. 여전히 세력이 강한 영주들의 관심을 나라 밖으로 돌려 국내 정치를 안정시키고, 국제 교역도 유리하게 이끌 수 있다고 판단하였기 때문이다.

1592년 4월 13일, 일본의 16만 대군이 부산진과 동래성을 무너뜨리고 거침없이 북상하여 단 20일 만에 수도 한양에 이르렀다. 6월에는 평양마저 일본군의 손에 떨어졌고, 압록강변까지 피난 간 선조는 명에 원군을 청하였다.

전쟁은 일본군의 승리로 끝나는 듯하였다. 그러나 후방 곳곳에서 조선 의병의 활동이 본격화되고 이순신이 지휘하는 조선 수군이 거듭 승리하면서, 조선은 반격의 기회를 잡았다. 명에서도 군대를 파견하였다.

밀리게 된 일본군은 협상을 요청하였다. 그러나 협상 조건이 받아들여지지 않자 다시 침략해 왔고, 이번에는 준비된 조선군이 그들을 물리쳤다. 1598년에 히데요시가 죽자, 일본군은 전의를 상실하고 조선에서 물러났다. 7년 동안의 전쟁은 그렇게 끝났다.

무너지는 조선 1592년 4월, 일본군 선봉대가 부산진과 동래성을 함락하였고, 이후 한양을 향하여 세 길로 나누어 북상하였다. 조선 정부는 충주에 방어선을 쳤으나, 절반 이상이 조총으로 무장한 일본군을 막아 내기에는 역부족이었다. 일본군은 5월 초에 한양을 점령하고는 다시 둘로 나뉘어 평양과 함경도로 북상하였다.

학의 날개를 펴라 1592년 7월 8일, 이순신의 수군은 견내량에 정박 중이던 일본 함대 73척을 공격하기 위하여 먼저 배 5척을 보내 한산도 앞바다로 적을 유인하였다. 양쪽 수군이 한산도 앞바다에 이르렀을 때, 숨어 있던 조선의 주력 함대가 갑자기 나타나 뱃머리를 일본군 쪽으로 돌리고 학이 날개를 펼친 듯한 전선(학익진)을 만들었다.

전세를 뒤엎은 조선 수군의 활약

육지와 달리 바다에서는 조선군이 곳곳에서 일본군에 큰 타격을 입혔다. 이순신이 이끄는 수군은 옥포에서 첫 승리를 거둔 이래, 거북선을 앞세워 사천, 당포, 한산도 앞바다 등 여러 곳에서 승리를 이어 갔다. 특히 한산대첩은 제해권을 장악하는 계기가 된 전투로, 한반도 서남 해안을 돌아 수륙 양군이 합세하려던 일본의 작전을 좌절시키고 곡창 지대인 전라도를 지킬 수 있었다. 이는 의병의 활동과 함께 불리하였던 전세를 역전시키는 데 결정적인 역할을 하였다.

| **동아시아 전쟁이 남긴 것** | 전쟁에 휩싸였던 세 나라 모두 큰 타격을 입었다. 특히 전쟁터였던 조선은 수많은 사람이 목숨을 잃었고, 토지가 황폐해졌다. 조선 백성들은 도우러 왔다던 명군에게마저 재물과 식량을 빼앗겨 소나무 뿌리로 연명할 지경이었다. 전쟁 중 일본군은 조선의 문화재를 약탈하고 뛰어난 기술자들을 잡아갔다. 또한 수많은 사람을 잡아 노예로 팔았다. 그러나 히데요시 편에서 전쟁을 이끈 영주들의 세력 약화는 피할 수 없었고, 그간 힘을 비축해 두었던 이에야스가 에도에 막부를 세우고 일본의 새로운 주인이 되었다.

무모한 전쟁 도발이 정권 교체로 이어진 일본과는 달리, 조선은 정치적 변화가 크지 않았다. 전쟁을 막지 못한 왕실과 관리들은 책임을 일본에게 떠넘겼고, 나라를 지켜 낸 공은 명군에게서 찾아 명에 '나라를 다시 세워 준 은혜'를 입었다고 여겼다. 그러나 의병을 일으킨 백성들과 수군의 공로는 제대로 평가되지 않았다.

전쟁은 중국에도 큰 변화를 가져왔다. 재정난에 부딪힌 명은 점차 쇠퇴의 길로 접어들었고, 이 틈을 타 누르하치가 만주족 여진족을 통일하고 요동 지역으로 나아갔다. 청의 등장이었다. 이로써 명이 이끌던 동아시아 질서는 뿌리부터 흔들리기 시작하였다.

한 척도 남기지 말라 학익진을 펼친 조선 수군은 먼저 거북선이 적함대로 돌격하여 전후좌우에서 포를 쏘며 진형을 헤쳐 놓는 사이, 판옥선들이 뱃머리와 꼬리를 맞대어 일본 함대를 둘러싸며 포격을 가하였다. 그 결과, 일본 함선 66척이 불에 타 침몰하였다.

판옥선과 거북선 판옥선은 2층 구조의 전투선으로 회전력이 뛰어났는데, 이를 이용하여 한쪽에서 불을 뿜는 사이, 다른 쪽에서는 장전을 하여 배가 돌며 쉼 없이 포격할 수 있었다. 거북선은 조총 사격이나 포격에도 큰 피해를 입지 않아 돌격용으로 적합하였다.

3 오늘날의 중국을 만든 청

중국 대륙

만주족이 세운 청의 군대가 마침내 산하이관을 넘었다. 그리고 이들이 베이징을 수도로 정하며 중국 마지막 왕조의 서막을 열었다. 이로써 유목 민족과 농경 민족이 모두 중국이라는 한 울타리 속에서 살아가게 되었고, 영토 면에서도 오늘날의 중국이 완성되었다.

■ 가 볼 곳: 베이징 자금성, 광저우 ■ 만날 사람: 강희제, 건륭제, 중국의 소수 민족
■ 주요 사건: 청의 중국 지배, 소수 민족의 식민화

| 명을 딛고 청으로 | "산하이관은 난공불락의 명나라 요새이다. 일찍이 태종 홍타이지도 정면 공격을 피한 곳이 아니던가? 그런데 이제 우리가 명 군대의 안내를 받으며 산하이관을 넘게 되었으니, 정녕 하늘이 도움이로다!"

1644년 봄, 명을 지킬 수 있는 능력을 지닌 장수는 산하이관을 지키는 오삼계뿐이었다. 그러나 그는 베이징이 이자성의 농민 반란군 손에 넘어갈 때에도 막으러 가지 않았다. 오히려 관직과 부귀를 보장받고서 스스로 산하이관 문을 열어 청군을 맞아들였다.

16세기 중엽, 이미 명은 내부에서 흔들리기 시작하였다. 왜구와 몽골족의 침략으로 국력이 크게 약화된 데다가, 거듭되는 당쟁과 임진왜란 참전으로 정치·사회적 불안이

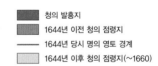

■ 청의 발흥지
■ 1644년 이전 청의 점령지
— 1644년 당시 명의 영토 경계
□ 1644년 이후 청의 점령지(~1660)

산하이관을 넘은 청군 청 태종 홍타이지는 요동 지배를 안정시켜 나가는 한편, 명을 고립시키기 위하여 조선을 침략하고 이어 내분 중이던 네이멍구를 정복하였다. 이후 순치제 때 토지 고르게 나누기, 3년간 세금 면제 등을 내세운 이자성의 농민군이 베이징을 점령하자, 명의 장수 오삼계를 회유하여 난공불락의 요새였던 산하이관을 넘어 명의 땅을 장악하여 들어갔다.

더해져 농민 반란군에 의하여 무너졌다. 산하이관을 넘은 청군은 명을 대신하여 내란으로 고통받는 중국을 구하겠다고 선언하였다. 그리고 '이자성을 토벌'한다는 구실로 반란 세력과 명 부흥 운동을 짓누르면서 수도 베이징을 차지하고, 점차 중국 본토를 손에 넣었다.

| 중화 세계를 완성한 청 | 청 황제들은 한족의 문화와 관습을 존중하고 사회의 질서와 화합을 강조하는 유교 가치관을 받아들였다. 과거를 통하여 예전의 벼슬아치와 지식인도 관리로 삼는 등 중국 문화의 옹호자임을 내세웠다. 또한 농촌 경제의 빠른 회복을 위하여 구제 정책을 펴고 세금을 깎아 주는 등 아래로부터 지지를 끌어내었다.

그러나 청이 한족을 대상으로 부드러운 정책만 폈던 것은 아니다. 반청적인 신사와 지식인을 철저히 다스리고 변발과 만주복 착용을 강요하는 식의 양면 정책을 취하였다.

한편 강희제, 옹정제, 건륭제가 다스린 130년 동안 청은 영토를 크게 넓혔다. 강희제는 러시아의 발걸음을 막고, 티베트와 몽골을 억누르며 와이멍구 일대를 영토로 끌어들였다. 옹정제와 건륭제 때에는 대만^{타이완}과 중국 서부의 신장^{신강}, 서장^{시짱} 지역을 손에 넣었다. 일찍이 한족의 무대가 아니었고, 오늘날에도 소수 민족이 주로 거주하는 이곳이 중국의 영역으로 편입된 것은 이때부터였다.

청의 한족 지배 정책 1644년에 베이징을 점령한 청군은 명 관원들에게 자기 위치를 그대로 지키도록 명령하였으며, 이들에게는 과거를 재개하여 인재를 뽑았다. 한편으로 복종의 증거로 만주족의 변발을 강요하고, 이를 거스르는 자는 천명을 거역한 것으로 간주하여 목을 베었다.

양향(梁享)의 〈관방도(觀榜圖)〉 아래 그림은 이른 아침 솔불을 들고 합격 발표의 방을 보기 위하여 몰려든 사람들을 그린 것이다. 청은 혼란기의 향촌과 신사의 지배 질서를 위협하는 세력을 격퇴하는 등 신사의 신분 특권을 보장하였다.

소수 민족 청은 동투르키스탄, 중가르, 네이멍구 지역을 정복하였다. 이 지역들은 현재 신장웨이우얼 자치구, 시짱 자치구, 네이멍구 자치구로서, 중국의 대표적 소수 민족인 위구르족, 티베트족, 몽골족이 주로 거주하는 곳이다. 청은 새로이 편입한 영토에 먼저 한인 관료나 군인들을 보내 중국식 체제로 바꾸고, 한인들을 그 지역에 끌어들여 민족 융합이라는 이름 아래 강제로 편입하였다. 그 외에도 좡족(장족)과 후이족(회족), 조선족 등 50여 소수 민족이 자의든 타의든 현재 중국이라는 한 울타리 안에서 살고 있다.

신장의 위구르족

시짱의 티베트족

⊙ 청의 강건성세

청의 강희제(재위 1661~1722)에서 건륭제(재위 1735~1796)에 이르는 시기에 오늘날의 중국 영토가 완성되었다. 당시 청은 활발한 정복 활동을 펴 중국의 서북방을 끊임없이 위협하던 몽골족의 중가르를 두 차례에 걸쳐 원정하였고, 이어 동투르키스탄 지방도 정복하여 비단길을 손에 넣었다. 이때부터 이 지역들은 청의 영토가 되었으니, 바로 오늘날의 시짱 지역과 신장 지역이다. 그런가 하면 말머리를 남쪽으로 돌려 버마와 베트남을 무릎 꿇렸으며, 나아가 히말라야까지 손을 뻗었다.

청 황제들은 명의 통치 제도를 이어받아 모든 정책의 결정권을 장악하였다. 황제들은 중국 문화유산의 보호자이자 만주인 군사 지도자로서의 모습을 보여 주며 한족을 포용하여 오랫동안 제국을 유지할 수 있었다. 17, 18세기는 중화 제국이 마지막 영광을 누린 시기로, 역사가들은 이때를 '강건성세(康乾盛世)'라고 이야기한다.

| 새로 일구는 중국, 늘어나는 인구 | 유럽의 국가들이 본격적으로 해외 진출을 꾀하던 이 시기, 중국에서도 역동적인 변화가 일어나고 있었다. 정치가 안정되면서 산업이 크게 발달하고 거대한 인구 이동이 일어났던 것이다.

명·청 대에는 농업 기술이 발달하고 경작지가 늘어나 수확하는 작물의 양이 크게 증가하였다. 또한 옥수수, 고구마, 감자와 같은 외래 작물이 들어와 먹거리가 늘자 인구가 빠르게 증가하였다. 수도 베이징은 물론, 창장강 유역의 여러 지역에 새로운 도시가 발전하였다. 외국과의 무역이 허용된 광저우는 최고의 국제 도시로 성장하였다.

그러나 인구의 증가는 또 다른 문제를 낳았다. 인구가 너무 빠르게 증가하면서 식량이 부족해진 것이다. 농민들은 기존 토지를 최대한 활용하려고 애쓰는 한편, 새로운 경작지를 확보하기 위하여 노력하였다. 그러나 시간이 지나면서 더 이상 평야 지역 개발이 불가능해지고 자연환경도 파괴되어 자연스레 대규모 인구 이동이 일어났다.

새롭게 편입된 '변경 지역'은 빠르게 늘어나는 인구를 먹여 살리고 자원을 개발하는 데 매력적인 곳이었다. 더구나 그 지역 '소수 민족'들은 농업 기술이나 자원을 이용하는 수준이 한족에 크게 미치지 못하였다. 이로 말미암아 소수 민족들은 본래의 모습을 잃어 가는 동시에 한족 문화에 빨려 들어갔다. 이 과정은 소수 민족의 식민화를 뜻하는 것이기도 하였다.

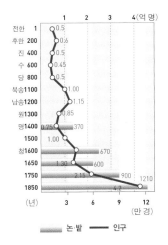

명·청 대의 인구 증가 인구 폭발로 삶의 근거지에서 밀려날 수밖에 없게 된 중심부의 한족들은, 인구는 희박하지만 자원이 풍부한 소수 민족 거주지, 즉 서부 내지와 산악 지역으로 들어가거나 만주와 몽골, 대만, 동남아시아 지역으로 몰려가기 시작하였다.

(년)	인구(억 명)	논·밭(만 경)
전한 1	0.5	
후한 200	0.6	
진 400	0.5	
수 600	0.45	
당 800	0.5	
북송 1100	1.00	
남송 1200	1.15	
원 1300	0.85	
명 1400	0.75	370
1500	1.00	
청 1600		670
1650	1.30	600
1750	2.15	900
1850	4.2	1210

■■■ 논·밭　── 인구

광저우 18세기 중엽부터 청은 광저우 항 하나만 개방한 채 공행(중국인 특권 상인 조합)을 두어 외국과의 무역을 엄격히 통제하였다. 그런데도 차나 도자기, 비단 등에 대한 서구 열강의 수요가 많아 막대한 양의 은이 중국으로 들어왔다. 그러나 18세기 후반 이후, 산업 혁명이 진행되고 있던 영국은 광저우 항에만 국한된 중국의 무역 정책에 불만을 품고 시장의 확대를 적극적으로 도모하기 시작하였다.

예수회 선교사 아담 샬 명 말기에서 청 초기에 예수회 선교사들은 선교라는 종교적 사명감에서 서양의 과학을 중국에 전해 주었을 뿐만 아니라, 동양의 역사·언어·문화를 연구하였다. 이들의 연구는 본국에 띄우는 정기적인 보고서나 편지를 통하여 본격적으로 서양에 전해졌다. 아담 샬은 순치제 때 청에서 활동한 독일 출신의 예수회 선교사이자 천문학자이다.

| 서양의 거울, 중국 | 중국의 엄청난 인구와 발전된 경제와 문화는 일찍부터 유럽의 관심을 끌었다. 상인들은 막대한 은을 주고 중국에서 비단, 도자기, 차 등을 수입하였다. 마테오 리치나 아담 샬 같은 예수회 선교사들은 선교를 위하여 중국의 역사와 언어, 문화를 연구하였으며, 서양의 과학 기술을 중국에 소개하기도 하였다.

상인과 선교사들의 활동으로 중국에 관한 소식이 본격적으로 서양에 전해지면서 유럽인들의 생활과 문화에도 큰 영향을 주었다. 17~18세기에 만들어진 유럽의 유명한 궁전에는, 중국 자기나 타일로 장식한 방이 있었다. 유럽의 군주들은 이곳에서 중국식 차 모임을 가지거나 가면극을 열고 중국의 전통 의상을 걸쳤으며, 병풍과 침대에 중국인의 모습을 그려 넣었다. 그들에게 중국은 부러움의 대상이었고, 신비한 자기를 만드는 선진 국가였다.

신과 교회의 권위, 절대 왕권의 억압이라는 답답한 사회 현실에 분노한 유럽의 지식인들은 중국의 철학에 관심을 가졌다. 프랑스의 유명한 사상가 볼테르 같은 지식인들의 눈에는 공자와 유교의 도덕 정치가 목마르게 찾던 이상적인 정치 철학으로 보였다. 그들에게 중국은 유럽의 철학과 제도가 지닌 문제를 정확히 짚어 낼 거울이자, 도덕적·정치적 개혁의 모델이었다.

유럽을 휩쓴 중국 열풍

17세기경부터 중국을 소개하는 책에 수록된 동판화 등을 통하여 중국의 이미지가 유럽으로 퍼져 나갔다. '시누아즈리(CHINOISERIE, 중국 양식)'가 유럽의 지배층 사이에서 대유행하였다. 오른쪽은 프로이센의 프리드리히 대왕이 세운 상수시 궁전 내 중국식 다실이다. 기둥에도 종려나무 옆에서 쉬는 황금색의 중국인들을 조각하였다.

당시 유럽에 유행한 중국식 찻잔들
(18세기 독일의 마이센 자기)

전통의 이름으로 행한 악습

전족한 발 보기에 흉측할 정도로 발이
심하게 뒤틀려 있다.

"작은 발 한 쌍을 가지려면 한 항아리의 눈
물을 쏟아야 한다."
전족의 고통을 잘 표현하는 말이다. 전족은 송
때 시작되어 명·청 시대에 유행하였던 것으로,
여성의 발을 천으로 꽁꽁 동여매어 성장을 멈추게
하는 풍습이다. 세 살에서 다섯 살 사이에 전족 만
들기를 시작하여야 성공할 수 있었다. 약 10센티
미터의 발이 가장 이상적이었다고 하니, 어린 아이가 감당하기에는 너무나 큰
고통이었을 것이다. 정상적으로 자라지 못한 발은 뼈가 부러지거나 근육이 오
그라들어 지금의 우리가 보기에 몹시 흉측한 모습이었다.

발 모양만 이상해지는 것이 아니었다. 전족을 하면 발끝으로 종종거
리며 걸어야 하였고, 등뼈가 기형적으로 튀어나와 서 있는 자세도 이상
해졌다. 그런데 이런 모습이 당시에는 인기 있는 여성상이었다고 한다.
전족은 사실 여성을 안방에 가두어 놓고 남성의 성 욕구를 채우려는 목적에서 시작
된 것이다. 따라서 전족을 하지 않은 여성들은 미인 축에 끼지도 못하였을 뿐만 아니라
결혼조차 하기 힘들었다.

청 대에는 가끔 전족 금지령이 내려지기도 하였지만 결코 사라지지 않았다. 그러다
가 신해혁명 후 여성 운동이 일어나면서 많이 줄어들었고, 현재는 완전히 사라졌다. 이
런 풍습은 사회에 널리 퍼져 있던 잘못된 여성관 때문에 생긴 것이다. 여성을 하나의
동등한 인격체로 여겼다면 전통의 이름으로 이렇듯 잔인한 풍습을 강요하지는 않았
을 것이다.

전족한 여인 몸에 비하여지나치게 발이 작아 상체가
앞으로 구부러졌고, 걸을 때 심하게 뒤뚱거렸나.

4 일본과 청으로 향한 조선

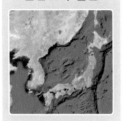

한반도와 일본

17세기 이후 200여 년간 동아시아 삼국은 각기 내부 체제를 공고히 하는 한편, 대외적으로도 평화 분위기를 유지하였다. 비록 청과 에도 막부 사이에 공식적인 외교 관계는 없었지만, 조선이 연행사와 통신사를 통하여 문화·경제적으로 그들 사이를 연결하기도 하였다.

■ 가 볼 곳: 조선의 시장, 에도　■ 만날 사람: 홍타이지, 도쿠가와 이에야스
■ 주요 사건: 병자호란, 연행사와 통신사 파견

| 명과 청 사이에 선 조선 | 임진왜란 이후 조선은 도움을 받은 명과 새로 일어난 만주족의 후금청 사이에서 홍역을 치렀다. 임진왜란의 상처를 아직 치유하지 못한 터라 더욱 어려웠다. 그러던 1623년, 양측 사이에서 절묘한 줄타기를 하던 광해군이 밀려나고, 명에 입은 은혜를 갚아야 한다던 사람들이 권력을 잡았다.인조반정

명과 본격적인 대결을 앞두고 있던 후금에서도 변화가 일어났다. 조선을 먼저 침략하자는 주장이 높아진 것이다. 1627년에 후금은 실제로 조선을 침략해 왔고, 1636년에도 명 공격 이전에 후방을 안정시키고 전쟁에 필요한 물자를 챙기기 위하여 다시 조선 땅을 밟았다. 조선은 두 차례의 전쟁에서 모두 패하였다.

이로써 조선은 신하의 나라로서 청을 섬겨야 하였다. 그간 명에 하던 모든 사대의 예를 이제는 청에 해야 하였다. 이때 두 왕자와 관리를 비롯하여 수많은 백성이 포로로 끌려가는 쓰라림을 맛보았다. 전쟁이 끝난 뒤 몸값을 바치고 풀려난 사람만도 무려 63만 명에 달하였다. 더욱이 청에 포로로 잡혀갔다가 돌아온 여자들환향녀은 절개를 잃었다는 손가락질을 받고 죽어 갔다.

수공업의 발달 17세기 중반 조선의 수공업 장인들은 관의 지배에서 벗어나 시장에 내다 팔 물건을 생신하는 데 전념할 수 있게 되었다. 상품에 대한 수요가 늘자, 농민들 중에도 수공업으로 옮겨가는 사람이 많아졌고, 전문 수공업자 마을까지 생겼다. 그림은 18세기 화가 김홍도의 〈대장간〉으로, 갓 달군 쇠를 모루 위에 대고 쇠망치로 내려치는 사람들이 보인다. 일에 전념하는 이들의 땀방울에서 당시의 활기찬 생활상을 느낄 수 있다.

| 북벌이냐, 북학이냐 | 두 차례나 청에 패한 후에도, 조선의 집권 세력은 청과 대결하여야 한다는 주장을 내놓았다. 명의 은혜와 만주족에 대한 문화적 우월감도 강조하였다. 이 같은 주장은 급기야 전쟁을 준비하자는 북벌 정책으로 나타났다.

북벌이 실제로 이루어지지는 않았다. 명을 위하여 복수하자는 주장에 모두가 동의한 것이 아니었고, 전쟁을 준비할 만큼 국력이 살아난 것도 아니었기 때문이다. 게다가 청은 날로 세력을 떨치고 있었다. 북벌론은 곧 잦아들었고, 조선과 청의 관계도 머지않아 안정되었다. 조선은 명을 대하듯 청을 대하였고, 연행사라 부르는 조선의 사절단이 수시로 청나라를 왕래하였다. 양국 간에 무역이 확대되고, 경제·문화 교류도 활발하게 일어났다.

조선도 빠르게 변화하였다. 농업 생산력이 높아지고 수공업이나 광업 생산도 늘었다. 다양한 상인이 활동하면서 한양의 규모가 커지고 새로운 도시가 생겼다. 변화의 속도가 빨라지면서 "청을 오랑캐의 나라로 깔보지 말고, 그들의 발전상을 제대로 보고 유익한 것을 배우자."라는 북학론이 점차 북벌론을 대신하게 되었다.

시끌벅적, 시장 풍경

조선 후기에는 상업이 발달하여 전국적으로 시장이 크게 번성하였다. 농민들은 집에서 재배한 곡식과 아낙네들이 밤잠을 못 자고 짠 베를 들고 시장에 나왔다. 물건을 지고 이 장 저 장 떠돌아다니는 장돌뱅이도 있고, 아예 점포를 연 상인도 있었다. 상인들은 이곳저곳에서 가져온 갖가지 물품을 쌓아 두고 사람들을 끌었다. 시장이 이렇게 북적대면서 거지 떼가 각설이 타령을 부르며 한바탕 흥을 돋우고, 사당패도 놀이마당을 벌였다. 시장은 상거래 장소였을 뿐만 아니라 농민의 사교 장소이자 세상 사는 이야기를 나누는 곳이기도 하였다.

⊙ 조선의 대외 교류

조선은 왜란과 호란이라는 국난을 극복하고 대외 교류를 계속하였다. 비록 백성들의 해외 진출은 억제하였으나, 큰 나라를 섬기고 이웃 나라와 잘 지내자는 사대교린 정책에 따라 중국에는 연행사, 일본에는 통신사를 파견하여 평화적인 외교 관계를 유지하는 데 힘썼다. 17세기 이후 청과는 조공과 국경 지대에서 열리는 시장을 통하여 비단, 약재, 문방구 등을 들여왔고, 인삼, 면포, 은, 종이 등을 수출하였다. 일본과는 왜관을 통하여 무역하면서 인삼, 쌀, 면포 등을 팔고, 은, 구리, 후추 등을 수입하였다.

==== 연행사 행로
—— 통신사 행로

영가대 창덕궁 인정전에서 임명식을 한 후, 부산 동래부에 도착하여 영가대에서 바다신에게 무사를 빌고 일본으로 출발.

가미노세키 쓰시마 도주의 안내를 받아 쓰시마섬과 시모노세키, 가미노세키, 효고를 거쳐 오사카에 도착.

연행사 행렬 연행사 일행은 왕에게 하직 인사를 올린 뒤, 의주에서 압록강을 건너 주로 책문, 랴오양, 산하이관 등 지정된 조공로를 따라 이동.

에도 시내 오사카에서 육로로 교토를 거쳐 에도에 도착. 그림은 통신사 행렬이 에도 시가지를 행진하는 광경.

청으로 떠난 사람들, 연행사 연행사란 청의 수도인 베이징에 파견되는 조선의 사신이다. 조선은 청에 사대의 예를 갖추는 대신 정치적 안정을 보장받고 경제·문화적 실리를 얻기 위해 이들을 파견하였다. 한편, 파견 관리들과 이 행차에 끼어든 상인들이 사적으로 하던 무역이 점차 활발하여, 의주, 평양, 개성, 한양의 상인들은 거대 상인 집단으로 자라기도 하였다. 사신 행차 길에 따라나선 사람들 중에는 베이징에서 중국 학자와 문화 교류에 힘쓰고 학문 자료를 도입하는 이들도 많았다. 중국에 들어온 서양 문물도 이런 활동을 통해 조선 사회로 전해졌다.

일본으로 떠난 사람들, 통신사 통신사는 조선 국왕이 일본의 쇼군에게 국서를 보내기 위해 파견한 사절이다. 14세기에 일본이 명나라와 조공·책봉 관계를 맺고 조선과도 국서를 교환하면서 시작되었으나, 임진왜란으로 중단되었다. 왜란 후에 에도 막부를 세운 도쿠가와 이에야스는 쇼군의 권위를 높이는 한편, 조선의 선진 문물을 받아들이기 위해 통신사 파견을 희망하였다. 조선의 입장에서도 일본의 군사 동태를 살필 수 있는 기회였기에 통신사 왕래가 재개되었다.

| 일본에 간 조선 통신사 | 조선과 일본 두 나라는 임진년에 일어난 전쟁으로 외교 관계가 끊겼다. 그러나 막부가 국제적으로 인정받기를 바라던 도쿠가와 이에야스와 여진족의 성장으로 북쪽 국경이 불안한 상황에서 일본과의 평화를 바라던 조선의 의도가 맞아떨어졌다. 두 나라는 1609년에 국교를 다시 열게 되었고, 양국 관계는 점차 안정을 되찾았다.

이후 양국은 부산 초량의 왜관을 통하여 직접 교역하였다. 이 외에도 조선은 일본 막부의 요청에 따라 통신사라는 이름의 외교 사절을 일본으로 보냈다. 통신사는 막부의 통치자인 쇼군이 바뀔 때마다 파견하였는데, 이를 통하여 양국은 약 250년 동안 평화 관계를 지속하였다. 특히 일본의 에도 막부와 명 사이에 직접적인 교역이 이루어지지 않는 상황이어서, 조선은 왜관을 통하여 양국 사이에서 중계 무역을 전개하여 많은 이익을 남겼다.

통신사는 에도는 물론, 다녀가는 길섶마다 일본인들의 정중한 환영을 받았다. 숙소에 모여든 일본의 문인들과 토론하고 시 한 수씩 주고받으며 문화 활동도 활발히 하였다. 당시 일본에서는 조선 통신사가 다녀갈 때마다 조선 열기가 들끓고 유행이 바뀔 정도였다.

도쿠가와 이에야스 이에야스는 영주들의 세력을 잠재울 필요가 있었다. 그에 따라 특정 영주들의 세력 확장을 철저히 통제하였고, 각 지방 영주들에게 성과 부속 건물을 지어 바쳐야 한다는 법을 포고하였다. 영주들은 쇼군에게 잘 보이기 위하여 경쟁적으로 건축에 참여하였다. 덕분에 외딴 어촌에 불과하던 에도는 얼마 안 가 웅장한 도시로 탈바꿈하였다.

에도성 조선 통신사는 쇼군에게 국서를 전달하는 것으로 임무를 완성하였다.

나가사키의 인공섬 데지마 에도 막부는 조선과는 통신사를 통하여, 중국 상인들과는 나가사키를 통하여 문물을 교류하였다. 유럽 국가 중에는 오로지 네덜란드와 교류하였는데, 그림은 17세기 중엽 네덜란드와의 무역 활동을 위하여 나가사키에 조성한 인공섬 데지마(出島)의 모습이다.

| 에도 막부의 번영 | 이에야스가 에도에 막부를 세운 뒤, 일본은 오랫동안 평화를 누렸다. 막부는 도쿠가와 집안에 대한 충성도를 기준으로 전국의 영주들을 새로 배치하고, 영주들의 반란을 방지하기 위한 산킨고타이 제도를 실시함으로써 내란의 가능성을 막았다. 또 지방 영주들의 사적인 무역 활동을 막고 국제 무역을 독점함으로써 중앙 집권을 더욱 강화하였다.

17세기와 18세기에 농업과 상공업이 크게 발달하면서 일본 사회는 이전과 많이 달라졌다. 외딴 어촌에 지나지 않았던 에도는 인구 100만을 육박하는 대도시가 되었으며, 전국의 주요 산물이 모이는 오사카도 '천하의 부엌'이라 부를 정도로 발전하였다.

도시를 중심으로 상인이나 수공업자 계층이 성장하면서, 농민 문화나 무사 문화와는 다른 새로운 문화가 발전하였다. 서민적인 연극인 가부키가 대규모 극장에서 공연되고, 나무판에 새긴 그림을 채색하여 찍어 내는 목판화로 유명한 미술 양식, 우키요에가 크게 유행하였다. 이러한 서민 문화는 네덜란드인을 통하여 들어온 서양 문화와 함께 무사 사회를 변화시키는 새로운 흐름으로 자리 잡았다.

꽃피는 에도 문화, 우키요에와 가부키

에도 시대에는 서민층의 경제력이 향상되면서 서민의 풍속 및 생활을 사실적으로 그려 낸 우키요에라는 미술 양식이 등장하였다. 간결하면서도 강렬한 색상, 자유로운 발상으로 19세기 유럽에 '자포니즘(일본 양식)'을 성행시켰다. 왼쪽은 기타가와 우타마로의 〈게이샤(기생)〉. 한편 가부키는 노래와 춤과 연기가 어우러진 연극으로, 극장의 무대가 돌기도 하고 하나미치(꽃길)라 부르는 통로를 통하여 배우들이 객석 사이를 오갈 수 있어 무대와 객석이 하나로 어우러지는 느낌이 든다. 이야말로 가부키가 지닌 서민성이라고 할 수 있다. 아래는 에도 시대 말기의 가부키 극장, 오른쪽은 현대의 가부키 배우.

에도 시대의 열녀

일하는 여인 에도 시대 한 농촌 여성이 베틀에 앉아 옷감을 짜고 있다.

에도 시대 어느 농촌 마을, 평범한 농민에게 시집온 가쓰는 평소 도리를 잘 지켜 사람들로부터 자주 칭찬을 들었다. 그러나 불행히도 남편이 일찍 죽고 말았다. 가쓰가 슬픔에 빠져 있을 무렵, 다른 집에 양자로 들어갔던 시동생이 돌아왔다. 집안 식구들은 시동생을 환영하며 가쓰와 결혼시켜 집안의 대를 이으려 하였다. 가쓰는 이를 매우 천박한 일이라 생각하여 완강하게 거부하였다. 그러나 가족들은 그녀에게 결혼을 강요하였고, 그녀는 결국 유서를 남기고 목숨을 끊었다.

"남편이 죽은 후 다른 사람과 다시 결혼하는 것은 수치스러운 일이다. 더구나 시동생과 부부가 되는 것은 인간의 도리가 아니다."

이것은 에도 시대 서민 교육용 책 속에 담긴 이야기이다. 에도 시대에는 무사들의 지배 아래 유교적 도덕 관념이 정착되었다. 무사들은 여성들에게 가장에 대한 무조건적인 복종을 강요하고, 여성의 상속권을 부정하면서 사회적인 존재로 인정하지 않았다. 이런 생각은 일반 서민들에게도 퍼져 나갔다. 그래서 이전에는 종종 있던 시동생과의 결혼이 이제는 받아들일 수 없는 천박한 행동이 되었다. 가쓰는 죽은 남편에 대한 정절을 지키기 위하여 자살이라는 극단적인 방법을 선택하였다. 그리고 그녀의 행동은 칭찬받을 만한 이야기가 되어 서민들을 교육하는 책에 자랑스럽게 기록되었다. 예부터 대를 잇는 것만 강조되었던 여성들이 이제 엄격한 봉건 질서와 유교적 도덕 관념으로 더욱 억압받게 된 것이다.

평범한 학생들이 다닌 학교

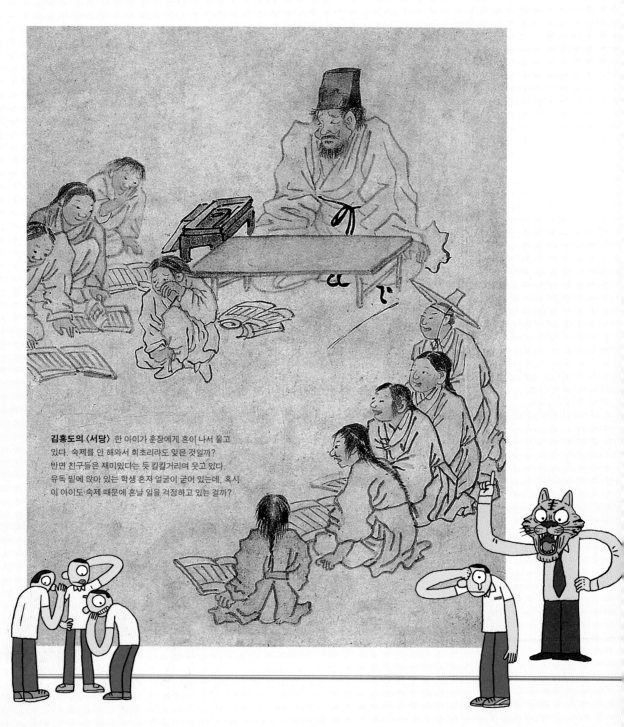

김홍도의 〈서당〉 한 아이가 훈장에게 혼이 나서 울고
있다. 숙제를 안 해와서 회초리라도 맞은 것일까?
반면 친구들은 재미있다는 듯 킬킬거리며 웃고 있다.
유독 밑에 앉아 있는 학생 혼자 얼굴이 굳어 있는데, 혹시
이 아이도 숙제 때문에 혼날 일을 걱정하고 있는 걸까?

데라코야 왼쪽에서는 아이들이 선생님에게 숙제 검사를 받는 듯하다. 오른쪽에 떠드는 아이, 책상을 걷어차며 싸우는 아이들도 보인다. 위의 아이는 이 싸움이 재미있는 듯 지켜보며 웃고 있다.

왼쪽은 조선 후기 화가 김홍도의 너무나도 유명한 그림 〈서당〉이다. 서당은 서원이나 향교와는 달리 주로 일반 백성의 자녀들이 다니던 학교이다. 7, 8세가 되면 입학하였고, 대체로 15, 16세의 연령층이 중심을 이루었다. 그림에 갓을 쓴 학생도 보이는데, 간혹 20세 안팎의 늦깎이 학생도 있었다. 서당의 규모는 학생 수가 3, 4명에서 10명이 넘는 규모까지 다양하였다. 학습 수준도 천자문을 익히는 데 급급한 초보에서부터 각종 유교 경전을 배우는 높은 수준까지 있었다.

일본에도 서민을 위한 학교가 있었다. 이를 '데라코야'라고 부르는데, 도쿠가와 막부 시절에 도시, 농촌 가릴 것 없이 자연 발생적으로 많이 생겨났다. 상업의 발달로 살림이 넉넉해진 사람들이 자식들에게 무사와 같은 교양을 갖추게 하였다. 그럴 여유가 없었던 일반 상인이나 농민들도 초보적이나마 읽고 쓰는 것을 배우도록 자식들을 데라코야에 보냈다.

데라코야가 전국으로 퍼지자, 막부에서는 "부모에게 효도하고 공손하라. 웃어른을 존경하라. 마을을 화목하게 하라."와 같은 유교 윤리를 가르치기도 하였다. 그리고 여자아이들도 《여계女誡》,《여효경女孝經》 등을 익히도록 하였다. 바야흐로 평범한 서민의 아이들에게까지 교육의 폭이 넓어진 것이다.

12

하나 되는 세계,
문명과
문명의 만남

베네치아

"상인 안토니오는 지중해로 나간 배가 거센 풍랑 때문에 제 날짜에 도착하지 못한다는 소식을 듣고 얼굴이 하얗게 질렸다. 약속한 기한 내에 오지 못할 경우, 유대인 상인 샤일록에게 자신의 심장을 내놓아야 하기 때문이다." 16세기 영국의 극작가 셰익스피어의 희곡 〈베니스의 상인〉에 나오는 대목이다. 다행스럽게도 친구의 연인인 포샤가 재판관으로 변신하여 안토니오를 위기에서 구해 준다. 당시 동방 무역을 주름잡던 유럽 최대의 항구 도시 베네치아는 이 연극의 배경이자, 《밀리오네》의 주인공 마르코 폴로의 고향이다.

캘리컷

"인도의 캘리컷 항구에 도착한 이슬람 여행가 이븐 바투타는 눈이 휘둥그레졌다. 이곳은 인도나 이슬람의 상인은 물론, 동남아시아와 중국의 상인들까지 다양한 사람들로 북적댔다." 캘리컷은 일찍부터 무역상이라면 동서양을 막론하고 한 번쯤 가 보고 싶어하는 세계적인 항구 도시였다. 이곳의 향료는 배를 통하여 바그다드와 카이로를 거쳐 베네치아로 실려 나갔다. 13세기에 세계의 절반을 여행한 이븐 바투타는 이곳에서 중국으로 가는 배를 갈아탔다.

광저우

"1509년 어느 날, 광저우에 모인 상인들은 중국인이건 외국인이건 너나 할 것 없이 기쁨으로 술렁거렸다. 명 정부가 광저우 항을 개방한 것이다. 이미 거대한 규모로 발전한 중국의 경제와 외국의 무역 요구에 밀려 내린 결정이었다." 3개의 강이 만나 바다로 흘러드는 곳에 자리 잡은 중국 동남 해안의 항구 도시 광저우는 전통적인 무역항으로서, 훗날 아편을 불태워 영국에 전쟁의 빌미를 제공한 곳이기도 하다.

무역의 성장으로 하나 되는 세계

| **바다로, 세계로** | 15, 16세기에 세계는 바다를 통하여 활발히 만났다. 일찍부터 개발된 바닷길이 8세기부터 확실히 연결되어 무역량이 늘었고, 길도 더욱 세밀해졌다. 여기에 바다를 헤치고 나아가는 능력도 좋아졌다. 나침반과 계절풍을 이용할 줄 알게 되고, 바람을 잘 타면서도 튼튼하고 큰 배를 만들 수 있게 되어 대규모 항해가 가능해졌다.

인도를 중심으로 서쪽으로는 아라비아, 동쪽으로는 동남아시아와 중국으로 이어지는 바닷길이 더 한층 긴밀하게 연결되어, 다양한 물자와 사람이 여러 대륙을 오갔다. 이 길은 동아프리카 해안으로 이어졌고, 약간의 육지길을 통하여 유럽으로도 연결되었다.

몽골의 정복 활동을 계기로 하여 동서양의 교류는 더욱 폭넓게 진행되었다. 아프리카와 아메리카 대륙이 국제 무역망에 포함되면서부터는 세계사가 서서히 하나의 흐름 속에 자리 잡기 시작하였다. "믈라카를 차지한 자는 베네치아의 숨통을 조일 수 있다."라는 말은 믈라카를 주름잡는 세력이 유럽의 시장에 큰 영향을 끼친다는 뜻이지만, 그만큼 세계사의 무대가 긴밀해졌다는 의미이기도 하다.

| **파란 눈의 구경꾼** | 1498년에 포르투갈 사람인 바스쿠 다 가마가 인도의 캘리컷에 도착하여 유럽에서 처음으로 인도로 가는 바닷길을 확인하였을 때, 정작 인도인들은 그를 거의 주목하지 않았다. 이미 90년쯤 전에 명의 정화가 길이 138미터, 무게 1,000톤 급의 배 200여 척을 끌고 캘리컷 항구를 다녀갔기 때문이다. 그에 비하여 바스쿠 다 가마의 선단은 길이 27미터짜리 100톤 급의 배 3척에 불과하였다.

해양 무역에서 유럽인들은 변두리에 사는 구경꾼에 지나지 않았다. 유럽은 15세기까지도 자급 지족적인 장원 경제에서 크게 벗어나지 못하였기 때문에 변변한 무역

품 하나 없었다. 유럽인들이 무역에 내건 물건이라고 해 봐야 고작 곡식이나 땔감, 양털, 무기 정도였다. 반면, 동방의 무역 시장에는 향료와 비단, 자기, 면화, 설탕 등 유럽인들에게 필요한 것이 그득하여 기웃거리지 않을 수 없었다. 여기서 어렵사리 구한 물품을 유럽의 시장에 내다 팔면 큰 이익을 남길 수 있었다. 인도에서 구입한 향료를 60배나 비싸게 팔아서 큰 부자가 된 사람도 있었다.

유럽 상인들이 보잘것없는 무역품 대신 인도와 중국에 지불한 것은 은이었다. 식민지로 만든 라틴아메리카에서 은광을 개발하여 동방의 무역품을 척척 살 수 있었기 때문이다. 당시 중국을 일컬어 '은의 배수구'라고 불렀는데, 중국의 차와 비단을 수입하기 위하여 유럽 사람들이 은으로 값을 지불하였기 때문이다. 또 인도와의 무역에서 유럽 상인이 차지하는 비중은 10퍼센트 남짓밖에 되지 않았다. 이것은 18세기 산업 혁명 때까지 계속된 현상이었다.

바스쿠 다 가마와 선단

| 세계와 우리의 만남 | 국제적인 무역길의 한쪽 끝에 자리한 우리나라는 드문드문 세계와 만났다. 14세기에 최초의 세계사 책《집사》를 펴낸 라시드 앗 딘은 우리나라를 '카오리'라고 불렀다. 당시 우리나라는 고려 시대였는데, 이슬람 상인들이 고려를 'COREA'로 소개하였기 때문이다. 우리도 세계사의 일부로서 당당히 기록된 셈이다.

사실, 우리는 이보다 훨씬 전부터 다른 세계와 만나왔다. 8세기에 비잔티움 제국의 수도 콘스탄티노폴리스에서 유행한 귀족의 장식품이 이슬람의 바그다드와 당의 장안을 거쳐 신라의 금성^{경주}으로 전해지는 데에는 6개월이면 충분하였다. 이슬람 상인의 출입이 잦아지면서 금성과 가까운 울산항이 더욱 발달하였고, 이곳에서 처용 신화가 유행하였다. 병과 불행을 물리친다는 신, 처용은 생김새가 이슬람 사람의 얼굴이다.

고려 시대에는 남아 있는 교류 기록이 더욱 많다. 고려에 머물며 아예 고려인으로 살아간 외국 사람도 있는데, '덕수 장 씨' 집안은 이슬람 계통의 사람이 고려 여인과 혼인하여 정착한 예이다.

조선 시대에는 교류를 금하는 정책을 펴서 다른 세계와의 만남이 흔치 않았으나, 숙종 때에는 조선 사람이 베트남에 표류한 기록도 있고, 반대로 벨테브레나 하멜처럼 유럽인이 조선 땅으로 표류하여 조선에 새로운 문물을 소개한 경우도 있다. 그뿐만 아니라, 중국을 통하여 동남아시아와 만나는 일도 있었을 것으로 짐작된다.

괘릉의 무인상 신라 원성왕의 무덤을 지키는 무인상 또한 서역인의 얼굴을 하고 있다. 한편, 고려 가요 〈쌍화점〉에는 이슬람 상인과 고려 여인이 사랑을 나누는 구절이 있어 눈길을 끈다.

문명의 공존과 충돌

│ **중화주의와 오리엔탈리즘** │ "너는 멀리 해외에 있으면서 이번에도 순종하는 마음으로 사신을 파견하여 천자의 장수를 축복하고 선물을 바쳤다. 그 공손한 태도에 매우 만족한다." 이 글은 1793년에 청 황제 건륭제가 영국 왕에게 보낸 국서의 한 구절이다. 그는 많은 하사품을 내리면서 "중국은 물자가 풍부하여 없는 것이 없으니, 너희 물건을 얻을 일이 없다. 다만 우리의 차와 자기, 비단은 너희에게 꼭 필요한 물건이라 하여 은혜를 베푸니, 잘 쓰도록 하라."라는 말도 덧붙였다.

중국인들은 자기 나라가 세계의 중심에 있는 가장 발전된 국가라고 주장하였다. 이것이 '중화주의'이다. 중국은 풍부한 경제력을 앞세워 세력을 떨쳤고, 한때는 유럽인들이 아시안 드림을 꿈꾸기도 하였다. 그러나 18세기 이후, 서양인들의 태도가 달라지기 시작하였다. 중국을 '서양의 거울'이라고 여겼던 이들이, 신식 무기를 앞세워 군사적으로 성공을 거둔 뒤에는 중국을 비롯한 아시아 국가들을 깔보는 주장을 내놓았다. 이름하여 '오리엔탈리즘'이다.

중국인들이 내건 중화주의는 주변국은 물론이고 어느 나라도 존중하지 않고 무시

위대한 첫 발자국
370만 년 전에 내디딘 이 발자국은 아프리카에서 처음으로 인류가 탄생하였음을 알리는 흔적이다. 차츰 다른 대륙으로 퍼져 나간 인류는 도구를 만들고 언어와 불을 사용하면서 문화를 창조하였다.

찬란한 문명의 보금자리 큰 강 주변에서 발달한 문명은 계획된 도시와 화려한 유물을 낳았다. 사람들은 농사짓기에 좋은 조건을 찾아 큰 강 유역으로 모여들었고, 농사와 생활에 필요한 각종 기구와 시설을 만들고 높은 정신 세계를 가꾸었다.

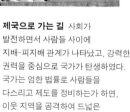

제국으로 가는 길 사회가 발전하면서 사람들 사이에 지배-피지배 관계가 나타났고, 강력한 권력을 중심으로 국가가 탄생하였다. 국가는 엄한 법률로 사람들을 다스리고 제도를 정비하는가 하면, 이웃 지역을 공격하여 드넓은 제국으로 발돋움하였다.

하는 발상이다. 동양 세계는 뭔가 부족하고 발전할 수 없다는 서양인들의 생각도 마찬가지이다. 둘 다 부당한 개입과 침략을 일삼았으며, 자신들의 도움이 있어야 발전할 수 있다며 침략을 합리화하였다.

| **문명과 문명, 오만과 편견** | 자신의 신앙을 중심에 놓고 다른 신앙을 바라보면, 자신의 신앙만이 참 신앙이고 다른 신앙은 모두 이단으로 보이기도 한다. 자신들이 살고 있는 곳만이 유일한 문명 세계이고 다른 지역은 모두 야만 세계라 여길 때, 인류가 오랫동안 쌓아온 과학 기술의 성과는 다른 인간을 살육하고 다른 문화를 파괴하는 데 쓰이기도 한다.

11세기 후반부터 200여 년간 계속된 십자군 전쟁은 대표적인 문명 간의 불행한 만남이었다. 크리스트교 세계와 이슬람 세계의 충돌은 야만적인 파괴와 살육으로 치달았다. 십자군의 만행을 겪은 한 이슬람 교도는 이렇게 한탄하였다. "우리는 믿지 않는다. 예수가 그대들에게 여자와 아이들을 죽이라 하였으리라고는. 십자군이여, 우리가 크리스트교도를 짓밟고 죽였는가. 더 이상 악의 씨앗을 뿌리지 말고 물러가라!"

16세기 초 아메리카 대륙에서는 또 다른 비극이 일어났다. 숨쉬기조차 쉽지 않은 고산 지대에 꽃핀 중·남부 아메리카 문명이 철저히 파괴된 것이다. 아스테카, 마야, 잉카인의 제국은 서유럽의 침략에 무참하게 무너졌다. 이 땅에 들이닥친 서유럽 세력은 원시 문명에 크리스트교의 축복을 내린다며 아메리카인의 전통을 한 가지도 인정하려 들지 않았다.

그리스와 페르시아의 충돌 제국을 중심으로 한 문명권은 서로 교류하고 충돌하며 성장하였다. 그리스-페르시아 전쟁은 두 지역의 문화가 서로 섞이는 계기가 되었으며, 이웃 지역에도 영향을 주어 새로운 문화의 물결을 만들어 냈다.

이슬람, 문화의 저수지 각 지역의 문명이 만나는 곳에는 이슬람인의 활약이 있었다. 육지와 바다를 통하여 동서양을 넘나든 그들은 단순한 상인이나 정복자가 아니었다. 여러 지역의 문물을 실어 나르고, 이를 다듬어 다시 다른 지역에 전하여 주었다.

| 문명과 문명의 어울림 | 문명과 문명의 만남에 늘 충돌만 있었던 것은 아니다. 중국에 들어온 불교가 도교의 전통과 만나면서 '선종'이라는 중국식 불교가 탄생하였고, 인도에 들어온 이슬람교가 힌두교 전통과 만나 또 다른 전통을 일구기도 하였다. 불교와 전통 신앙의 요소가 같이 있는 우리나라의 절에서도 서로 다른 문화가 평화롭게 공존하는 모습을 볼 수 있다.

종교가 다른 사람, 문화와 역사가 다른 사람들이 평화롭게 공존하는 모습도 곳곳에서 찾을 수 있다. 십자군 전쟁 이전 예루살렘에서는 유대교도와 크리스트교도, 이슬람교도가 자유롭게 각자의 신앙을 가꾸었다. 1453년에 크리스트교 세계의 중심, 콘스탄티노폴리스를 정복한 이슬람 세력의 지배자 메흐메트 2세는 "지금까지의 삶이 그대로 이어질 것"이라고 선언하였다. 그는 비이슬람 교도를 차별하지 않고 두루 관용을 베풀어 오스만 제국의 번영을 끌어냈다.

한편 독실한 이슬람교도였지만, 힌두교도인 라지푸트족의 공주와 결혼한 무굴 제국의 아크바르도 인도의 전성기를 이끌었다. 이슬람교에 지나치게 충실한 나머지 종교가 다른 사람들을 차별하고, 결과적으로 무굴 제국의 몰락을 불러온 아우랑제브와 무척 비교되는 모습이다.

아우랑제브는 전쟁을 일삼고 갈등을 빚어 인도의 농토를 짓밟았고, 전쟁 물자 운반을 위하여 수시로 농민들을 불러냈다. 농민들은 무거운 세금을 이기지 못하여 기르던 가축은 물론, 사랑하는 아내와 자식마저 팔아야 하였다. 아우랑제브는 분노로

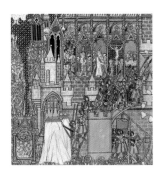

십자군, 문명과 야만의 두 얼굴 성지 에루살렘을 되찾고 크리스트교 정신을 가다듬는다는 목적은 사라지고, 무참한 살육과 약탈로 성지를 뒤덮었다. 피가 발목에 찰 때까지 이슬람교도를 죽이고 또 죽였다는 어느 십자군의 고백은 이 전쟁의 비극을 짐작케 한다.

유라시아를 연결한 몽골 질풍처럼 말을 달려 잔인한 정복 전쟁을 펼친 몽골은 새로운 시대를 열었다. 중국에서 농업 경제력을 확보하고 초원의 군사력을 결합하여 세력을 떨쳤고, 여기에 이슬람의 상업망을 활용하여 유라시아를 하나의 세계로 아울렀다.

라틴아메리카의 어제와 오늘 멕시코시티에는 라틴아메리카 수천 년의 역사가 공존하는 곳이 있다. 앞에서부터 아스텍 신전 유적, 에스파냐 식민지 시대의 교회 그리고 현대의 아파트이다.

일어난 농민들도 가혹하게 진압하였다. 거대한 모스크를 짓는 것만이 그가 알라의 이름으로 농민들에게 내린 유일한 축복이었다.

| **하나 되는 세계, 평화와 공존을 위하여** | 어쩌면 서로 다른 사람들이 만나 가진 것을 나누고, 부족한 것을 채움으로써 다 같이 발전하는 경우가 더욱 많았는지도 모른다. 인도의 숫자는 아라비아에서 널리 쓰였고, 오늘날 전 세계가 그 숫자를 사용한다. 중국에서 발명된 종이 만드는 법이 서양의 과학 기술과 만나고, 서양의 과학 기술이 다시 다른 지역으로 확산되었다. 아메리카에서 전해진 감자는 조선과 아일랜드의 굶주림을 극복하는 데 큰 도움이 되었다.

그래서 우리에게 더욱 필요한 일은 입장을 바꾸어 생각하는 일이다. 타인의 입장이 되어 그들의 삶과 세계를 들여다보자. 그럴 때 내가 옳다고 믿고 아름답다고 느끼던 것뿐만 아니라, 또 다른 진리와 아름다움이 공존하는 곳으로 보이지 않을까?

세상에는 다양한 문화가 있다는 사실을 알고, 그런 문화들을 가꾸어 온 사람들의 눈으로 각각의 문화를 바라볼 수 있을 때, 나와 다른 이들도 존중할 수 있고 서로 교류하고 협력할 실마리를 찾을 수 있게 될 것이다. 이를 통하여 '공존은 평화의 다른 이름'이요, '관용은 평화의 지름길'이라는 것을 깨달을 때, 우리는 세계가 함께할 수 있는 무언가를 찾아낼 수 있을 것이다. 그런 때여야 비로소 참된 의미의 세계사를 새롭게 써 나갈 수 있으리라.

건륭제를 만나는 매카트니 무릎을 꿇고 땅에 머리를 조아리라는 중국의 요구에 맞서 매카트니는 황제의 손에 입을 맞추려 하였으나, 이내 거절당하였다. 결국 한쪽 무릎을 꿇는 것으로 인사를 대신하였다. 청과 영국의 만남은 이렇게 시작되었다.

문명의 십자로, 이스탄불 이스탄불 앞에는 유럽과 아시아를 가르는 보스포루스 해협이 있다. 한 도시를 중심으로 두 개 대륙이 나뉘는 것이지만, 한 도시가 두 개의 대륙을 품어 안은 것이기도 하다. 경계 짓기는 무엇보다 우리의 마음속에서 시작되는 것, 현실의 세계는 다양한 생각을 가진 이들이 공존할 때 더욱 풍요로워진다.

부록

우리나라

기원전

70만 년 전	구석기 시대 시작
6000년경	신석기 시대 시작
2333	고조선 건국(《삼국유사》)
1500년경	청동기 문화의 전래
500년경	철기 문화의 전래
194	위만, 고조선의 왕이 됨
108	고조선 멸망, 한 군현 설치
57	신라 건국
37	고구려 건국
18	백제 건국

기원후

313	고구려, 낙랑군을 멸망시킴
372	고구려, 불교 전래, 태학 설치
384	백제, 불교 전래
427	고구려, 평양으로 수도 옮김
494	부여, 고구려에 복속
503	신라, 국호와 왕호 정함
527	신라, 불교 공인
538	백제, 사비로 수도 옮김
612	고구려, 살수대첩
645	고구려, 안시성에서 당군에 승리
660	백제 멸망
668	고구려 멸망
676	신라, 당군 몰아 내고 삼국 통일
685	신라, 9주 5소경 설치
698	대조영, 발해 건국(~926)
828	장보고, 청해진 설치
900	견훤, 후백제 건국

동아시아

기원전

2500년경	중국 문명 등장
1600년경	중국, 상 등장
1100년경	중국, 주 건국
770	중국, 춘추 시대 시작
403	중국, 전국 시대 시작
300년경	일본, 야요이 문화 시작
221	진(秦), 중국 통일, 만리장성 축조
209	흉노, 묵특선우 흉노 부족 통일
202	중국, 한 건국
139	한 무제, 장건 서역 파견(비단길 개척)
136	한, 오경박사 설치(유교의 국교화)

기원후

105년경	한, 채륜 종이 개량
184	한, 황건적의 난
220	한 멸망, 삼국 시대 시작(~280)
280	진(晉), 중국 통일(~316)
304	중국, 5호 16국 시대 시작
317	중국, 강남에 동진 성립(~420)
439	선비족의 북위 화북 통일, 남북조 시대 시작
589	수, 중국 통일(~618)
605	수, 대운하 착공
612	수의 양제, 고구려 침입
618	수 멸망, 당 건국(~907)
645	일본, 다이카 개신
710	일본, 나라로 수도 옮김, 나라 시대
751	당, 탈라스 전투에서 이슬람군에 패배
755	당, 안사의 난(~763)
794	일본, 헤이안으로 수도 옮김, 헤이안 시대

유럽·아메리카

기원전

2000년경	미노아 문명(크레타)
1250년경	미케네 문명의 전성기
800년경	그리스, 폴리스 형성
753	로마 건국
492	그리스·페르시아 전쟁(~479)
431	펠로폰네소스 전쟁(~404)
334	알렉산드로스, 페르시아 원정(~323)
264	로마, 카르타고와 포에니 전쟁(~146)
133	로마, 그라쿠스 형제의 개혁(~121)
73	로마, 스파르타쿠스의 봉기(~71)
58	로마의 카이사르, 갈리아 정복(~51)
27	로마, 제정 시작

기원후

96	로마, 5현제 시대(~180)
235	로마, 군인 황제 시대(~284)
313	로마, 크리스트교 공인(밀라노 칙령)
330	로마, 콘스탄티노폴리스로 천도
375	게르만족의 대이동 시작
395	로마 제국, 동서로 분열
486	프랑크 왕국 건국(~843)
500년경	중앙아메리카, 마야 문명 전성
527	비잔티움, 유스티니아누스 대제 통치(~565)
529	유스티니아누스 법전 편찬
717	비잔티움 제국, 콘스탄티노폴리스 방어
726	비잔티움 제국, 성상 숭배 금지령
732	프랑크 왕국, 투르·푸아티에 전투 승리
800	프랑크 왕국 카롤루스 대제, 서로마 황제 대관
843	프랑크 왕국 분열

아프리카· 서아시아·인도 동남아시아

기원전

3500년경	메소포타미아 문명 등장
3000년경	이집트 문명 등장
2500년경	인도 문명 등장
2350년경	아카드의 사르곤 1세, 메소포타미아 정복
1728년경	고바빌로니아, 함무라비 법전 편찬
1500년경	인도, 아리아인이 인더스강 유역 이주
1240년경	아시리아, 바빌로니아 정복
1020년경	헤브라이 왕국 성립
1000년경	인도, 아리아인이 갠지스강 유역 이주
815	페니키아, 북아프리카에 카르타고 건설
800년경	인도, 브라만교와 카스트 제도 성립
671년경	아시리아, 서아시아 일부 지역 통일
6세기경	조로아스터교 등장, 불교 등장
525	아케메네스 왕조 페르시아, 서아시아 지역 통일
330	아케메네스 왕조 페르시아 멸망
321년경	인도, 마우리아 왕조 성립(~180)
261	마우리아 왕조의 아소카왕, 칼링가 왕국 정복 후 불교로 개종
247년경	옛 페르시아 지역에 파르티아 건국
146	카르타고, 로마에 멸망
30년경	남인도에 판디아 왕국 번성

기원후

30년경	크리스트교 성립
40	베트남, 안남의 쯩 자매가 중국 한에 항거
45년경	쿠산 왕조(~240)
200년경	베트남 남부에 참파 왕조 성립
226년경	사산 왕조 페르시아 건국(~651)
260	사산 왕조 페르시아와 로마 전쟁(에데사 전투)

901	궁예, 후고구려 건국
918	왕건, 고려 건국(~1392)
926	발해 멸망
935	신라 멸망
936	고려, 후삼국 통일
958	과거제 처음 실시
993	거란(요)의 1차 침입, 고려 강동 6주 획득
1019	강감찬, 귀주대첩
1033	천리 장성 축조(~1044)
1107	윤관, 여진 정벌
1126	이자겸의 난
1135	묘청의 서경 천도 운동
1170	무신 정변
1198	만적의 난
1231	몽골의 1차 침입
1232	강화도로 수도 옮김
1270	개경으로 환도, 삼별초의 대몽 항쟁(~1273)
1274	여·원 연합군의 1차 일본 원정
1376	최영, 왜구 토벌
1388	이성계, 위화도 회군
1389	박위, 쓰시마섬 정벌
1392	고려 멸망, 조선 건국(~1910)
1394	조선, 한양에 수도 정함
1402	호패법 실시, 무과 설치
1446	훈민정음 반포
1510	삼포 왜란
1592	임진왜란(~1598), 한산도 대첩
1608	경기도에 대동법 처음 실시
1609	일본과 국교 회복(기유약조)
1623	인조반정
1624	이괄의 난
1627	정묘호란
1636	병자호란
1678	상평통보 유통
1696	안용복, 독도에서 일본인들을 쫓아냄
1708	대동법 전국으로 확대 실시
1725	영조, 탕평책 실시

875	당, 황소의 난(~884)
907	당 멸망, 5대 10국 시작(~960)
916	거란 건국(~1125)
936	거란, 국호를 '요'라 함
960	중국, 송(宋) 건국(~1279)
1038	서하 건국
1115	여진, 금 건국(~1234)
1125	거란, 금에 의해 멸망
1127	북송 멸망, 남송 성립
1192	일본, 가마쿠라 막부 성립(무사 정권 시작)
1206	칭기즈 칸 즉위, 몽골 통일
1227	서하, 몽골에 멸망
1234	금, 몽골에 멸망
1258	몽골, 바그다드 침략, 아바스 왕조 멸망
1271	원 제국 성립(~1368)
1279	남송 멸망, 원의 중국 통일
1336	일본, 무로마치 막부 성립, 남북조의 대립
1368	중국, 명 건국(~1644), 원 몽골로 쫓겨 감
1392	무로막치 막부의 요시미쓰가 남북조 통일
1405	정화의 항해(~1433)
1467	일본, 센코쿠 시대 시작
1543	일본, 포르투갈인이 총포 전래
1578	명, 포르투갈인에게 광동 무역 허용
1590	도요토미 히데요시, 센코쿠 시대 통일
1592	일본, 조선 침략(임진왜란)
1603	일본, 에도 막부 수립(~1867)
1616	만주족(여진족)의 누르하치, 후금 건국
1636	후금, 국호를 청으로 고침, 조선 침략
1644	명 멸망, 청이 중국 지배
1661	청, 강희제 즉위(~1722)
1689	청·러시아 네르친스크 조약 체결
1712	청, 조선과 백두산 정계비 설정
1715	청, 영국 동인도 회사가 광동에 상관 설치
1722	청, 옹정제 즉위
1735	청, 건륭제 즉위
1757	청, 외국 무역을 광동에 한정시킴
1758	청, 중가르 병합

962	동프랑크 왕국의 오토 1세, 신성 로마 제국 황제 대관
987	러시아(키예프 공국), 비잔티움 제국을 통해 크리스트교로 개종
1054	크리스트교, 동서 분열(가톨릭과 정교회)
1066	노르만족, 영국 정복
1077	카노사의 굴욕
1095	클레르몽 종교 회의, 교황 우르바누스 2세가 십자군 전쟁 호소
1096	십자군 전쟁(~1270)
1215	영국, 대헌장 제정
1295	영국 모범 의회 성립
1302	프랑스, 삼부회 소집
1337	영국과 프랑스, 백년 전쟁(~1453)
1428	중앙아메리카의 아스테카 문명, 중앙 멕시코 지배
1440년경	남아메리카의 잉카, 안데스 지역 정벌로 제국 성립
1453	비잔티움 제국 멸망
1455	영국, 장미 전쟁(~1485)
1492	에스파냐의 콜럼버스 아메리카 항로 발견
1498	포르투갈의 바스쿠 다 가마 인도 항로 개척
1517	독일, 루터의 종교 개혁
1519	에스파냐, 마젤란 세계 일주 시작(~1522)
1521	에스파냐, 멕시코 정복, 아스테카 왕국 멸망
1533	에스파냐의 피사로, 잉카 제국 정복
1543	코페르니쿠스, 지동설 발표
1545	에스파냐, 포토시(현재 볼리비아 남부) 은광 개발
1562	프랑스, 위그노 전쟁(~1598)
1580	에스파냐, 포르투갈 합병(~1640)
1588	영국, 무적함대 격파
1600	영국, 동인도 회사 설립
1613	러시아, 로마노프 왕조 성립(~1917)
1618	독일, 30년 전쟁(~1648)
1642	영국, 청교도 혁명(~1649)
1643	프랑스, 루이 14세 즉위, 이후 절대 왕정 전성
1651	영국, 항해법 반포
1688	영국, 명예혁명
1689	영국 권리 장전 승인
1701	프로이센 왕국 성립

320	인도, 굽타 왕조 성립(~550)
610	무함마드 이슬람교 정립
622	헤지라(이슬람의 기원 원년)
642	사산 왕조 페르시아, 이슬람에 멸망
661	제4대 칼리프 알리 암살(이슬람 분열), 우마이야 왕조 성립(~750)
711	우마이야 왕조, 이베리아반도 정복
750	아바스 왕조 성립(~1258)
751	아바스 왕조, 탈라스 전투에서 당에 승리
756	이베리아반도에 후우마이야 왕조 성립
890년경	캄보디아, 앙코르 왕조 성립
962	아프가니스탄에 가즈니 왕조 성립
1037	셀주크 튀르크 건국(~1157)
1055	셀주크 튀르크, 바그다드 점령
1067	안남, 참파 정벌
1187	이집트 아이유브 왕조 살라딘, 예루살렘 탈환
1193	구르 왕조, 델리 정복(인도의 이슬람화)
1206	인도, 델리 술탄 왕조 등장
1231	호라즘 제국, 몽골에 멸망
1250	이집트, 맘루크 왕조 건국
1260	맘루크 왕조, 아인잘루트 전투 승리
1287	미얀마의 파간 왕조, 몽골에 멸망
1293	인도네시아, 마자파힛 왕조 성립
1299	오스만 제국 건국(~1922)
1370	중앙아시아 티무르 제국 성립
1402	믈라카 왕조 등장
1426	안남, 대월국 수립(레 왕조)
1453	오스만 튀르크, 콘스탄티노폴리스 점령
1501	이란, 사파비 왕조 성립(~1736)
1526	인도, 무굴 제국 성립(~1858)
1529	오스만 제국, 빈 포위 공격
1565	필리핀, 에스파냐의 침략 시작
1615	믈라카 제도, 네덜란드에 점령
1757	인도 플라시 전투, 영국 인도 독점
1779	카자르 왕조, 페르시아 통일
1803	안남, 국호를 베트남으로 정함
1805	이집트, 무함마드 알리 집권(~1840)

1750	영조, 균역법 실시	1759	청, 위구르족을 평정하고 신장(신강)이라 개칭
1784	이승훈, 천주교(서학) 전도	1793	청, 영국 사절 매카트니 건륭제 알현
1786	서학 금지	1796	청, 백련교의 난(~1804)
1801	신유박해	1803	미국, 일본 나가사키에 들어와 통상 요구
1811	홍경래의 난(~1812)	1840	제1차 아편전쟁(~1842)
1860	최제우, 동학 창시	1842	청, 영국과 난징 조약 체결, 영국에 홍콩 할양
1862	임술민란	1851	청, 태평천국 운동(~1864)
1863	고종 즉위, 흥선 대원군 집권	1854	미일 화친 조약 체결
1866	병인박해, 병인양요	1856	제2차 아편전쟁(~1861)
1871	신미양요, 척화비 건립	1858	미·일 수호 통상 조약
1875	운요호 사건	1861	청, 양무운동
1876	강화도 조약 체결	1868	일본, 메이지 유신 시작
1881	조사 시찰단 및 영선사 파견, 별기군 창설	1884	청프 전쟁(~1885)
1882	임오군란, 미국과 통상 조약 체결	1885	청, 일본과 톈진 조약 체결
1883	한성순보 발간	1889	일본, 제국 헌법(메이지 헌법) 제정
1884	우정총국 설치, 갑신정변	1894	청일 전쟁(~1895)
1894	동학 농민 운동, 갑오개혁	1895	러시아·독일·프랑스의 삼국 간섭
1895	을미사변, 유길준《서유견문》지음	1898	청, 변법자강 운동
1897	대한 제국 수립	1902	제1차 영·일 동맹
1899	경인선 개통	1904	러일 전쟁(~1905)
1904	제1차 한일 협약, 경부선 준공	1905	쑨원, 중국 동맹회 결성
1905	을사늑약 체결	1909	일본·청, 간도 협약 체결
1907	헤이그 특사 파견, 고종 퇴위, 군대 해산	1911	신해혁명
1909	안중근, 이토 히로부미 처단	1912	중화민국 수립, 쑨원 임시 대총통에 취임
1910	국권 피탈	1914	일본 제1차 세계 대전 참전
1912	토지 조사령 공포	1915	일본, 중국에 21개조 요구, 중국 신문화 운동
1919	3·1 운동, 대한 민국 임시 정부 수립	1919	중국, 5·4 운동
1926	6·10 만세 운동	1921	중국, 공산당 창당
1927	신간회 조직	1924	중국, 제1차 국공 합작
1929	광주 학생 항일 운동	1926	중국, 국민당의 북벌 시작
1932	이봉창·윤봉길 의거	1927	중국의 장제스, 난징에 국민 정부 수립
1938	일제, 한글 교육 금지	1931	일본, 만주사변 일으킴
1940	한국 광복군 창설	1934	중국 공산당 대장정 시작(~1935)
1945	8·15 광복	1936	중국, 시안 사건
1946	제1차 미소 공동 위원회 개최	1937	중일 전쟁 발발, 중국, 제2차 국공 합작. 일본의 난징 대학살
1948	대한민국 정부 수립		
1950	6·25 한국 전쟁 발발	1938	일본, 국가총동원법 발령, 중국의 상하이에 종군 위

1740	오스트리아 왕위 계승 전쟁(~1748)
1750년경	영국 제2차 인클로저 운동 시작
1756	7년 전쟁(~1763)
1760년경	영국에서 산업 혁명 시작
1772	폴란드 분할(~1795)
1776	미국, 독립 선언
1789	프랑스 혁명, 인권 선언 발표
1804	프랑스의 나폴레옹 1세 즉위, 아이티 독립
1806	프랑스, 대륙 봉쇄령 발표
1811	볼리바르, 볼리비아 독립운동 지휘
1812	산마르틴, 남아메리카 독립운동 지휘
1814	빈 회의(~1815)
1822	멕시코·브라질 제국 수립
1823	미국, 먼로주의 선언
1825	영국, 세계 최초 철도 개통
1830	프랑스, 7월 혁명
1832	영국, 제1차 선거법 개정
1834	독일, 프로이센 중심의 관세 동맹 성립
1838	영국, 차티스트 운동
1848	프랑스, 2월 혁명, 오스트리아·독일,
	3월 혁명 마르크스·엥겔스,《공산당 선언》발표
1859	다윈,《종의 기원》출판
1861	미국, 남북 전쟁(~1865), 러시아, 농노 해방령 발표
1863	미국, 링컨 대통령이 노예 해방 선언
1869	수에즈 운하 개통
1871	독일 제국 수립, 프랑스 파리 코뮌 성립
1882	삼국 동맹 성립(~1915)
1886	미국, 시카고 헤이마켓 투쟁
1893	뉴질랜드, 여성 참정권 인정
1898	파쇼다 사건
1902	러시아, 시베리아 철도 개통
1905	러시아, 피의 일요일 사건
1907	영·프·러, 삼국 협상 성립
1910	멕시코 혁명(~1917)
1914	사라예보 사건, 제1차 세계 대전 발발(~1918)
1917	러시아 혁명
1918	제1차 세계 대전 종식

1826	오스만 제국, 예니체리 철폐, 신식 군대 편성
1827	알제리, 프랑스의 침략
1833	오스만 제국, 이집트 자유 독립 승인
1839	오스만 제국 탄지마트 선포
1857	인도, 세포이 항쟁(~1859)
1862	제1차 프랑스·베트남 전쟁(사이공 조약)
1868	타이, 국왕 라마 5세(쫄랄롱꼰) 즉위
1869	수에즈 운하 개통
1881	수단, 마흐디 항쟁(~1898)
1885	베트남, 근왕 운동
	인도 국민 회의 결성
1887	프랑스령 인도차이나 연방 성립
1892	호세 리살, 필리핀 연맹 결성
1898	필리핀, 아기날도 독립 선언
1904	나미비아, 독일군이 헤레로족 학살
1905	인도 벵골 분할령 발표
	탄자니아 마지막 봉기
1906	인도 스와라지·스와데시 운동, 이란 입헌 혁명
1908	오스만 제국, 청년 투르크당 혁명, 최초의 의회 성립
1909	오스만 제국, 무스타파 케말의 혁명 해방군이
	이스탄불 장악
1917	인도네시아, 이슬람 정당 '사레카트 이슬람'이
	민족 운동 전개
1919	인도, 간디의 반영 운동
1923	터키 공화국 수립
1925	이란, 팔레비 왕조 수립
	카자르 왕조 멸망
1927	인도네시아의 수카르노, 국민 연맹 결성
1928	인도의 네루, 인도 독립 연맹 결성
1930	호찌민, 베트남 공산당 창당
1935	페르시아, 나라 이름을 이란으로 개칭
1941	영국·소련, 이란 분할 점령
1945	아랍 연맹 결성
	베트남 민주 공화국 수립
	캄보디아 독립 선언
	인도네시아 독립 선언
1946	필리핀 공화국 수립

1953	휴전 협정 조인		안소 설치
1960	4·19 혁명	1941	일본, 하와이 진주만 기습 공격, 아시아·태평양 전쟁 발발(~1945)
1961	박정희 5·16 군사 정변		
1962	제1차 경제 개발 5개년 계획(~1966)	1942	일본, 미드웨이 해전 패배
1965	한일 기본조약 체결, 베트남 파병	1945	미국, 일본 히로시마와 나가사키에 원자 폭탄 투하, 일본 무조건 항복
1966	한미 행정 협정 조인		
1970	새마을 운동 시작, 경부 고속 도로 개통	1946	중국, 국공 내전 시작
1972	7·4 남북 공동 성명, 10월 유신	1948	도쿄 재판 종결(~1946)
1973	6·23 평화 통일 선언, 김대중 납치 사건	1949	중화 인민 공화국 수립
1979	박정희 대통령 피살(10·26 사태)	1951	일본, 샌프란시스코 강화 조약
1980	5·18 민주화 운동	1954	일본, 미·일 상호 방위 원조 협정 조인, 자위대 발족
1982	일본 역사 교과서 왜곡에 항의		
1983	이산 가족 찾기 TV 방송	1955	제1차 원폭·수폭 금지 대회(히로시마)
1987	6월 항쟁, 6·29 민주화 선언(대통령 직선제 실시)	1956	일본, 국제 연합(UN) 가입
1988	제24회 서울 올림픽 대회 개최	1959	중국·인도 국경 분쟁
1990	한국과 소련 국교 수립	1960	일본, 미·일 안보 조약 성립
1991	남북한 국제 연합(UN) 동시 가입	1966	중국, 문화 대혁명 시작(~1976)
1992	한국과 중국 수교, 한국과 베트남 수교	1969	중·소 국경 분쟁
1993	김영삼 대통령 취임, 금융 실명제 실시	1971	중국, 국제 연합(UN) 가입
1994	북한, 김일성 주석 사망	1972	미국의 닉슨 대통령, 중국 방문
1995	지방 자치제 전면 실시	1976	마오쩌둥 사망
1997	국제통화기금(IMF)에 구제 금융 요청(외환 위기)	1978	덩 샤오핑 개혁·개방 정책 실시
1998	김대중 대통령 취임	1979	미·중 국교 수립
2000	제1차 남북 정상 회담, 6·15 남북 공동 선언	1984	영국, 중국에 홍콩 반환 협정 조인
2002	한일 월드컵 개최	1989	중국, 톈안먼 사건, 아시아·태평양 경제 협력체(APEC) 결성
2003	노무현 대통령 취임		
2004	한국 고속철도(KTX) 개통	1992	일본, 유엔 평화 유지군(PKO) 법안 통과
2007	한미 자유무역협정(FTA) 체결, 제2차 남북 정상 회담, 10·4 남북 공동선언	1997	영국, 중국에 홍콩 반환, 아시아 경제 위기
		1999	포르투갈, 중국에 마카오 반환
2010	G20 서울 정상회의 개최	2001	중국 세계 무역 기구(WTO) 가입
2014	세월호 사건	2008	중국, 제29회 베이징 올림픽 대회 개최
2017	박근혜 대통령 탄핵, 문재인 대통령 취임, 역사 국정 교과서 폐지	2011	일본, 후쿠시마 원전 참사
		2013	중국, 시진핑 국가 주석 취임
2018	제23회 평창 동계 올림픽 개최, 제3차 남북 정상 회담		

1919	베르사유 조약, 독일 바이마르 공화국 성립
1920	국제 연맹 창설
1922	소비에트 사회주의 공화국 연방(소련) 수립
1929	미국, 대공황 발생(~1932)
1933	미국, 뉴딜 정책(~1936)
1936	에스파냐, 인민 전선 정부 수립, 파시스트 반란으로 내전(~1939)
1939	제2차 세계 대전(~1945)
1940	독·일·이, 삼국 군사 동맹 체결
1945	얄타 회담, 독일 항복, 국제 연합(UN) 창설
1946	파리 강화회의
1947	미국, 트루먼 독트린 발표, 마셜 계획 발표
1948	소련, 베를린 봉쇄 시작
1949	북대서양 조약 기구(NATO)결성
1957	소련, 세계 최초의 인공위성 발사, 쿠바 혁명
1962	쿠바 미사일 위기
1968	체코슬로바키아 프라하의 봄, 프랑스 파리 5월 혁명(68혁명)
1971	미국의 아폴로 11호 달 착륙
1973	칠레, 아옌데 정권 붕괴, 피노체트 독재
1975	유엔 국제 여성의 해, 국제 여성 집회(멕시코)
1980	폴란드 자유 노조 '연대' 탄생
1985	소련, 고르바초프의 개혁 시작
1986	소련, 체르노빌 원자력 발전소 방사능 누출 사고
1989	몰타 정상 회담(냉전 종결 선언)
1990	독일 통일, 폴란드 바웬사 대통령에 당선
1991	소련 해체, 독립 국가 연합(CIS) 성립
1992	기후 변화 협약 체결
1993	유럽 연합(EU) 탄생
1995	세계 무역 기구(WTO) 출범
1998	유고 코소보 사태, 베네수엘라 차베스 대통령에 당선
1999	유로화 출범, 시애틀 반세계화 시위
2001	미국, 9·11 테러
2003	미국 이라크 침공, 브라질 룰라 대통령에 당선
2008	미국, 금융 위기, 최초의 흑인 대통령 오바마 취임
2016	미국, 트럼프 대통령에 당선

1947	인도와 파키스탄 분리 독립
	UN 총회, 팔레스타인 분할안 가결
1948	제1차 중동 전쟁(~1949), 이스라엘 건국
1949	인도네시아 공화국 수립
1951	이란, 석유 국유화 선언
1954	중국의 저우언라이와 인도의 네루가 '평화 5원칙' 발표
1955	제1회 아시아·아프리카 회의(반둥 회의) 개최
1956	이집트의 나세르 대통령, 수에즈 운하 국유화
1957	가나 독립, 제1차 아프리카 국가 회의
1960	아프리카 17개국 독립(아프리카의 해)
1962	알제리 독립, 쿠바 미사일 위기
1963	말레이시아 연방 발족
	아프리카 통일 기구(OAU) 결성
1964	팔레스타인 해방 기구(PLO) 결성
1965	미국, 베트남 전쟁 시작(~1975)
1967	동남아시아 국가 연합(ASEAN) 결성
1968	아랍 석유 수출국 기구(OPEC) 결성
1969	아라파트, PLO 의장에 취임
1971	방글라데시, 파키스탄으로부터 독립 선언
1973	제1차 석유 파동(~1974)
1976	베트남 사회주의 공화국 수립
1978	제2차 석유 파동(~1980)
1979	소련, 아프가니스탄 침공(~1988)
	호메이니의 이란 혁명, 팔레비 왕조 붕괴
1980	이란·이라크 전쟁(~1988)
1982	이스라엘, 레바논 침공
1984	유엔 식량 기구, 아프리카 24개국 기아 상태 발표
1986	필리핀 민주 혁명으로 마르코스 정권 붕괴, 베트남 도이머이 정책 추진
1988	팔레스타인, 독립 선언
1991	다국적군, 이라크 공격(걸프 전쟁 발발)
1994	남아프리카 공화국, 만델라가 대통령에 당선
1999	동티모르, 인도네시아로부터 독립
2010	튀니지 재스민 혁명, 아랍 국가 민주화 촉발

● 찾 아 보 기 ●

● 저 자 소 개 ●

김육훈　　　윤세병　　최재호　　유필조　　이지현　박윤희　남동현　남정란　　왕홍식　윤종배　　이성호　양정현

- **김육훈**(서울공업고등학교 교사)

- **남동현**(前 경기 명문고등학교 교장)

- **남정란**(서울시 교육청 장학관)

- **박윤희**(前 인천 인항고등학교 교사)

- **양정현**(부산대 역사교육과 교수)

- **왕홍식**(서울 보성중학교 교사)

- **유필조**(서울 시흥중학교 교사)

- **윤세병**(동북아역사재단 연구 위원)

- **윤종배**(서울 명일중학교 수석 교사)

- **이성호**(서울 배명중학교 교사)

- **이지현**(서울 신현고등학교 교사)

- **최재호**(前 부산 브니엘고등학교 교장)

· 이 책에 실린 사진은 정해진 절차에 따라 저작권자의 허락을 받아 사용하였습니다. 이 책에 사진을 제공해 주신 분들께 감사드립니다.

· 저작권자를 찾지 못하여 게재 허락을 받지 못한 사진에 대해서는 확인되는 대로 허락을 받고 통상의 기준에 따라 사용료를 지불하겠습니다.

살아있는 세계사 교과서 1권

문명과 문명의 대화

1판 1쇄 발행일 2005년 10월 31일
2판 1쇄 발행일 2011년 9월 5일
3판 1쇄 발행일 2019년 11월 11일
3판 7쇄 발행일 2023년 12월 27일

지은이 전국역사교사모임

발행인 김학원
발행처 (주)휴머니스트출판그룹
출판등록 제313-2007-000007호(2007년 1월 5일)
주소 (03991) 서울시 마포구 동교로23길 76(연남동)
전화 02-335-4422 **팩스** 02-334-3427
저자·독자 서비스 humanist@humanistbooks.com
홈페이지 www.humanistbooks.com
유튜브 youtube.com/user/humanistma **포스트** post.naver.com/hmcv
페이스북 facebook.com/hmcv2001 **인스타그램** @humanist_insta

편집주간 황서현 **편집** 신영숙 김종엽 최윤영 **크리에이티브 디렉터 AGI** 김영철
표지 디자인 유주현 **본문 디자인** 이소영 이인영 최지섭 이나연 신경숙 김민수
일러스트 디렉션 곽영권 **본문 일러스트** 양순옥 이혜란 **부속 일러스트** 이강훈 한용욱 박준수 최건웅
사진 권태균 **사진 및 자료 제공** 연합뉴스 동아일보 중앙일보 감마 타임스페이스
용지 화인페이퍼 **인쇄** 청아디앤피 **제본** 민성사

ⓒ 전국역사교사모임·휴머니스트, 2019

ISBN 978-89-5862-070-9 03900

• 이 책은 저작권법에 따라 보호받는 저작물이므로 무단 전재와 무단 복제를 금합니다.
• 이 책의 전부 또는 일부를 이용하려면 반드시 저자와 (주)휴머니스트출판그룹의 동의를 받아야 합니다.